KB211108

화내지 않는 엄마는 없다

Unglued

Originally published in the U.S.A. under the title: *Unglued*

Translated by Sohye Park
Published by permission of Zondervan, Grand Rapids, Michigan
through the arrangement of rMaeng2, Seoul, Republic of Korea.

화내지 않는 엄마는 없다

불쑥불쑥 치미는

날감정에서 자유하기

리사 터커스트 지음 | 박소혜 옮김

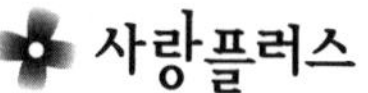

사랑플러스

··· 추천사

“그리스도인은 우울하거나 분노하면 안 된다”는 비합리적 생각 때문에 우리는 또 우울해집니다. 그러나 삶은 그렇지 않습니다. 분노, 죄책감, 좌절, 우울, 짜증이 일상의 조미료입니다. 우리는 너무나 불완전한 존재이기 때문입니다. 저자는 자신의 경험을 통해 얻은 통찰력을 바탕으로, 고단한 하루를 살아가는 이 땅의 여성들에게 공감 어린 위로와 희망을 전합니다. 살림과 육아와 온갖 의무에 지친 어머니들에게 자신의 감정을 어떻게 이해하고 다스리고 표출할지에 대한 지혜를 주고 있습니다. 이 책을 통하여 통제불능의 상황 속에서도 거룩한 심령을 유지하는 믿음의 지혜를 얻기 바랍니다.

이기복 횃불트리니티신학대학원대학교 교수, 《성경적 아내 교실》(두란노) 저자

저는 감정의 폭이 참 큰 사람이라 감정이 폭발하거나 지나치게 움츠러들 때면 자신에게 실망하곤 합니다. 그런데 이 책을 보며 따뜻한 위로를 받았습니다. 이성을 잃는 것이 꼭 나쁜 것만은 아니고, 도리어 성장할 기회를 주며 하나님께 나아가는 문을 열어준다면, 그것을 더 이상 수치스러워할 필요가 없기 때문입니다. 상처는 감사의 기회임을 다시 한 번 일깨워준, 고마운 책입니다. 적극 추천합니다.

한은경 두란노 어머니학교 본부장, 《당신 참 괜찮은 아내야》(두란노) 저자

이 책은 우리 마음에서 일어나는 수천 가지 음모가 성공적인 방향으로 흘러갈 수 있도록 하며, 변덕스럽고 도무지 신뢰할 수 없는 감정들을 훌쩍 뛰어넘어 현실에 대응하는 자세를 갖추도록 도울 것입니다.

스티븐 아터번 《모든 남자의 참을 수 없는 유혹》(좋은씨앗) 저자

용기 있고 담대하면서도 섬세하고 실용적인 책입니다. 리사 터커스트만큼 하나님의 말씀과 그분의 길, 그분이 만드신 여성에 대해 잘 아는 사람은 없을 것입니다. 일단 집어 들면 쉼 없이 읽게 됩니다.

앤 보스캠프 《천 개의 선물》(열림원) 저자

모든 엄마와 아내, 모든 여성이 공감할 만한 책입니다. 리사는 날것 그대로의 세계를 살아가는 여성들의 삶을 현실적으로 투명하게 드러냅니다. 그녀의 솔직한 고민은 우리 모두에게 구명줄이 되어줄 것입니다.

쉴라 월쉬 《견딜 수 없는 고통을 넘어서다》(황금부엉이) 저자

날것의 감정들을 다룬 이 책을 읽으면서 모든 여성이 자신이 혼자가 아님을 알고 안도의 한숨을 내쉴 것입니다. 그녀의 가르침에는 통찰력과 현실적 감각이 담겨 있습니다. 감정을 억누르는 사람과 폭발시키는 사람, 두 가지에 다 해당되는 모든 사람에게 이 책을 강력히 추천합니다.

팀 클린턴 미국 기독교상담가협회 회장

우리는 감정의 지배를 많이 받는 시대에 살고 있습니다. 우리는 느끼는 대로 말하고 행동합니다. 그러나 풍성한 삶을 살고 싶다면 감정에 지배당하는 것이 아니라, 그것을 잘 조종해야 합니다. 리사는 우리가 죽음이 아닌 생명을 선택하도록 실용적인 비결을 알려줍니다.

크리스틴 케인 비영리단체 A21 캠페인 설립자

··· 독자평

엄마가 된 뒤 여성다움과 신앙을 모두 잃어버린 듯한 느낌이 들 때가 많습니다. 어느 순간 분노를 폭발하고 감정이 가라앉으면 후회하기를 여러 번. 그런데 이 책을 통하여 그것이 저만 겪는 일이 아님을 알았고, 성경적인 대처법도 배웠습니다. **시현가현맘**

직장과 육아로 지쳐 있는 제 삶은 쉽게 화를 내거나, 참고 참다가 마침내 폭발하거나 둘 중 하나였습니다. 그래서 저와 같은 과정을 겪고 있는 저자의 이야기에 공감이 가고 위로를 받았습니다. 또한 감정의 주도권을 하나님께 내어드려야 함을 알게 되었습니다. **가은맘**

저는 장벽을 쌓는 것과 관련해 완전히 잘못을 저지르고 있었습니다. 제가 뭘 하고 있는 건지, 심지어 제가 왜 그러고 있는지도 몰랐습니다. 그런데 리사, 당신 덕분에 모든 것이 명료해졌습니다. 감정을 억누르는 대신 솔직하게, 그러나 사랑하는 마음으로 털어놓는 법을 배우게 될 것 같습니다. **버피 Y.**

한 문단 한 문단을 읽을 때마다 '아하' 하며 깨닫게 됩니다. 저 자신에게 건네는 듯한 문장에 표시를 하다 보니 지금 제 책은 알록달록한 크리스마스트리 모양이 되었습니다. **트레이시 C.**

이 책 덕분에 각 상황에 반응하는 법과, 선택권을 갖고 하나님의 도움을 힘입어 상황을 변화시키기 위한 분명하고 세세한 행동 계획까지 세울 수 있게 되었습니다. **미셸 C.**

저는 30년 동안 남자들만 우글거리는 분야에서 일해오면서 많은 차별을 겪었습니다. 이 책을 읽고 난 뒤 사장님을 찾아가 다른 남자들 앞에서 했던 저에 대한 발언에 대해 직접 문제 제기를 하며 조용하게, 지혜롭게, 할 말을 가려서, 이성을 잃지 않고 자신감 있게 제 생각을 밝혔습니다. 영혼의 고결함으로 날것의 감정들을 처리해낸 것입니다. **켈리 W.**

저는 자녀가 다섯 명입니다. 그렇다 보니 저의 관심을 필요로 하는 사람이 주변에 끊이지 않고 집이 조용할 새가 없습니다. 저는 고함치는 스타일이 아닙니다. 그럼에도 제가 이성을 잃은 채 지내왔다는 사실을 책을 읽으며 깨달았습니다. 이 책은 감정을 억누르는 것의 위험성을 일깨워주었습니다. **질 B.**

자녀 없는 오십대 여성인 제게도 이 책에서 말하는, 모든 여성과 가정상황, 인간관계, 개개인의 반응 등이 아주 인상 깊게 다가왔습니다. 이 책 구석구석에서 저 자신의 모습을 보았습니다. **로라 S.**

가만히 앉아 정확히 무엇이 제 반응을 촉발시키는지를 생각해보는 것은 그다지 재미있는 일이 아니지만 분명 큰 깨달음을 줍니다. 이제는 좀 더 자제력 있고, 저 자신과 밀접한 여자가 되기 위한 노력을 시작할 수 있을 것 같습니다. **섀넌 B.**

스냅사진 속 얼굴들은 웃고 있지만
인생에서 일어나는 모든 일이
아름다운 것은 아니다.
정말 그렇다.
나는 엉망인 모습까지 모두 받아들여주는
용감한 내 친구들을 사랑한다.
불완전한 진전을 함께 해나가기로 결심한 여러분에게
이 책을 바친다.

··· 차례

••• 감사의 말

아래의 소중한 사람들에게 진심을 담아 깊은 감사의 말을 전합니다. 이 책의 저자로는 내 이름이 올라와 있지만, 이 책에 담긴 내용이 나오기까지 내가 사랑하는 사람 한 명 한 명이 필수적인 역할을 감당해주었습니다. 이들 중 많은 이들이 이성을 잃고 감정적 기복을 드러내는 내 모습을 용납해주었습니다. 그리고 여전히 나를 사랑해줍니다.

이 얼마나 큰 은혜인지. 이들 한 사람 한 사람이 내겐 아주 소중합니다.

내가 제일 좋아하는 아트, 잭슨, 호프, 마크, 애슐리, 브룩. 여러분은 어린 시절 내가 드린 기도의 응답입니다.

리앤 라이스, 르네 스왑, 캐런 에만, 홀리 굿, 제니아 로저스, 매리 앤 러프, 에이미 킹. 여러분은 내 훌륭한 친구이자 아름다운 리더들입니다.

격려자이자 말의 의미를 풀어내는 데 뛰어난 재능을 지닌 글리니스 위터. 실상 그는 말이 아니라 미소로써 그것을 풀어냅니다.

'잠언 31장 사역' 팀. 여러분은 내 영혼의 자매들입니다.

엘리베이션 교회의 목사님과 홀리, 청크스, 에이미. 변화시키는 능력이 있는 진리를 제 인생에 심어주었습니다. 꾸준한 지지와 멋진 리더십을 보여주어 감사드립니다.

하나님의 선물 메레디스 브록과 제니 스틸스, 린지 크라이스.

고귀한 하나님의 종이자 훌륭한 지지자 니키 코지아르즈와 사만다 리드, 멜리사 테일러.

룹 그룹의 탁월한 리더 래시 왓슨.

자료 조사가인 멋진 친구 시엘 와이슨.

평범한 글쓰기 공간을 아름답게 꾸며준 티나 클라크와 리사 처레미.

내가 아는 사람들 중 가장 현명한 두 사람, 제니 레이놀즈와 션티 펠드한.

에이전트와 편집자를 넘어선 내 소중한 친구 에스더 페도르크비치와 샌디 밴더 지흐트.

존더반 출판사의 스콧 맥도널드와 트레이시 단츠, 돈 게이츠, 알리샤 마이, 그렉 클라우스. 여러분과 일하는 것이 꿈만 같았습니다. 당신들은 단순히 출판인이 아니라 나의 진정한 사역 파트너들입니다.

01 불완전함을 알면 희망이 보인다

●

감정은 나쁜 것이 아니다. 그런데 한창 자야 할 새벽 2시 8분에 정신적 고문을 시키고 있는 내 뇌를 향해서도 그렇게 말해보라.

내가 왜 그깟 목욕수건 때문에 그렇게까지 이성을 잃었던 걸까? 세상에, 수건이라니. 그깟 수건 때문에!

우리 집 식구들은 안방 욕실을 제일 좋아한다. 위층에 작은 욕실이 있는데도 딸 셋은 아래층 우리 방에 붙어 있는 큰 욕실을 애용한다. 그 때문에 우리 욕실에서는 수건을 도둑맞는 일이 잦다. 목욕을 하다가 욕조 바깥으로 후딱 나와 선반으로 손을 뻗어 바로 전날 깨끗이 빨아둔 수건을 찾지만 허탕을 치는 경우가 많다. 이런! 그럴 때면 결국 손 닦는 작은 수건으로 상황을 모면하는 수밖에 없다. (손 닦는 작은 수건으로! 그 상황이 얼마나 고통스러울지 상상할 수 있을 것이다.) 작은 수건으로 몸을 닦으면서 나는 낮은 목소리로 중얼거린다. "다시는 안방 욕실을 못 쓰게 해야지!" 하지만 나는 당연한 듯 상황을 호전시킬 별다른 행동을 취하지 않은 채 시간을 보낸다. 그리고 비슷한 상황은 반복된다.

그러니까 나는 남편 아트가 이 이야기에 등장하기 훨씬 전부터 목욕수건 도난과 관련해 골머리를 앓고 있었다. 어찌 된 일인지 남편은 목욕수건 대신 손 닦는 작은 수건을 쓰는 불운을 이제껏 잘 피해왔다. 그런데 오늘만은 그러지 못했다. 목욕수건이 있어야 할 곳이 텅 비어 있음을 발견한 순간, 그의 행운은 끝이 났다.

남편은 마침 가까이에 있던 내게 수건을 가져다달라고 부탁했다. 나는 위층으로 올라갔다. 우리 집 목욕수건들이 몽땅 딸들 방에서 어지러이 흩어져 있을 것이 분명했다. 한 발 한 발 계단 위로 발을 내딛으면서 나는 무슨 말로 딸들을 혼낼지 궁리했다. 발을 내딛을 때마다 감정이 격해졌다. **그런데** 아이들 방을 하나씩 열어봐도 수건 한 장 보이지 않았다. 단 한 장도! 당황한 나머지 세탁실에 가보았다. 거기에도 수건이 없었다. 이게 어떻게 된 일일까? 긴장해서 목 근육이 단단히 뭉치는데 아트가 수건을 갖다달라며 또다시 소리를 질렀다.

"지금 가고 있어요!" 나는 톡 쏘듯 말하고는 비치 타월이 있는 리넨장 쪽으로 걸어갔다.

나는 샤워실 문 너머로 바비 인형이 그려진 커다란 비치 타월을 남편에게 넘겨주며 말했다. "이걸 쓰는 수밖에 없겠어."

"뭐?" 남편이 말했다. "이거 우리 집 개들이 깔고 자는 수건 아니야?"

"어머, 이건 깨끗이 빨아서 리넨장에 넣어두었던 수건이야. 설마 내가 개가 깔고 있던 수건을 주겠어?" 이 대목부터 내 목소리는 한껏 높아졌다. 기분이 많이 나빠졌다는 신호였다.

"깨끗한 수건 한 장 갖다달라는 게 그렇게 어려운 부탁이야?"

아트는 별 생각 없이 던진 말이었지만, 내게는 비난하는 소리로 들렸다. 나를 판단하는 말로 들린 것이다.

"당신은 왜 매번 그런 식이야?" 나는 날카롭게 쏘아댔다. "매번 작은 실수 하나를 꼬투리 잡아 그걸로 날 공격해! 내가 일부러 수건들을 죄다 가져다가 아무도 모르는 곳에 숨겨놨어? 아니잖아! 내가 개더러 바비 인형 수건 위에서 자라고 했어? 그것도 아니잖아! 게다가 그건 개들이 깔고 자는 수건도 아니라고. 우리 집엔 바비 인형 수건이 세 개야. 개들은 그중 하나를 쓰는 거고! 지금 당신은 이깟 수건 때문에, 빌어먹을, 411(우리나라의 114－옮긴이)에 전화라도 걸 것 같네. 하지만 이 중에서 내 잘못은 하나도 없어!"

나는 씩씩거리며 위층으로 올라갔다. 속에 있는 말들을 딸들에게 쏟아놓을 작정이었다. "이제부터! 다시는! 결코! 엄마 방 욕실 수건 못 쓴다! 알겠니?" 딸들은 엄마가 수건 때문에 그토록 화난 것에 놀라 말문이 막혀 내 얼굴만 쳐다보다가 곧 자기들은 그 수건을 안 썼다며 온갖 말로 항변했다.

나는 아래층으로 내려와 지갑을 챙겨 든 뒤 문을 쾅 닫고는 타이어 긁히는 소리를 내면서 쌩 하고 모임 장소로 갔다. 결국 모임에 지각했다. 사실 참석하고 싶지도 않았다. 가족들에게 친절하게 대하는 방법을 이야기하는 자리였던 것 같은데, 그 주제는 내 알 바가 아니었다. 그때부터 마음이 종일 싱숭생숭했다.

그리고 지금은 새벽 2시 8분, 잠을 이룰 수가 없다.

내가 오늘 내뱉은 말과 저지른 행동 때문에 슬프다. 자제력이 부족한 나 자신이 실망스럽다. 그깟 수건 때문에 오늘 내가 쏟아놓았던 비난의 말들을 돌이켜 생각하면 할수록 뇌는 더더욱 잠들기를 거부한다.

이 상황을 분석해봐야겠다. 도대체 뭐가 문제일까? 나는 왜 내 반응을 통제하지 못할까? 감정들을 꾹꾹 억눌러두다가 어느 순간이 되면 폭발해버린다. 이 패턴을 어떻게 바꿔야 할지 모르겠다. '하나님, 저를 도와주세요. 어떻게 해야 할지 모르겠습니다. 이러다 가장 소중한 관계들이 다 망가지고, 성마른 성격과 수치심, 두려움과 좌절이 내 인생의 특징이 될 것만 같아요.' 이것이 정말 내가 원하는 삶일까? 내 묘비명에 "기분 좋은 날에는 꽤 괜찮은 사람이지만, 그렇지 않은 날에는 '여자가 한을 품으면 오뉴월에도 서리가 내린다'라는 문구에 가장 어울렸던 여자가 이 땅 아래 묻히다"라는 문구가 적히기를 바라고 있는가?

아니다. 나는 그런 삶을 원치 않는다. 내 인생이 그런 식으로 기록되는 것을 바라지 않는다. 그러니 새벽 2시 8분인 지금, 내일은 좀 더 나은 사람이 되겠다고 이렇게 맹세하는 것이다. 그러나 더 나은 사람이 되겠다는 말은 환상에 불과하며, 나의 맹세는 일상 속의 짜증과 그 밖의 불쾌한 현실 앞에 곧 힘을 잃고 말 것이다. 눈물이 흐른다. 나는 이제 노력하는 것에도 지쳤다. 언제나 노력만 하고 있으니.

누가 감정은 나쁜 것이 아니라고 말했던가? 적어도 내 감정은 나쁜 것 같은데. 무언가 고장 난 것 같다. 사실을 말하자면, 이성을 잃어버린 것 같다. 나는 새벽 2시 8분뿐만 아니라 오전

8시 14분이나 오후 3시 37분, 혹은 저녁 9시 49분 등 시시때때로 더 나은 사람이 되겠다고 맹세한다. 하지만 하나님을 영화롭게 하는 것이 어떤 것인지 깨닫고도 돌아서면 곧바로 아이들을 향해 고함치고 소리 지른다. 그런 뒤에는 내가 보인 파괴적인 행동에 대해 마음이 무거워지면서 그 같은 행위를 멈추지 못한 내 자신을 자책하며 수치스러워한다.

나도 누군가가 이성을 잃은 채 행동하면 상대방이 어떤 느낌을 받는지, 무례하고 고통스러운 공격을 받는 것이 어떤 경험인지 알고 있다. 그런 공격을 받으면 내게 상처를 준 상대방에게 나도 똑같은 상처를 주고 싶어진다.

그런데도 그 같은 감정적 요구는 그치지 않고 계속 찾아든다. 수그러들 줄 모르는 불안감. 누군가가 나를 인정해주지 않을지도 모른다는 생각. 피로와 스트레스와 호르몬에 의해 생긴 감정들.

'지금껏 나는 이성을 잃은 듯한 감정만 알아왔다. 이 감정이 영원히 내 인생을 지배하지 않을까?' 이 우울한 상념이 머릿속에서 떠나지 않는다. 어쩌면 여러분도 나와 비슷할지 모르겠다. 나의 고통이 이해되는가? 그렇다면 내가 가진 희망도 이해하게 되길 기도한다.

· · · 하나님을 영화롭게 하는 것이 어떤 것인지 깨닫고도 돌아서면 곧바로 아이들을 향해 고함치고 소리 지른다.

불완전한 진전의 희망

지금까지 내가 변화하지 못한 것은, 완벽하게 바뀌는 것이 불가능하리라는 느낌

때문이었다. 나는 애초부터 내가 계속해서 일을 망칠 것이며, 즉각적인 변화는 없을 것임을 알고 있었다. 때때로 우리 여자들은 즉각적인 진전이 없으면 진정한 변화가 시작되지 않은 거라고 생각하는 경향이 있다. 그러나 그것은 사실이 아니다. '불완전한 진전'(imperfect progress)이라는 아름다운 현실이 있다. 불완전한 변화라는 은혜로운 희망을 알게 된 그날, 나는 나도 다른 사람이 될 수 있다고 믿기로 했다.

··· 불완전한 변화란 은혜로 감싸인 느린 진전의 단계들, 곧 '불완전한 진전'을 뜻한다.

불완전한 변화란 은혜로 감싸인 느린 진전의 단계들, 곧 '불완전한 진전'을 뜻한다. 그런데 이를 어쩌랴. 내겐 이 진전이 절실하게 필요하다. 그렇기에 나는 감히 다음과 같은 글을 일기장에 써넣었다.

> 진전. 그저 나아가라. 잠시 후퇴하거나 재단장을 위한 시간을 갖는 것은 괜찮다. 모래 위에 선을 그려놓고 다시, 또다시 시작하는 것도 괜찮다. 다만 그 선을 앞쪽으로 움직여가라. 아기처럼 아장아장 걸어도 좋으나, 언제나 발을 움직여 한 군데 정체되는 일이 없도록 하라. 그러면 변화의 시기가 올 것이다. 그리고 그것은 좋은 일일 것이다.

이 솔직한 글을 첫걸음으로 나는 내 이야기를 다시 쓰기 시작했다. 앞서 썼던 내용들을 삭제했다는 말이 아니라, 이전의 이야기를 그대로 반복해 적는 것을 멈추고 새로운 마음으로 대상을 바라보았다. 그러다가 결국 나는 내 날것의 감정과 불완전한 변화들을 다룬 글을 블로그에 올리기 시작했다. 그러자 사람들은 '저도 그래요'라고 속삭이는 댓글을 달아주었다.

캐시라는 분은 "저는 분노와 두려움이 복합적으로 몰려오면서 이성을 잃게 돼요"라고 썼다. 코트니라는 분도 솔직한 이야기를 들려주었다. "소리를 지르고 서로 싸우고 칭얼대고 제게 뭔가를 계속 해달라고 요구하면서 말을 안 듣는 아이들 때문에 자제력을 잃으면 이성도 잃습니다. 저도 고요하고 잠잠하고 순종하고 자제하는 것을 좋아하지만 일이 '내 방식'대로 진행되지 않을 때면 이성을 잃고 흥분하게 돼요. 그러면 상황은 좀 나아지지만 그때부터 저는 후회를 합니다."

댓글이 끊임없이 달렸는데, 그들은 모두 나와 똑같은 갈등과 좌절을 느끼면서 나처럼 희망을 바라고 있었다. 자녀가 있든 없든, 나이 든 부모를 모시고 있든 나이 든 부모가 되어가고 있어 고민하든, 전업주부이든 직장맘이든 큰 차이가 없었다. 각기 다른 일상적 환경에 처한 수많은 여성들의 가장 큰 고민은 하나였다.

그때 나는 다른 여성들도 나처럼 일종의 불완전한 진전을 해낼 수 있을 거라는 생각이 들었다. 이 책은 이처럼 단순한 깨달음에서 시작되었다. 그리고 당시 상황의 아이러니함을 생각하면 웃지 않을 수 없다. 그때 나는 입 속으로 들어오는 것, 즉 음식을 다룬 책인 《하나님, 그만 먹고 싶어요》(코리아닷컴)를 막 출간한 상태였는데, 이제는 입 밖으로 나오는 것을 다룬 책을 쓰게 되었으니 말이다.

이 책은 나 자신의 불완전한 진전을 기록한 것으로, 현재진행형인 내 인생의 각본을 고쳐 쓰고 내 날감정들을 단장하는 책이다. 솔직히 인정하겠다. 반응 방식을 제어하기 위한 노력은 내게 아주 힘든 일이다. 그러나 불가능한 일은 아니다.

어떤 일을 하는 데 힘이 드느냐 아니냐는 우리가 어느 시점에서 그 대상을 바라보고 있는지에 따라 결정된다. 달걀 껍데기를 예로 들어보자. 겉에서 보자면 그것은 쉽사리 깨지는 대상이다. 하지만 그 안에 들어 있는 물질의 입장에서 보면, 그 껍데기는 난공불락의 요새와도 같다. 날달걀의 흰자와 부드러운 노른자가 그 딱딱한 달걀 껍데기를 뚫고 나오는 것은 불가능하다. 하지만 적정한 시간 동안 적절한 부화 과정을 거치면 그 안의 흰자와 노른자는 점차 새로운 생명으로 자라나 껍데기를 뚫고 그것에서 벗어난다. 생각해보면, 껍데기에 금을 내는 그 힘든 일이 앞으로 태어날 병아리들에게는 좋은 일이다. 사실 그 껍데기는 새로운 생명이 자라는 공간이자, 얼마 뒤 병아리들이 강한 힘으로 깨뜨리게 될 대상이다.

우리가 살고 있는 이 힘든 공간에 대해서도 이 예화를 똑같이 적용할 수 있지 않을까? 즉, 날것의 감정 및 비이성적 느낌과 관련된 이 모든 어려움에도 새로운 생명과 새로운 힘이 잠재되어 있는 것 아닐까?

나는 그렇다고 생각한다. 그렇게 알고 있으며, 실제로 목격도 했다.

정말이지 감정은 나쁜 것이 아니다.

한 걸음씩 나아가는 불완전한 진전

하나님께서 우리에게 감정을 주셨다. 감정이 있기에 우리는 삶에서 무언가를 느낄 수 있다. 느낌이 있기에 우리는 서로와 관계를 맺고 웃음을 나누며 공감의 축복을 누린다. 우리가 사랑을 만끽하고 그것을 소중하게 여기는 것도 감정이 있기 때문이다. 물론 슬픔과 두려움, 수치심과 분노 같은 어려운 감정들도 있다. 하지만 이 감정들도 중요한 것이지 않을까? 뜨거운 난로를 만지면 그것이 신호가 되어 손을 뒤로 빼게 되는 것처럼, 이 뜨거운 감정들이 잠재적 위험을 피할 수 있도록 우리에게 경고하는 역할을 감당하고 있는 것 아닐까?

그럴 것이다. 그러나 하나님께서 우리에게 감정을 주신 것은 인생을 경험하게 하기 위함이지 파괴하기 위해서가 아니라는 사실을 기억해야 한다. 이 모든 것에는 조심스러운 훈련이 동반된다. 나는 지금 그것을 배워나가고 있다.

그렇기 때문에 나는 여전히 고민하는 중에 마음속 깊은 곳에서 우러나온 말들, 즉 그러는 동안 배우게 된 교훈과 발견한 전략, 그 순간에 적용했던 성경 말씀, 새삼 이해하게 된 나의 불완전함과 받은 은혜에 대해 간단하게 적었다. 또한 그 가운데 발견한 평화와 미처 제자리를 찾지 못한 평화, 스스로 인정한 실수들과 기억에 남는 용서에 대한 이야기도 썼다. 그리고 나는 그 같은 진전을 기뻐했다.

진전. 이 책은 독자들에게 진전을 약속하는 책이다. 그 이상도, 그 이하도 약속하지 않겠다. 즉각적인 변화나 신속한 해결 방법을 찾으려 하지도 않겠다. 오직 한 걸음씩 나아가는 진전만을 추구할 것이다. 이 책의 마지막 장을 덮고 오랜 시간이 흘러도 여전히 지속될 그런 진전 말이다.

··· 하나님께서 우리에게 감정을 주신 것은 인생을 경험하게 하기 위함이지 파괴하기 위해서가 아니다.

우리는 이 진전의 과정을 함께 걸을 것이다. 당신은 혼자가 아니다. 나 역시 혼자가 아니다. 기쁜 소식 아닌가? 이 짧은 시간 동안 이 좁은 공간 안에서 우리가 함께 그간 각자가 안으로 억눌러온 감정들을 툭 터놓고, 바깥으로 폭발시켜온 감정들을 솔직하게 이야기할 수 있다니….

날것의 감정들에 부드러운 자비가 임할 것이다. 더는 과거의 실수에 짓눌려 몸을 웅크린 채 살지 않아도 된다. 그 같은 웅크림이 우리를 망가뜨린다. 망가짐은 이미 충분하다. 아니, 이제 다시는 과거의 무게에 짓눌려 웅크린 채 살지 않을 테다. 그 대신 끊임없이 좀 더 나은 미래라는 희망을 주시는 그분께 머리를 조아릴 것이다. 그것은 진리로 가득 찬 미래로서, 그때에 하나님은 감정이란 우리에게 적대적인 것이 아니라 우리를 위한 것임을 드러내 보이실 것이다.

감정이 우리에게 적대적인 것이 아니라 우리를 위해 기능할 수도 있다는 이해에 기초한 진리 안에서 우리의 진전은 시작된다. 그런 다음 우리는 그 진전을 일구고 키우며, 그것이 성장하는 것을 지켜보게 될 것이다. 그러다 마침내는 다른 사람들도 이를 보고 우리의 진전을 눈치챌 것이다. 그것이 진전, 곧 사랑스러운 진전이다. 불완전하지만 틀림없는 진전이다.

사랑하는 친구여, 당신이 이 글을 읽고 있는 데는 다 이유가 있다. 우리가 아픔을 공유하고 있기 때문이다. 그렇다면, 하나님이 부어주시는 희망과 은혜의 잔도 함께 들 수 있지 않을까? 여기 새로운 페이지가 있어 우리가 펼치기를 기다리고 있다. 기록되기를 기다리는 새 각본도 있다. 우리는 용기 있는 여성들이니 각자 이성을 잃고 행동한 경험들을 털어놓고 그것을 새로운 것, 곧 새로운 방식과 새로운 관점, 새로운 나, 새로운 당신으로 바꿔나갈 것이다. 이 불완전한 진전을 함께해나간다니 기쁘기 그지없다.

02

나는 신경질적인 여자가 아니다

•

나는 완전히 공황상태에 빠져 컨트롤키와 알트키, 딜리트키를 동시에 마구 눌렀다. "제발! 안 돼, 안 돼, 안 돼, 안 돼. 안 돼. 안 돼. 안 된다고!" 그러면서 컴퓨터를 끄고 재부팅하면 어찌 됐든 이 사소한 장애가 정말로 사소한 문제였음이 밝혀지기를 바랐다.

"제발 작동해줘." 이 기계의 동정심 많은 부품이 호의를 베풀지도 모른다고 생각하며 나는 다급한 목소리로 속삭였다. 나로서는 도무지 어떻게 고쳐야 할지 알 수 없었다.

무언가 재미있는 것을 보여달라는 딸의 부탁에 나는 컴퓨터에 달라붙어 그 웹사이트가 열리길 기다리던 참이었다. 그런데 갑자기 까만색 경고 박스가 뜨더니 컴퓨터 화면 전체를 뒤덮었다. 당신도 알겠지만, 컴퓨터에서 바이러스가 발견되었으니 신용카드로 49.95달러를 결제해 그 문제를 해결할 보안 프로그램을 구매하라는 문구가 화면에 뜨는 것은 좋은 징조가 아니다. 나는 그것이 사기라는 것을 알고 있었다.

그러나 내가 분명히 알고 있던 또 한 가지 사실은, 그 기계 안에 있는 누군가는 이번 주 금요일이 마감일인 작업 파일이 컴퓨터 안에 갇혀 있다는 것과, 갑자기 솟아오른 내 날것의 뒤엉킨 감정들과, 나라는 사람에 대해 아무런 관심도 없다는 것이었다. 남아도는 손재주와 지능을 활용하여 범죄를 저지르기로 작정한 어떤 사악한 컴퓨터 조종자가 하필 내 컴퓨터를 인질로 잡고 있었다. 바이러스의 분탕질을 막기 위해 나는 여러 조치를 취해봤으나, 상황은 악화되기만 했다.

나는 컴퓨터 수리기사와 통화를 하려고 전화기를 집어 들었다. 그런데 이게 어찌 된 일일까? 전화기도 정상이 아니었다. 저장해둔 연락처가 모두 사라지고 없었다. '왜 이러지? 전화기가 컴퓨터 옆에 있었던 것도 아닌데! 어떻게 전화기와 컴퓨터가 같이 망가질 수 있지?'

심장 박동 소리가 거칠어졌다. "지금. 나랑. 장난. 치자는. 거야. 뭐야!" 전화기의 한쪽 면을 다른 손바닥 위로 내리치면서 나는 이렇게 소리쳤다. 그렇게 하면 전화기 측면의 작은 부품 하나가 철커덕 움직여 내부에서 끊어진 부분이 다시 연결될 것만 같았다. 분명했다.

그러나 상황은 말할 수 없을 정도로 악화되기만 했다. 나는 갑자기 질 나쁜 컨트리송의 가사를 몸소 체험하고 있는 듯한 느낌이 들었다. 이 모든 기계 문제들만으로는 부족했는지 개가 토하면서 침실 카펫을 온통 토사물로 더럽혔다. 녀석은 당연히 카펫 위에 토해야 했다. 만약 아래층 바닥재 중 90퍼센트를 차지하는 마루나 타일 위에 토했다면 내가 청소하기 무척 쉬웠을 테니 말이다.

그 순간에 일이 쉽게 흘러간다는 것은 말이 안 되었다. 절대로.

물론 우리 집 아이들 중 누군가가 적극적으로 나를 도와줄 수도 있었다. 하지만 내가 기계들이 만들어낸 아마겟돈의 상황을 해결할 테니 너희 중 한 명이 가서 개의 뒤처리를 맡아달라고 했을 때 내 귀에 들려온 것은 투덜거리는 소리뿐이었다.

해도 해도 너무한 상황이었다. 일련의 사건들이 아주 급박하게 일어났다. 그야말로 퍼펙트스톰(둘 이상의 태풍이 충돌하여 그 영향력이 폭발적으로 커지는 현상—옮긴이)이었다. 그리하여 다시는 감정을 폭발시키지 않겠다고 수만 번 스스로 되뇌며 약속했음에도 불구하고 나는 결국 폭발하고 말았다.

"이제. 결코. 다시는. 이 집 아이들은 컴퓨터에 손도 못 댈 줄 알아! 내가 방으로 갈 때까지 개가 토한 걸 깨끗이 치워놓지 않으면 개를 다른 데로 보낼 테다!"

그날 밤 나는 '잠언 31장' 상을 받을 수 없었다.

자식들이 일어나 내게 감사하는 일이 없었다.

남편이 성문에 앉아 나를 칭찬하는 일도 없었다.

후일에 웃을 일도 없었다.

그 대신 눈물과 후회만 남았다. 크고 거대한 후회의 퇴적물. 그리고 개의 토사물과 망가진 컴퓨터와 정신병에 걸린 듯한 휴대전화만이 나와 함께였다.

잠자리에 들 무렵에는 역겨움의 먹구름 같은 것이 내 머리를 단단히 둘러싸는 듯 느껴졌다. 그날 하루 동안, 아주 사소한 것이라도 해결된 일이 하나 없었다. 구원의 순간도 없었으며, 내 인식 속에 들어와 그 모든 것을 해결할 방법을 알려주는 예수

강림 사건 같은 것도 없었다. 안 그래도 차고 넘쳤던 '해야 할 일 목록'만 더 길어졌을 뿐이다.

다음 날, 그 똑똑한 컴퓨터 수리기사를 만나러 나가면서, 나는 그가 버튼 하나만 누르면 내 컴퓨터와 전화기와 개와 관련된 모든 문제가 해결될 거라고 말해주기를 바랐다. 나를 '지나친 낙관주의자'라고 불러도 어쩔 수 없다.

그러나 현실 속의 그는 휴대전화나 개에 대해서 아는 바가 전혀 없었다. 컴퓨터 문제도 버튼 하나만 눌러 해결될 성질이 아니었다. 노트북의 운영체계 전체가 감염된 상태였다. 하지만 하드드라이브에 저장된 파일들은 대부분 복구할 수 있었다. 그는 파일들을 외장하드로 옮긴 뒤, 그것을 새 컴퓨터에 복사했다. 물론 나는 계획에 없던 돈을 들여 새 컴퓨터를 사야 했다.

나는 제대로 작동하는 컴퓨터를 다시 갖게 되었다는 사실에 안도하면서도 이런 일이 일어났다는 자체가 짜증스러웠다. 적어도 한 달은 그랬다.

한 달 뒤, 새로 산 컴퓨터를 도난당했다. 나도 안다. 믿기 힘들지만, 가슴 아프게도 실제 일어난 일이다.

금방이라도 울 것 같은 심정으로 나는 그 똑똑한 컴퓨터 수리기사에게 전화를 걸었다. 헛된 희망이며 말도 안 되는 일이라고 생각하면서도, 나는 바이러스에 감염되었던 내 옛 컴퓨터가 아직 그곳에 남아 있는지, 그 하드드라이브에서 데이터 몇 개를 복구해 가져올 수 있는지 물었다. 그러나 그는 내가 갖고 있던 두려움을 확인시키기만 했다. 이미 그 컴퓨터는 폐기처분되어 사라진 뒤였다. 그 대신 그는 한 달 전 데이터를 옮길 때 사용했던 외장하드의 존재를 일깨워주었다. 그 순간, 애초에 문제를 일으켰던 컴퓨터 바이러스가 내게 일어난 좋은 일들 중 최고의 일인 양 생각되었다. 그 바이러스가 있었기에 내 컴퓨터의 모든 데이터를 외장하드에 어쩔 수 없이 옮겨놓았었고, 이제 그 외장하드는 새로 산 컴퓨터가 사라진 그날 내게 최고의 선물이 된 것이다. 컴퓨터가 바이러스에 감염되는 일이 없었더라면 내가 따로 시간을 들여 컴퓨터를 백업하는 일도 없었을 터였다. 한때는 저주와도 같아 보였던 바이러스가 어느 순간 소중한 선물이 되어 있었다. 사실 그것은 여러모로 내게 선물이었다.

그런 일을 겪은 뒤 관점이라는 것이 얼마나 중요한지를 어렴풋하게나마 알게 되었다. 그 덕분에 최근 컴퓨터와 관련해 비극적인 사건이 일어났을 때도 나는 침착함을 유지할 수 있었다! 그때 나는 내게 흔히 찾아오지 않는 '힘'이 생기는 느낌이 들었다. 우리는 이 책 전체에서 관점의 변화에 대한 이야기를 많이 할 것이다. 이성을 잃지 않기 위한 핵심 요소에 '관점'이라는 것이 있기 때문이다. 나에게 관점이란 현재 당면한 상황을 새롭고 유리한 시각에서 보도록 도와주며, 앞으로 마주칠 미래 요소들을 좀 더 차분하고 현실적인 방식으로 처리해가도록 도와주는 것이다. 그것은 새로운 사고방식을 발전시킬 때도 도움을 준다. 이는 단지 내가 개인적인 경험에서 발견한 이론이 아니라, 하나님께서 자신의 메시지를 우리에게 전달하시는 방식이기도 하다.

사고 패턴을 바꿀 때 완전히 변화할 수 있다

뇌 연구 결과를 보면, 우리가 하는 모든 의식적 생각들이 대뇌피질이라는 내부 하드드라이브에 기록되고 있음을 알 수 있다. 우리가 하는 모든 생각은 모래그림판(Etch A Sketch)과 상당히 유사한 방식으로 뇌의 표면에 흔적을 남긴다. 그러다가 전에 했던 생각을 한 번 더 하게 되면 원래의 생각을 기록했던 선이 더욱 깊어지고, 그것은 '기억흔적'이 된다. 그리고 그 생각을 반복할 때마다 흔적은 점점 더 깊어져 사고 패턴이 되어 뇌에 단단히 고착된다. 그런데 감정이 이 사고 패턴과 연계되면 그 기억흔적이 기하급수적으로 깊숙이 기록된다.

감정과 연계되지 않은 채 무작위로 생겨나는 생각들은 대부분 금방 망각되는 반면, 감정과 연계되어 자주 떠올리는 생각들은 우리 안에 계속 남는다. 예를 들어 '이성을 잃었다'는 생각을 반복해서 하고 그 생각이 어떤 강력한 감정과 연계될 경우, 우리는 그 생각에 반복해서 접근함으로써 기억흔적을 더 깊게 만들어버린다. 어떤 생각을 억눌러두기로 결정할 때도 마찬가지여서, 우리는 그렇게 억누르는 일을 영구적으로 실행하게 된다. 혹 고함을 지르기로 결정했다면 계속해서 고함을 지르게 되는 것이다.

새로운 생각을 계발하지 않으면 새로운 반응도 발전시킬 수 없다. 그러므로 새로운 생각을 통해 마음을 새롭게 하는 것이 중요하다. 새로운 생각은 새로운 관점에서 비롯된다. 성경도 이 과정을 이행하라고 권고한다. 인간의 마음을 창조하시고 그것의 기능 방식을 누구보다 잘 이해하시는 분이 바로 하나님이기 때문이다.

사고 패턴을 바꿀 때 인간이 비로소 완전히 변화할 수 있다는 것이 성경의 기본 가르침이다.

> 너희는 이 세대를 본받지 말고 오직 마음을 새롭게 함으로 변화를 받아 하나님의 선하시고 기뻐하시고 온전하신 뜻이 무엇인지 분별하도록 하라(롬 12:2).

또한 성경은 인간이 어떤 특정 생각을 받아들일 수도, 거부할 수도 있다고 말한다. 우리는 옛 사고 패턴의 인질이 되어 붙들려 있을 필요가 없다. 우리는 자신의 생각을 사로잡아 그리스도의 진리의 능력을 힘입어 그것을 변화시킬 수 있다.

> 하나님 아는 것을 대적하여 높아진 것을 다 무너뜨리고 모든 생각을 사로잡아 그리스도에게 복종하게 하니(고후 10:5).

당신의 경우는 어떨지 모르겠지만, 적어도 내 뇌가 설계된 방식을 보면 이 성경 구절들이 완전히 새롭고 생생하게 다가온다. 생각을 사로잡아 새로운 방식의 생각을 통해 변화하자는 이 말은 뉴에이지식의 마인드컨트롤과 다르다. 내

· · · 새로운 생각을 통해 마음을 새롭게 하는 것이 중요하다. 새로운 생각은 새로운 관점에서 비롯된다.

가 말하려는 것은 성경적인 것으로, 하나님께서 우리의 뇌를 조성하신 방식과도 맞아떨어진다. 매일 내게 어떤 일이 일어날지는 스스로 통제할 수 없지만, 벌어진 일들을 어떻게 생각할지는 통제할 수 있다. 속으로 이런 말을 읊조릴 수는 있다는 말이다. '지금 이 순간 나는 파괴적인 생각과 건설적인 생각 중 하나를 택할 수 있어. 상황을 악화시키는 잘못된 것에 빠져 살까, 좀 더 좋은 관점을 하나님께 간구해 마냥 좋게 **느껴지지** 않는 상황에서도 좋은 것을 **볼 수 있게** 해달라고 기도할까?' 실제로 새로운 관점을 얻으면 새로운 사고방식이 보인다.

··· 통제불능의 상황에 맞닥뜨릴 때라도 통제불능의 행동을 하지 않을 수 있다.

컴퓨터 고장이라는 위기를 경험하는 동안 나는 '관점'을 통해 다음과 같은 귀중한 교훈을 얻을 수 있었다. "나는 통제불능의 상황에 맞닥뜨릴 때라도 통제불능의 행동을 하지 않을 수 있다."

통제불능의 행동을 하면 문제만 더 커진다. 어이쿠, 이거 바로 내가 반복해오던 패턴이네! 그러나 그 컴퓨터 사건을 계기로 나는 초조해하는 것만으로는 아무 문제도 해결할 수 없음을 깨달았다. 안 그래도 신경이 곤두선 상황에 스트레스와 근심만 더해질 뿐이다. 그렇다, 나는 이제 통제불능의 상황에 맞닥뜨릴 때라도 통제불능의 행동을 하지 않을 수 있다. 이것이 내 새로운 생각이 되고, 새로운 기억흔적이 되며, 새로운 사고 패턴이 될 것이다.

그렇지만, 그렇게 말하고 생각하는 것만으로는 부족했다. 나는 그것을 믿어야 했다. 그리고 그것을 믿기 위해서는 마음속

신뢰의 문제를 해결해야 했다. '내가 하나님을 신뢰할 수 있을까? 좋지 않은 상황에서도 그분이 선한 것을 이끌어내신다는 것을 믿을 수 있을까?' 우리는 그 모든 무질서한 상황 속에도 잠재적인 선이 숨겨져 있음을 알 때 통제하려는 마음을 누그러뜨릴 수 있다.

일이 잘 돌아갈 때는 통제하려는 마음을 누그러뜨리기가 쉽다. 그런데 코앞에서 일이 생각대로 흘러가지 않을 때 신뢰의 문제가 발생한다. 그러나 어떤 경우라 할지라도 하나님께서 그 자리에 계시며 나를 위해 좋은 일을 해주시리라는 것을 (진심으로) 믿는다면, 나는 모든 것을 내 손으로 바로잡으려고 애쓰는 신경질적인 여자가 되지 않을 수 있다. 그리고 하나님께서 모든 것을 통제하신다는 사실 아래 안식을 누릴 수 있다. 즉, 통제불능의 상황에 맞닥뜨릴 때라도 나는 통제불능의 행동을 하지 않을 수 있다.

맞다, 이것은 배우기 힘든 교훈이다. 하지만 중요하다.

여호수아의 질문

여리고의 철옹성을 마주한 여호수아도 분별력을 잃지 않고 통제불능의 행동을 하지 않는 방법을 배워야 했다. 이것은 상당히 유명한 성경 이야기다. 하지만 '어차피 다 아는 이야기일 거야'라고 생각하면서 이 부분을 건너뛰려 했다면 잠시 기다려주시길! 이 이야기 속에는 나도 아주 최근에야 발견한 또 다른 작은 이야기가 들어 있기 때문이다. 나는 군사들에게 성 주위를 돌라는 명령을 내리기 직전 여호수아에게 일어난 그 일이 이 사건 전체에서 가장 중요한 교훈이라고 믿는다.

그 교훈은 여호수아의 질문 안에 있다. 그것은 여호수아의 생각과 생활의 특징을 잘 보여주는, 우리 스스로에게 물어봐도 좋을 지혜롭고 중대한 질문이다. 하지만 그 질문이 무엇이었는지 밝히기에 앞서, 이 이야기의 문맥을 분명히 이해하고 넘어가는 것이 중요하겠다.

하나님은 여호수아에게 이스라엘 백성들을 이끌고 전장으로 나가 여리고 성을 정복하라고 명하셨다. 그런데 여기에 한 가지 문제가 있었다. 도시 전체를 에워싼 거대한 성벽이 여리고를 보호하고 있었던 것이다.

나는 올여름 로마의 바티칸 시국을 방문하면서 성벽으로 둘러싸인 도시의 실체를 실감할 수 있었다. 그야말로 놀라운 광경이었다. 몇 층짜리 건물 높이로 쭉쭉 올라간 성벽 아래 서서 나는 여호수아를 떠올렸다. 이 성벽보다 더 높았을 여리고 성벽 앞에 선 여호수아가 무엇을 느꼈을지 생각하니, 불가능해 보이는 일을 해야 했던 그의 부담감이 고스란히 전해졌다.

스스로 여호수아가 되어 전투 계획을 세운다고 생각해보자. 여리고 성은 언덕 위에 세워졌고, 이미 축대가 사방을 둘러쌌으며, 4.5미터 높이 옹벽이 덧세워져 성을 한 겹 더 수비하고 있다. 게다가 이 옹벽 꼭대기에는 가로 1.8미터, 세로 7.3미터의 흙벽돌담이 하나 더 얹혀 있다. 그 담 하나만으로도 충분히 위협적인데,

우리가 넘어야 할 방어 시설은 그것만이 아니다. 이 담 주변으로 비슷한 규모의 지상 약 13.7미터 높이의 담이 하나 더 둘러쳐져 있다. 가장 바깥쪽 옹벽 밑에 서서 보면 아마도 그 두 벽이 21미터가 훌쩍 넘는 것처럼 보였을 것이다. 의심의 여지없이 그것은 이스라엘 백성이 자력으로 도저히 넘을 수 없는 요새였다.[1)]

이 벽들을 마주한 채 코앞에 닥친 과업에 부담을 느끼는 판에, 인간의 이성으로는 결코 납득할 수 없는 계획까지 백성들에게 발표해야 한다고 생각해보라. 이때의 상황을 성경은 다음과 같이 기록하고 있다.

> 이스라엘 자손들로 말미암아 여리고는 굳게 닫혔고 출입하는 자가 없더라 여호와께서 여호수아에게 이르시되 보라 내가 여리고와 그 왕과 용사들을 네 손에 넘겨주었으니 너희 모든 군사는 그 성을 둘러 성 주위를 매일 한 번씩 돌되 엿새 동안을 그리하라 제사장 일곱은 일곱 양각 나팔을 잡고 언약궤 앞에서 나아갈 것이요 일곱째 날에는 그 성을 일곱 번 돌며 그 제사장들은 나팔을 불 것이며 제사장들이 양각 나팔을 길게 불어 그 나팔 소리가 너희에게 들릴 때에는 백성은 다 큰 소리로 외쳐 부를 것이라 그리하면 그 성벽이 무너져 내리리니 백성은 각기 앞으로 올라갈지니라 하시매(수 6:1-5).

이게 다란 말인가?

이제 여호수아는 이 내용을 이스라엘 백성에게 전달해야 한다. 그 성벽을 보고 돌아와 가데스바네아에서 가나안의 성읍들은 "크고 성곽은 하늘에 닿았다"(신 1:28)라고 보고했던 사람들의 후손인 그들에게 지금 이 말을 전해야 한다.

당시에 트위터나 블로그, 뉴스 속보가 있었더라면 사람들은 이 일을 두고 뭐라고 이야기했을까? 여호수아는 6일간 그 성 주변을 양각 나팔을 불며 하루에 한 번씩 돌다가, 일곱째 날에는 일곱 번을 돌려고 하고 있다. 이렇게 성 주변을 돌고 나팔 부는 일이 끝나면 백성들은 큰 소리로 외칠 테고, 그러면 그 거대한 난공불락의 여리고 성벽이 무너져 내릴 것이라고 한다. 그냥 무너져 내린단다. 그리고 끝이다.

여호수아에게 일생을 통틀어 자신의 통제능력을 완전히 벗어난 상황을 만나 압도당한 적이 있느냐고 묻는다면, 아마 이 순간을 이야기할 것이다. 정말 말도 안 되는 계획이었다. 하나님의 기적적인 개입이 없다면 전혀 통하지 않을 계획이었다. 여호수아는 부끄러움을 당하고, 백성들은 패배할 터였다. 그리고 믿지 않는 자들은 이스라엘의 하나님을 여호수아의 과대망상이 만들어낸 허상으로 낙인찍을 것이었다.

얼마나 부담스러웠을까?

하지만 여기까지가 여러분이 아는 이야기일 것이다. 그렇다면 상대적으로 덜 알려진 또 다른 작은 이야기라는 것이 대체 무엇일까? 사람들이 거의 이야기하지 않고 설교 소재로도 잘 채택하지 않는, 앞서 내가 말한 그 중대한 질문이 무엇일까?

그것은 여호수아가 하나님께 구체적인 전투명령을 받기 전에 성벽을 둘러보러갔던 여호수아 5장 마지막 부분에 나온다.

거기에는 여호수아가 있었다. 그리고 성벽이 있었다.

숱한 전투를 경험한 여호수아였지만, 그토록 철저하게 오랜 포위공격에 대비해 요새화한 성읍을 공격해본 적은 없었다. 실제로 여리고는 성벽을 갖춘 모든 가나안 성읍 중에서 가장 강력한 도시였을 것이다. 무기도 문제였다. 이스라엘군에게는 공성무기나 벽을 부수는 도구, 투석기 같은 것이 없었다. 새총과 화살, 창이 다였다. 여리고 성벽을 무너뜨리기에는 장난감처럼 보였을 것이다. 그런데 여호수아 군대는 여리고 전투에서 꼭 승리해야 했다. 요단 강을 건넌 이스라엘 군사들은 후퇴할 곳이 없었기 때문이다. 게다가 그 도시를 우회해서 갈 수도 없었다. 그렇게 하려면 공격에 취약한 여자들과 어린아이들, 가축과 재산을 길갈 지역에 남겨두어야 했기 때문이다.[2)]

이 무거운 생각들에 사로잡혀 있던 여호수아 앞에 칼을 빼든 한 남자가 갑자기 나타난다. 성경은 그 남자가 인간이 아닌 "여호와의 군대 대장"이었다고 쓰고 있다(수 5:14). 즉, 하나님께서 인간의 형태를 취해 임재하신 것이다. 군대 대장이 전투에 나갈 채비를 한 것을 보고 여호수아는 이렇게 묻는다. "너는 우리를 위하느냐 우리의 적들을 위하느냐"(수 5:13).

이 질문에서 우리는 여호수아의 망설임을 엿볼 수 있다. 확신의 근거를 찾는 그의 내면이 이 말에 살짝 드러나 있다. 나는 이 솔직한 질문이 여호수아가 강한 자신감과 확신을 갖지 못해 던지는 질문이었음을 느낄 수 있다. 그에게 완전한 자신감과 확신이 있었더라면 그는 이런 질문을 하지 않았을 것이다. 하지만 그는 이 질문을 한다. 그리고 우리는 당연히 하나님의 임재인 그 군대 대장이 "여호수아야, 내가 너와 함께 있고, 나는 너를 위하며, 너의 편이다!"라는 답을 해주시리라 예상한다.

··· 환경을 변화시키기란 불가능하지만 우리 마음을 하나님께 고정하는 일은 할 수 있다. 그것만은 가능하다.

그러나 이 예상은 빗나간다.

"너는 우리를 위하느냐 우리의 적들을 위하느냐"라는 질문을 받은 그는 이렇게 답한다. "둘 다 아니다."

왜일까?

여호수아가 잘못된 대상에게 잘못된 질문을 던졌기 때문이다. 그가 물어야 할 질문은 하나님이 누구 편이냐가 아니었다. 여호수아는 자기 자신에게 이렇게 물어야 했다.

"나는 누구 편인가?"

이는 우리에게도 그대로 적용된다. 통제범위를 벗어난 상황을 만날 때마다 우리는 "나는 누구 편인가?"라고 자문해야 한다. 나는 하나님 편에 있음을 드러내는 방식으로 대응할 것인가, 그 반대로 대응할 것인가? 무슨 일이 있어도 하나님 편에 서겠다고 결심한다면 그분에 대한 신뢰의 문제는 해결된다. 그렇게 하나님을 신뢰하는 현실에 정착하고 난 다음부터는 통제불능의 상황에 맞닥뜨려도 통제불능의 행동을 하지 않을 수 있게 된다. 우리가 환경을 변화시키기란 불가능하지만 우리 마음을 하나님께 고정하는 일은 할 수 있다. 그것만은 가능하다. 여호수아도 그렇게 했다.

> 제사장 일곱은 양각 나팔 일곱을 잡고 여호와의 궤 앞에서 계속 행진하며 나팔을 불고 무장한 자들은 그 앞에 행진하며 후군은 여호와의 궤 뒤를 따르고 제사장들은 나팔을 불며 행진하니라 그 둘째 날에도 그 성을 한 번 돌고 진영으로 돌아오니라 엿새 동안을 이같이 행하니라 일곱째 날 새벽에 그들이 일찍이 일어나서 전과 같은 방식으로 그 성을 일곱 번 도니 그 성을 일곱 번 돌기는 그날뿐이었더라 일곱 번째에 제사장들이 나팔을 불 때에 여호수아가 백성에게 이르되 외치라 여호와께서 너희에게 이 성을 주셨느니라(수 6:13-16).

이것으로써 여리고 성벽은 완전히 무너져 내렸다. 이제 더 이상 난공불락의 성벽이 아니었다.

나는 내 사전에서 '불가능'이라는 단어를 삭제하는 상상을 즐겨 한다. 특히 이성을 잃은 듯한 감정으로 고민할 때 그렇게 한다. 나는 하나님의 편이며, 내 행동과 반응을 통해 그 사실을 드러낼 수 있다. 나는 통제불능의 행동을 하지 않고서 통제불능의 상황에 대처할 수 있다.

단 한 번의 좋은 선택

그날 밤 그 똑똑한 컴퓨터 수리기사가 내 외장하드의 데이터를 또 다른 노트북으로 옮기는 동안, 나는 딸 애슐리와 함께 길 건너 쇼핑몰로 갔다. 평소 나는 사람들이 북적이고, 사고 사고, 또 사라고 나를 붙잡는 어수선한 가게들로 들어찬 쇼핑몰을 그리 좋아하지 않는다. 그런데 그 소란한 중에 딸이 나를 올려다보며 이렇게 말했다. "엄마, 내가 엄마의 어떤 부분을 제일 좋아하는지 아세요? 엄마는 나쁜 일이 일어나도 신경질을 부리지 않아요."

그 순간 나는 울고 싶었다.

사실 나는 매우 자주 신경질을 내는 사람이기 때문이었다. 나는 그런 모습이 싫었다. 그런데 어찌 됐든 컴퓨터를 잃어버리고 신경질을 부리지 않기로 한 그 한 번의 좋은 선택이 나에 대한 딸의 인식을 바꿔놓았다. 이 사건이 내 삶의 궤도를 재정립했다. 한 번의 좋은 선택. 불완전한 진전.

노트북을 희생시켜 딸과 그런 경험을 할 수만 있다면, 나는 언제라도 기꺼이 내 컴퓨터를 포기할 의향이 있다. (그래도 예수님께 한 말씀 드릴게요. 예수님, 꼭 그렇게 해달라는 건 아니에요. 이제는 이 교훈을 완전히 이해했어요. 그러니 한동안은 컴퓨터를 바꿀 필요가 없을 것 같아요.)

이제 나는 통제불능의 상황에 맞닥뜨릴 때라도 통제불능의 행동을 하지 않을 수 있다.

나는 신경질적인 여자가 아니다.

03

꼬리표의 감옥에서 벗어나라

●

판사가 판결문 읽을 준비를 하자 법정 안이 조용해졌다. 상황을 바꿀 수 있으리라고, 그토록 희망하고 기도하고 기다리고 바라며 선처를 갈구하기도 했지만 결국 이 자리, 이 순간에 도달하고야 말았다. 종이 위의 단어들, 그것은 내 친구 크리스티나에 대한 판결이었다.

앞을 응시한 내 심장이 거칠게 뛰고 있었다. 눈앞에는 고통스러울 만큼 몸을 작게 웅크린 크리스티나의 뒤통수만 보였다. 크리스티나가 일어섰다. 판사가 입을 열어 말하기 시작했다.

3년 전, 나는 크리스티나와 함께 우리 집을 장식할 그림과 소품을 사기 위에 할인점을 찾아 바쁘게 돌아다녔다. 한정된 예산으로 예쁜 집 꾸미기는 크리스티나가 벌이는 일종의 예술 행위였다. 그녀는 깨지고 갈라진 물건들, 초특가 할인 물품들로 가득 찬 선반에서 보물을 찾아내는 데 선수였다. 그녀는 버려진 물건 속에 잠재된 가치를 알아보았다. 나로서는 절대 할 수 없는 일이었다.

크리스티나는 그 물건들이 할인 행사 상품 진열대를 벗어나 우리 집 서재 선반이나 부엌 한구석, 혹은 침실용 탁자 등에 놓일 때 어떤 아름다움을 품어낼지 꿰뚫어볼 줄 알았다. 그녀는 이렇게 말하곤 했다. "날 믿어봐. 정말 예쁠 거야. 두고 봐." 예술가란 **당장** 눈에 보이는 것이 아닌, 그것에 **잠재**된 것을 볼 줄 아는 능력을 가진 사람을 가리킨다.

"오 하나님." 나는 숨죽인 채 중얼거렸다. "크리스티나가 지금 이 순간에도 눈에 보이는 것을 넘어 잠재된 가치를 알아보도록 도와주세요." 그러나 곧 판사는 그녀에게 감옥에 가야 한다고 선고했고, 내 얼굴 위로 눈물이 흘러내렸다.

감옥.

이 한 단어가 무겁게 가슴에 박혔다. 이제 집안 상황을 정돈하기 위해 주어진 3개월이 지나면, 적어도 1년간 크리스티나는 그때껏 자신이 알아온 삶을 누릴 수 없었다. 기간은 더 길어질 수도 있었다.

크리스티나는 자신이 주도하지 않은, 심지어 제대로 이해하지도 못했던 부동산 사기 사건에 연루된 상태였다. 그런데도 자신의 실수에 전적으로 책임을 지고, 자유를 포기하는 비싼 대가를 지불하려 하고 있었다. 나의 귀한 친구이자 어린 자녀를 둘이나 둔 아름다운 엄마, 빼어난 예술적 재능을 지닌 그녀가 죄수가 된 것이다.

그날 나는 법정에서 빠져나오면서 크리스티나를 위로할 말들을 생각해보았다. 하지만 없었다. 그녀가 한 행동은 분명 잘못된 것이었다. 나는 그것을 알았다. 그녀도 알았다. 우리 모두는 그에 해당하는 결과가 따를 것임을 알았다. **당연히** 그런 결과가 따라야 했다. 그럼에도 불구하고 크리스티나가 감옥에 간다는 생각에 마음이 아픈 것은 어쩔 수 없었다.

죄수라는 꼬리표에는 정말 많은 의미가 들어 있다. 나는 이 '많은' 의미들이 내 친구를 영원히 규정하게 되기를 원치 않았다. 세상의 깨지고 버려진 것들 속에서 언제나 아름다움을 보았던 이 여성이 자기 자신의 인생에서도 숨겨진 아름다움을 볼 수 있지 않을까? 언젠가는 그녀가 또다시 내게 "날 믿어봐. 정말 예쁠 거야. 두고 봐"라고 말하게 되지 않을까?

나 역시 이런 상황, 이 부서진 것들 속에서 그녀에게 유익이 되는 아름다움을 발견할 수 있지 않을까?

혹 지금 이 부분이 그녀 인생을 규정짓고, 감옥에 갔다 온 여자라는 꼬리표가 영원히 그녀를 따라다니게 되는 것은 아닐까?

꼬리표

꼬리표는 끔찍한 것이다. 꼬리표는 우리를 빠져나오기 힘든 범주 안에 가둔다. 나는 알고 있어야 한다. 연방교도소에 수감된 적은 없을지라도 나 역시 나에게 특정한 꼬리표를 붙여 그 힘든 곳에 갇혀 지내오고 있다는 사실을. 어쩌면 여러분도 이런 꼬리표들에 익숙한 사람일지 모르겠다.

"나는 화가 나 있다.

나는 좌절감을 느낀다.

나는 날카롭게 소리 지른다.

나는 감정을 억누른다.

나는 우리 엄마와 똑같다.

나는 만신창이다.

나는 남을 기쁘게 해주기 위해 무리하게 애쓴다.

나는 멍청이다.

나는 불안정하다

나는 이성을 잃는다."

이 목록은 얼마든지 더 길어질 수 있다.

··· 꼬리표는 끔찍한 것이다. 꼬리표는 우리를 빠져나오기 힘든 범주 안에 가둔다.

그런데 나는 전혀 예상치 못한 곳에서 이 꼬리표에 대한 강력한 교훈 한 가지를 깨달았다. 바로 어린이 책을 통해서였다. 어린이 책 읽기가 재미있는 것은 내가 '페이지를 마구 건너뛰면서 마음대로 이야기 만들기'의 대가이기 때문이다(우리 집 아이들에게는 비밀이다). 피곤한 엄마들이 잘하는 짓이다. 그런 내가 이 책의 단어 하나하나까지 꼼꼼히 읽었다는 것은 그야말로 놀라운 일이다.

맥스 루케이도가 쓴 《너는 특별하단다》(고슴도치)는 환상적인 책이다. 여러분도 읽어보았을 것이다. 책의 주인공인 펀치넬로는 잿빛 점표와 금빛 별표를 서로에게 붙여주면서 하루하루를 보내는 웸믹이라는 작은 나무 사람들 중 한 명이다. 펀치넬로는 다른 사람들이 자신에게 부정적인 꼬리표, 그러니까 못생긴 잿빛 점표를 붙여주는 바람에 골치를 앓는다. 그리고 이 이야기 가운데 깨달음의 순간은, 누군가가 그에게 "그 표는 네가 붙어 있게 하기 때문에 붙는 거란다"라고 일러줄 때 찾아온다.

어린이 책에 나온 말이지만, 나는 이 문장이 어른인 내 눈을 뜨게 해주었다고 말하지 않을 수 없다. **꼬리표는 내가 붙어 있게 하기 때문에 붙는 것이다.** 특히 내가 나 자신에게 붙이고 있는 꼬리표와 연결 지어 생각할 때, 이 말은 계시와도 같았다. 처음에는 그저 스스로에 대한 사소한 불만의 가닥들이 몇 개 모여 시작되는 이 꼬리표들은, 결국 한데 엮여 자신을 옭아매는 자기비난의 구속복(straitjacket)이 된다.

크리스티나가 일평생 달고 다닐지도 모를 그 추한 꼬리표에 대해 생각하다가, 나는 그날 그 법정의 죄수는 크리스티나 한 사람만이 아니었다는 사실을 깨달았다. 나 역시 오랫동안 스스로에게 붙여온 무수한 꼬리표, 스스로 설계한 감옥에 갇힌 수감자였다. 나는 체념한 채 내가 영원히 감정의 노예로 살게 되리라는 거짓말을 받아들이고 있었다. 그리고 다른 사람들이 내게 말했다면 결코 가만히 있지 않았을 말을 나를 향해 내뱉고 있었다.

"넌 너무 ________해."

"넌 늘 ________해."

"절대 상황이 좋아질 리 없어. 넌 ________일 뿐이야."

나는 나를 허물어뜨리는 자기비난적인 꼬리표들로 이 빈칸들을 채워 넣고 있었다.

정리하는 문제와 관련된 자기와의 싸움을 예로 들어보자. 수개월간 마구 어질러진 우리 집 벽장이 내 머릿속에서 논쟁의 주제가 되고 있었다. 그 공간을 드나들 때마다 '나는 왜 이렇게 정리정돈을 못하지? 왜 우리 집 벽장은 이래야만 하는 거야? 이 여자는 물건을 깨끗이 정돈하려고 애쓴 적이 한 번도 없을 거야. 난 지저분한 사람이야'라는 생각을 했다. 나 자신에게 '지저분하다'라는 꼬리표를 붙이고 스스로 영원히 지저분하게 살 거라며 체념했던 것이다.

··· 어딘가에서 벗어날 수 없다고 굳게 믿고 있는 영혼은, 실제로 그곳에서 벗어날 수 없다.

자주 지각을 하는 우리 집 분위기에 대해서도 나는 똑같은 짓을 하고 있었다. 나는 지각을 싫어하지만 다섯 아이를 시간에 맞춰 데리고 다니기란 현실적으로 매우 힘들다. 나는 이 도전적인 일에 정면으로 맞서 정시에 출발하기 위한 적절한 기준을 정하는 대신, 곧바로 패배를 인정했다. '이미 늦었어. 앞으로도 늘 지각할 거야. 정시에 도착하려고 애쓸 필요도 없어.' 이렇게 나는 스스로 지각하는 사람으로 규정하고, 앞으로도 영원히 지각쟁이로 남을 것이라며 체념하고 말았다.

이 여자는 이런 구속복 안에 자신을 가두고서는 그 모든 자멸의 꼬리표에서 벗어나기 위해 필사적으로 싸우고 있다. 감옥 중에는 따로 빗장을 걸지 않고도 안에 사람들을 가둘 수 있는 감옥도 있다. 그냥 자신들이 그곳에 속해 있다고 인식하게만 하면 되기 때문이다. 어딘가에서 벗어날 수 없다고 굳게 믿고 있는 영혼은, 실제로 그곳에서 벗어날 수 없다.

그렇다면 이 여자는 이제 무엇을 해야 할까?

우리 우리 자신에게 문제가 있음을 알고 있으며, 자신에게 꼬리표를 붙이는 일도 아주 자연스럽게 행한다. 우리가 지금 이러고 있다. 우리의 행동은 곧 스스로에게 꼬리표를 붙이는 것이었다. 이것 말고 다른 방법이 있음을 알지 못했다.

나 역시 다른 방법이 있음을 알지 못했다. 다음에 나오는 방법을 발견하기까지는 말이다.

미완의 조각품

이번에도 예상치 못한 곳에서 깨달음이 왔다. 어린이 책을 단어 하나까지 꼼꼼히 읽는 일이 거의 없듯이 나는 박물관에도 잘 가지 않는다. 그런데 미켈란젤로가 만든 다비드상에 대한 몇 가지 흥미로운 사실을 어디선가 읽고는 원작을 보고 말겠다는 굳은 결심을 품고 이탈리아 피렌체의 아카데미아 미술관으로 떠났다.

길게 늘어선 관광객들 사이에서 두 시간을 기다리는 동안, 나는 미술관 안내책자에 실린 다비드상에 대한 설명을 자세히 읽을 수 있었다. 놀랍게도 다비드상 작업을 시작한 사람은 미켈란젤로가 아니었다. 심지어 그 일이 시작된 것은 그가 태어나기도 전이었다. 5미터가 훌쩍 넘는 이 대리석 조각은 예술가 아고스티노 디 두치오가 의뢰받은 작업이었는데, 다리와 발, 몸통 일부를 만든 뒤 이 작업을 그만두었다고 한다. 그로부터 10년 뒤에 안토니오 로셀리노가 이 작품의 완성을 위해 고용되었지만 그 계약 역시 취소되었다. 그런 다음 거의 25년이 지나서야 26세의 젊은 미켈란젤로가 끌을 쥐게 되었는데, 그는 자신이 그 걸작을 완성할 수 있으리라 담대하게 믿었다.

자료에 따르면, 이 예술가는 자신의 작품인 다비드상 곁을 한 번도 떠나지 않았다고 한다. 2년 동안 그는 6톤에 달하는 그 대리석 평판 옆에 잠자리를 두고 일했다. 아직 윤곽이 드러나지 않은 대리석 안에서 다비드상이 그를 부르고 있었기 때문이다. 마침내 5미터짜리 다비드상이 온전한 형상을 드러냈을 때 미켈란젤로는 이렇게 말했다고 한다. "저는 대리석 안에서 천사를 보았고 그를 자유롭게 해주기 위해 조각을 했습니다." 어떻게 그 조각품을 완성했느냐는 질문에는 이렇게 답했다고 한다. "쉬웠습니다. 다비드처럼 보이지 않는 돌들을 조금씩 잘라내기만 하면 되었으니까요."

그런 작품을 내가 두 눈으로 직접 보게 된 것이다. 작품이 완성된 1504년, 많은 사람들이 예술의 기적이라 불렀던 바로 그 작품을. 그런데 나는 다비드상을 고작 9미터 정도 앞두고 좁은 중앙 복도에서 걸음을 멈추고 말았다. 물론 다른 사람들은 거기서 걸음을 멈추고 싶어 하지 않았다. 그래서 중간에 멈춰 선 나 때문에 약간의 체증이 발생하기도 했다. 지금껏 야외의 뜨거운 태양 아래서 기다리다가 마침내 실내로 들어왔으니 모두가 미션 수행에 열심인 것은 당연했다.

나 역시 그들이 왜 그렇게 급히 내 옆을 지나가는지 이해할 수 있었다. 그 순간 나를 사로잡은 작품을 보려고 걸음을 멈출 사람은 그중에 없었다. 복도에 나란히 줄 서 있는 그 작품들은 다비드상에 비하면 그다지 인상적이지 않은, 미완성 조각품일 뿐이었으니 말이다. 조금만 더 걸어가면 완벽하게 조각된 작품을 보게 될 텐데 거칠게 다듬어진 미완의 석재 형상에 시선을 둘 이유가 어디 있겠는가? 어느 누가 거기서 멈추려 할까? 어느 누가 그것을 눈여겨보려 할까?

하지만 그 돌이 자기 내면의 현실을 선명하게 묘사하고 있음을 발견하고 넋을 빼앗긴 여자라면 그럴 수 있다. 그 작품들이 속한 컬렉션은 '죄수들'(Prisoners)이라는 적합한 이름을 가지고 있었다. 나는 미완의 조각품들 중 하나가 드리운 그림자 아래 서서 작품들을 응시했다.

나는 머리를 기울여 작품들 속으로 빠져들었다. 그 경험이 내 곁을 스치고 지나가 재빨리 잊혀지는 산들바람처럼 되지 않기를 바랐다. 그것이 나를 주저앉히는 것을 넘어서, 내 영혼을 둘러 압박하는 꼬리표들을 한꺼번에 떼낼 정도로 강력한 돌풍과 같은 경험이 되길 바랐다. 마음 깊은 곳에서 무언가가 느껴졌다. 사람들의 주목을 끌지 못하는 이 조각품이 바로 나였다. 딱딱한 곳에 갇힌 미완의 죄수, 꼬리표가 붙은 채 위대한 걸작으로 통하는 복도에 멋지게 전시된 그것이 바로 나였다.

나는 곧 뒤돌아서서 위대한 거장이 완벽하게 연마한 다비드상과 통하는 복도를 바라보았다. 그것을 향해 걸어가면서 중얼거렸다. "하나님, 저를 연마해주세요. 제가 만든 이 딱딱한 곳에 갇혀 여생을 보내고 싶지는 않습니다. 자유로워지고 싶습니다. 당신이 저를 위해 마음에 두신 모습을 그대로 드러내는 존재가 되고 싶습니다."

••• "하나님, 저를 연마해주세요. 제가 만든 이 딱딱한 곳에 갇혀 여생을 보내고 싶지는 않습니다."

그 순간 나는 오래전에 깨달았어야 할 진리 한 가지를 깨달았다. "거장이 연마하실 때 아름다워진다!” 하나님은 삶에서 이성을 잃는 순간들이 있다는 이유로 우리가 스스로에게 꼬리표를 붙이고 그 안에 갇혀 지내기를 원하시지 않는다. 하나님은 그 순간을 통해 우리에게 연마가 필요하다는 사실을 우리 스스로 깨닫기 바라신다. 따라서 ‘나는 지저분한 사람이야’라는 식의 말로 자신을 정죄하기보다는, ‘하나님께 나를 연마해달라고 해야지. 하나님께 이 딱딱한 자리에서 벗어나도록 역사해달라고 부탁해야겠어. 내가 갇힌 이 어두운 곳을 벗어나 빛 속으로 들어가 하나님께서 설계하신 모습 그대로의 내가 될 수 있게 해달라고 해야겠어’라고 말해야 할 것이다. 하나님께서 우리를 부르신다. 어둠 속에서, 절대로 지금보다 나아질 수 없으리라 생각하고 있던 자리에서, 갇혀 있던 그 자리에서 벗어나 밖으로 나오라고 부르신다.

과거가 남긴
꼬리표를 거부하라

어둠 속에서 밖으로 나오라고 부르시는 하나님의 모습을 잘 보여주는 성경 구절 가운데 내가 제일 좋아하는 말씀은 아래의 베드로전서 말씀이다.

> 사람에게는 버린 바가 되었으나 하나님께는 택하심을 입은 보배로운 산 돌이신 예수께 나아가 너희도 산 돌같이 신령한 집으로 세워지고 예수 그리스도로 말미암아 하나님이 기쁘게 받으실 신령한 제사를 드릴 거룩한 제사장이 될지니라 …너희는 택하신 족

속이요 왕 같은 제사장들이요 거룩한 나라요 그의 소유가 된 백성이니 이는 너희를 어두운 데서 불러내어 그의 기이한 빛에 들어가게 하신 이의 아름다운 덕을 선포하게 하려 하심이라(벧전 2:4-5, 9).

이 말씀은 사도 베드로가 쓴 것이다. 베드로라는 이름의 뜻은 '바위'이나, 베드로의 본명은 '교활하다'(shifty)라는 뜻의 '시몬'이다. 나는 '바위' 베드로가 평생을 '교활함'이라는 꼬리표에 사로잡혀 살지 않았다는 사실에 담긴 풍성한 의미에서 눈을 뗄 수 없다. 그는 하나님께서 연마하시도록 자기 자신을 내어드렸다. 기억하는가? 베드로는 서슴지 않고 배에서 뛰어내려 물 위를 걸으려고 했던 인물이었으나 곧 겁을 먹어 물속으로 가라앉기 시작하자 예수님께 살려달라고 울부짖었다. 순식간에 용감한 사람에서 의심 때문에 비난받는 사람이 된 것이다(마 14:22-32).

또한 베드로는 예수님을 체포하려던 대제사장의 종의 귀를 칼을 빼들어 자를 만큼 열정을 품고 예수님을 사랑했던 사람이었으나(요 18:10), 이로부터 일곱 절 뒤에서 예수님을 안다는 사실조차 부정한다. "너도 이 사람의 제자 중 하나가 아니냐?"라고 문 지키는 여종이 물었을 때, 그는 "나는 아니라"라고 부인했다(요 18:17).

내 눈에는 분명 교활한 사람으로 보인다.

그러나 예수님은 나와 달랐다. 그분은 베드로를, 연마 시간이 필요한 용감한 사람으로 보셨다. 그리고 연마하기만 하면 다른 누구도 하지 못할 일을 용감하게 수행할 사람으로 판단하셨다. 예수님은 지금 눈에 보이는 베드로가 아닌, 앞으로 변화할 베드로를 보신 것이다.

그리고 그분은 아주 부드럽게 그를 연마하셨다. 예수님이 십자가에 못 박혀 죽은 뒤 부활하셨을 때, 예수님은 자신을 부인했던 베드로를 만나 대화하신다. 여기서 우리는 예수님이 베드로를 연마하시는 것을 볼 수 있다. 베드로가 세 차례나 예수님을 부인했듯이 예수님도 베드로에게 자신을 사랑하느냐는 질문을 세 차례 던지신다. 거장이 끌을 가지고 작품을 쓱쓱 깎고 매끄럽게 만드는 소리가 들리는 듯하다.

> 그들이 조반 먹은 후에 예수께서 시몬 베드로에게 이르시되 요한의 아들 시몬아 네가 이 사람들보다 나를 더 사랑하느냐 하시니 이르되 주님 그러하나이다 내가 주님을 사랑하는 줄 주님께서 아시나이다 이르시되 내 어린 양을 먹이라 하시고 또 두 번째 이르시되 요한의 아들 시몬아 네가 나를 사랑하느냐 하시니 이르되 주님 그러하나이다 내가 주님을 사랑하는 줄 주님께서 아시나이다 이르시되 내 양을 치라 하시고 세 번째 이르시되 요한의 아들 시몬아 네가 나를 사랑하느냐 하시니 주께서 세 번째 네가 나를 사랑하느냐 하시므로 베드로가 근심하여 이르되 주님 모든 것을 아시오매 내가 주님을 사랑하는 줄을 주님께서 아시나이다 예수께서 이르시되 내 양을 먹이라(요 21:15-17).

이후 사도행전에 가서는 베드로가 연마되었음을 보여주는 증거가 등장한다. 여기서의 그는 용감하고 확신에 차 있으며, 거장이 그를 만드신 목적을 수행할 준비를 완벽히 갖추고 있다.

> 베드로가 열한 사도와 함께 서서 소리를 높여 이르되 유대인들과 예루살렘에 사는 모든 사람들아 이 일을 너희로 알게 할 것이니 내 말에 귀를 기울이라 …또 여러 말로 확증하며 권하여 이르되 너희가 이 패역한 세대에서 구원을 받으라 하니 그 말을 받은 사람들은 세례를 받으매 이날에 신도의 수가 삼천이나 더하더라(행 2:14, 40-41).

그는 더 이상 교활한 시몬으로 보이지 않는다. 이제 그는 베드로, 즉 단 하루 만에 삼천 명의 사람들의 삶을 예수님께 헌신시켜 세례를 받게 할 만큼 대담한 설교를 하는 연마된 베드로다.

과거가 남긴 꼬리표를 거부한 또 한 사람으로는 사도 바울이 있다. 기독교인들을 핍박하던 사울이, 신약성경의 대부분을 기록한 바울로 변화했다! 그는 에베소에 보내는 편지에서 이렇게 말한다. "우리는 그가 만드신 바라 그리스도 예수 안에서 선한 일을 위하여 지으심을 받은 자니 이 일은 하나님이 전에 예비하사 우리로 그 가운데서 행하게 하려 하심이니라"(엡 2:10).

바울은 하나님께서 만드신 바였다. 베드로는 하나님께서 만드신 바였다. 우리도 하나님께서 만드신 바다! 하나님은 우리를 연마하고 새롭게 만드시어 지독한 패배감을 안기는 곤경에서 벗어나 선한 일을 하게 하신다. 여기서 선한 일이란 하나님께서 **우리를 위해 준비**해두신 일들이다. 이는 곧 각자가 받은 소명을 수행하기 위해 필요한 성품을 **우리 안에 준비**시키는 방법을 하나님께서 누구보다 잘 알고 계심을 뜻한다.

거장이 끌을 들고 분명한 목적 아래 작품을 만들어가는 소리가 우리의 귀에 들리기를, 그리고 그것을 은혜라고 부를 수 있기를!

> 너희는 그 은혜에 의하여 믿음으로 말미암아 구원을 받았으니 이것은 너희에게서 난 것이 아니요 하나님의 선물이라 행위에서 난 것이 아니니 이는 누구든지 자랑하지 못하게 함이라 우리는 그가 만드신 바라 그리스도 예수 안에서 선한 일을 위하여 지으심을 받은 자니 이 일은 하나님이 전에 예비하사 우리로 그 가운데서 행하게 하려 하심이니라(엡 2:8-10).

정말 그럴까? 정말 내가 이성을 잃는 순간에도 은혜를 보고 은혜를 느끼며 그것을 은혜라고 부르게 될까? 베드로처럼 뻔히 드러난 행동으로 그리스도를 부인한 경우에도? 바울처럼 경건치 못한 과거가 있어도? 나도 믿음으로 구원받는 은혜를 입어 스스로 하나님께서 만드신 것으로 인식하겠다고 결심하고 소명으로 받은 선한 일을 행하게 될까?

그것을 은혜라 부르라

자기 자신을 하나님께서 만드신 바로 인식하고 소명받은 선한 일을 행할 준비가 되었는가? 그렇다면 이제 내가 실제로 그 일을 어떻게 했는지 실용적인 방법 몇 가지를 일러주고 싶다. 앞서 언급했던 지저분한 벽장 이야기를 기억하고 있는가? 자신을 지저분한 사람이라고 규정한 그때, 내 마음은 그보다 더 지저분한 진흙탕을 헤매고 있었다. 나는 점점 더 까칠해지고 기운을 잃었다. 왜 그런 기분이 드는지 원인을 찾기 위해 다음 세 가지를 해보았다.

1. 나를 허물고 있는 거짓된 꼬리표를 찾아냈다.

현상: 우리 집 벽장이 지저분하다. **거짓**: 벽장이 지저분하다는 것은 곧 내가 지저분한 사람임을 뜻한다. **진실**: 벽장이 지저분하다고 해서 나까지 지저분한 사람이 되는 것은 아니다. 나는 지저분한 옷장을 가진 하나님의 자녀일 뿐이다.

은혜다. 나는 은혜를 보고 은혜를 느끼며 그것을 은혜라 부를 수 있다.

··· 벽장이 지저분하다고 해서 나까지 지저분한 사람이 되는 것은 아니다. 나는 지저분한 옷장을 가진 하나님의 자녀일 뿐이다.

2. 이런 상황이 닥쳤을 때, 그것을 적절한 행동을 하라는 신호로 이해하겠다고 결심했다. 그로 인해 나 자신의 마음을 괴롭히지는 않기로 한 것이다.

벽장이 지저분하다고 해서 꼭 어느 날 갑자기 일상생활 가운데 일시정지 버튼을 누르고 청소를 해야 하는 것은 아니다. 청소하는 법을 잘 모르겠다면 그 분야에서 내게 도움을 줄 재능 있는 사람을 찾으면 될 일이다. 내 친구 리사는 벽장을 정리하는 영적 은사를 지녔다. (그런데 그런 은사가 있기는 한가?) 나는 동전을 모았다가 리사에게 주고, 예수님이 그녀에게 주신 은사의 일부를 나눠 받는다.

은혜다. 나는 은혜를 보고 은혜를 느끼며 그것을 은혜라 부를 수 있다.

3. 한 가지 꼬리표를 없애는 데 사용한 추진력을 그 밖의 다른 꼬리표들을 없애는 데 활용했다.

적극적인 행동으로 내 인생에서 꼬리표 하나를 없애자 다른 꼬리표들까지 제거할 용기가 생겼다. 용기와 힘은 무언가를 시작할 때 비로소 생긴다! 오늘 당신이 없애야 할 사소한 꼬리표는 무엇인가?

은혜다. 당신도 은혜를 보고 은혜를 느끼며 그것을 은혜라 부르게 될 것이다.

크리스티나는 감옥 안에서 은혜의 능력을 이해하게 되었다. 수감 생활을 시작한 지 수개월이 지났을 때 크리스티나는 다음과 같은 내용을 담은 편지를 써 보냈다. "리사, 난 정말 잘 지내고 있어! 나는 하나님의 말씀을 간절히 사모하고 있고, 하나님은 나를 통해 여기 있는 다른 여성들과 복음을 나누고 기도하게 하셔. 감옥에 온다는 사실이 주었던 큰 두려움은 하나님께 내어 드렸어. 이제 옛 두려움이 차지했던 자리는 강인함과 평안과 미래에 대한 희망이 채우고 있어. 하나님께서 내가 왜 여기에 **왔어야 했는지**를 보여주셨거든! 나는 인식하지 못했지만 오랫동안 나를 속박하고 있던 것들을 회개하라고 이곳으로 인도해주신 거야."

은혜다. 이 여자는 감옥에 가서야 비로소 자신을 속박하고 있던 진짜 감옥으로부터 자유를 찾았다.

이 편지를 보자 내 마음은 그날 그 법정의 침묵 속으로 돌아갔다. 무언가 찾아 말해주고 싶었지만 결국 찾아내지 못했던 위로의 말들, 눈물과 질문들, 크리스티나가 영원히 죄수라는 꼬리표를 단 채 살지 않을까 두려워했던 일들이 주마등처럼 스쳐 지나갔다. 하지만 이제는 크리스티나가 겪고 있는 이 고단한 연마 과정 속에서도 하나님의 만드신 바가 보였다. 감옥에 갈 만한 일을 저지른 것은 크리스티나였지만, 그 한가운데서 그녀를 자유롭게 하신 분은 하나님이었다.

당신을 연마해주실 하나님께 자신을 맡기라. 하나님은 말씀하신다. "날 믿어봐. 정말 아름답게 될 거야. 두고 봐."

은혜다. 크리스티나는 은혜를 보고 은혜를 느끼고 있다. 그리고 지금 감옥에 있으면서도 여전히 그것을 은혜라 부르고 있다.

나는 시와는 거리가 먼 사람이지만, 하나님께서 내게 가르쳐주신 내용의 핵심을 잘 표현한 시를 가끔씩 우연히 접하곤 한다. 내 친구 지니아는《광야에서 만난 시냇물》(*Streams in the Desert*)

이라는 매일 묵상집에서 아래 시를 보고 내게도 필요하리라 생각해 보내주었다.

바람 한 점 없고 노랫소리 한 자락 들리지 않는데
보이지 않는 거친 대리석 안에 아름다움이 숨었다.
노래와 아름다움을 만드는 데 필요한 것은
거장의 손길과 조각가의 날카로운 끌.
위대한 거장이시여, 당신의 능숙한 손으로 우리를 만져주소서.
우리 안의 노래가 그치지 않게 하소서!
위대한 조각가여, 우리를 깎고 다듬어주소서.
더는 숨겨져 있거나 잃어버리지 않게,
우리 안의 당신 형상이
잠들어 있지 않게 하소서![3)]

진실로 주님, 조각가의 날카로운 끌로 우리를 만져주소서.

이런 식으로 우리는 이 불완전한 진전을 향한 여정을 지속할 수 있다. 각자가 어떤 꼬리표 때문에 싸우고 있는지, 혹은 이미 이겨냈는지 모르지만, 친구여 우리 이제 그것들을 떼어내자(unglue). 그런 의미에서라면 **이성을 잃은 여자**(unglued woman)가 되는 것도 그리 나쁘지 않겠다.

04

폭발하거나
억누르거나

•

감정을 폭발시키는 유형인가, 억누르는 유형인가?

나는 알고 있었다. 내 날감정들을 제대로 직시하기 위해서는 반드시 이 질문에 답해야 한다는 것을. 감정은 가만히 있지 않는다. 그것은 활동적이어서 늘 어디론가 움직이기 마련이다. 나는 내 감정이 나를 어디로 데려가는지를 인지함으로써 가끔씩 이성을 잃는 이유가 무엇인지 알아내야 했다.

그러나 감정을 폭발시키는 유형과 억누르는 유형 중 어디에 속하는지 답하려 애쓰는 동안, 나는 내가 나를 제대로 파악하지 못하고 있음을 깨달았다. 먼저 나 자신을 파악해야 했다. 꼬리표를 붙이기 위함이 아니라 정확한 정체를 파악하고 진실에 이름을 붙이기 위해서였다. 스스로 꼬리표를 붙이는 것과 자신의 성향을 파악하는 것 사이에는 엄청난 차이가 있다. 스스로 꼬리표를 붙이는 것은 "나라는 존재는 내게 있는 어려운 문제들의 총합이다"라고 말하는 것이다. 이것이 왜 건강하지 않고 생산적이지 않은지는 앞 장에서 이미 설명했다.

반면, 자신을 파악한다는 것은 "내게 있는 문제들은 이 등식의 일부일 뿐 총합은 아니다"라고 말하는 것이다. 스트레스를 받거나 신경을 건드리는 사람들로 인해 짜증이 나고 갈등 상황에 처해 상처를 주고받았을 때, 혹은 맹렬히 움직이는 호르몬에 몸을 그대로 맡기거나 날감정에 완전히 빠져들 때, 나쁜 반응을 보이게 하는 문제가 무엇인지 파악하는 것은 건강하고 생산적인 일이다.

··· 감정을 폭발시키는 유형임을 드러내는 명확한 표지는 목소리 크기가 아니다.

언뜻 보기에 매우 간단한 과정으로 느껴질 수 있다. 이성을 잃은 사람들은 폭발하거나 억누르는 두 가지 반응 가운데 한 가지 반응을 보이기 때문이다.

'폭발한다'는 것은 감정을 표출한다는 뜻이다. 주체할 수 없는 감정이 북받쳐 올라 입 밖으로 쏟아져 나오고, 그것에 동반되는 모든 아름다운 요소들(?), 그러니까 가혹한 말과 냉혹한 표정, 한껏 높아진 목소리, 정죄하는 태도, 문을 쾅 닫는다든지 손으로 탁자를 친다든지 하는 몸짓이 나타나는 것을 가리킨다. 하지만 안심하라. 조용하게 감정을 폭발시키는 사람들도 있다. 우리가 꼭 큰 소리를 내야 재빠르고 직접적으로 다른 사람에게 상처를 줄 수 있는 것은 아니다. 감정을 폭발시키는 유형임을 드러내는 명확한 표지는 목소리 크기가 아니라, **바로 그 순간에** 자신의 기분을 호전시켜 불쾌함을 가시기 위한 특정 반응을 보이는 것이다. 하지만 자신이 어떤 식으로 다른 사람들에게 감정을 쏟아냈으며, 그로 인해 그들에게 어떤 고통을 안겼는지를 깨닫고 나면 무거운 후회가 몰려온다.

그렇다. 우리는 폭발하고 난 다음 꼭 후회를 한다. 하지만 우리는 자신의 행동에 대한 후회를 다른 사람에게 전가해 그를 비난하거나, 스스로 수치심을 느낌으로써 그 후회를 삼킨다. 어느 쪽이든 감정을 폭발시키면 당장은 기분이 좋으나 길게 보면 비참함만 남는다.

반면, '억누른다'는 것은 감정을 안으로 밀어 넣는 것을 가리킨다. 그 고통스러운 감정들을 힘겹게 안으로 집어삼켜 가두는 것이다. 일단 가두었다가 나중에 꺼내어 본격적으로 다루는 것이 아니라 그냥 그 상처 안에서 뒹굴게 놔둔다. 조개가 모래알이라는 이물질을 다룰 때처럼 우리도 그 문제를 좀 더 다층적인 상처로 감싸, 결국 그것을 딱딱한 돌덩이로 만든다.

하지만 이 돌은 진주가 안 된다. 장벽을 쌓거나 보복의 상대에게 던지는 용도 외에는 아무짝에도 쓸모가 없는 돌이다.

결론적으로 말해, 이 용어들의 의미를 면밀히 고심하고, 날것의 감정에 대해 그동안 내 블로그에 썼던 글에 달린 수천 개의 댓글을 살펴보면서 나 자신을 솔직히 평가했다. 그러는 동안 이성을 잃었을 때 보이는 반응들 중 특히 집중적으로 살펴봐야 할 범주가 두 가지가 아닌 네 가지라고 정리하게 되었다.

- 감정을 폭발시키면서 스스로 수치심을 느끼는 유형
- 감정을 폭발시키면서 타인을 비난하는 유형
- 감정을 억누르면서 장벽을 쌓는 유형
- 감정을 억누르면서 보복을 위한 돌을 모으는 유형

당신이 이 가운데 어디에 속하는지 알겠는가? 나는 알 것 같다. 이 네 가지 범주를 종이 위에 쓰는 순간 이 주제가 좀 더 명료하게 보이기 시작했다.

이성을 잃었을 때 보이는 네 가지 반응

범주를 넷으로 나누고 나니 내가 어디에 속해 있는지 알고 싶어졌다. 그리고 지금부터의 이야기가 정말 재미있다.

이 네 가지 범주 모두 내게 해당된다는 사실을 깨달은 것이다!

어떤 상황, 어떤 사람을 만나느냐에 따라 이성을 잃을 때 보이는 내 반응이 그때그때 달랐다. 이성을 잃고 행동하면 그에 따른 대가를 치르지 않을 수 없다는 것을 알기에 나는 본능적으로 상대방 및 상황을 살핀다. 그런 다음 그 대가가 무엇일지 계산한다. 감정을 폭발시켜 모든 것을 헤집어버릴지, 감정을 억누르면서 아무 문제없다는 듯 행동할지를 결정하는 것이다.

나는 이런 내가 자랑스럽지 않다. 이것이 좋은 행동이라고 말하려는 것도 아니다. 하지만 아주 잠시 동안은 기독교 강연가이자 작가라는 역할에서 벗어나 숨기는 것 하나 없이 솔직한 당신의 친구가 되어도 좋지 않을까? 내 영혼을 위해서라도 나의 모든 것을 솔직히 털어놓는 게 중요할 듯하다. 그러니까 지금 이 자리에서 나는 내 마음을 완전히 열어 그 안에 있는 것들을 날것 그대로 보여주려 한다. 나는 실생활과 거리가 먼 의학적 관점이 아닌, 나 자신의 생활에서 가져온 솔직한 관찰을 통해 각각의 범주들을 설명할 생각이다. 이 장에서는 이 네 가지 반응의 내용을 구체적으로 설명하고, 이어지는 두 장에서는 각 반응과 관련해 어떻게 하면 우리가 불완전한 진전을 이뤄나갈 수 있을지를 이야기해보겠다. 이런, 벌써부터 내 주변이 조금씩 어질러지고 있다. 하지만 여러분도 이런 나를 이해해주리라 믿는다. 그러니 내가 여러분을 이렇게 사랑하는 것 아니겠는가.

감정을 폭발시키면서 스스로 수치심을 느끼는 유형

나는 주로 낯선 사람들과의 관계에서 이성을 잃으면 일단 감정을 폭발시키고, 조금 지난 뒤 그리스도인으로서의 면모를 더 많이 보이지 못한 나에 대해 수치심을 느낀다.

낯선 사람을 대할 때 이성을 잃는다고 해서 내가 큰 소리를 내어 다른 사람의 이목을 끄는 것은 아니다. 그것은 정말 내 성격과 맞지 않는다. 하지만 누군가가 무례하고 실례가 되는 행동을 하거나 공격적인 태도를 보일 때면 엄중히 반응한다. 큰 소리를 내면서 반응하지는 않더라도 상대방은 내가 기분이 좋지 않음을 어김없이 눈치챈다. 앞에서 이야기했듯이 감정을 폭발시키는 유형이라고 해서 늘 요란한 소리로 자신의 의중을 드러내는 것은 아니다. 그 대신 단어와 말투에서 상대방이 자신의 의중을 분명히 **느낄** 수 있게 한다.

최근에 한 항공사가 내 친구 홀리의 짐을 잃어버려 홀리 대신 내가 유실물 센터에 찾아가 일을 처리한 적이 있다. 카운터 뒤에 앉은 여직원이 내가 오는 걸 보더니 손을 살짝 들면서 내가 무슨 말을 꺼내기도 전에 "저기 왼편의 짐 더미를 샅샅이 뒤져

보기 전까진 여기 올 엄두도 내지 마세요" 하고 말했다.

정성을 다하겠다고 광고하는 그들에게 내가 지나치게 많은 것을 바란 걸까? 어쨌든 나는 그 말에 순종해 갈 곳 잃은 짐 더미를 살펴보았지만 홀리의 가방같이 생긴 것은 없었다. 그래서 다시 센터 쪽으로 걸어갔다.

그랬더니 카운터 뒤의 그 여자가 대뜸 "제대로 찾아보지 않으셨군요! 짐 더미를 **샅샅이** 찾아보라고 말씀드렸잖아요"하고 소리쳤다.

꿀꺽, 나는 침을 삼켰다.

"찾을 만큼 찾아봤습니다. 그리고 분명히 말씀드리지만 제가 찾고 있는 가방은 그 속에 없어요."

그 여자는 눈을 굴리면서 자기 책상으로 오라는 몸짓을 하더니, 홀리의 여행 가방을 잃어버린 게 내 탓이라도 되는 양 행동했다. 나는 꾹꾹 참고 또 참았다. 그러다 마침내 참는 데 한계가 오고 말았다.

"이것 보세요." 찰칵, 빗장이 풀렸다. "저는 고객으로 이곳에 와 있는 겁니다. 당신네 항공사가 우리 짐을 잃어버렸어요. 저도 지금 이 작은 사무실에 올 일이 없었으면 좋겠다 싶습니다. 그런데도 제가 여기에 와 있는 건, 저를 도와주는 것이 **당신이 해야 할 일**이기 때문입니다. 제가 당신에게 바라는 것은 딱 거기까지예요…. 해야 할 일을 해주세요."

나는 목소리를 높이지 않았다. 강도를 높였다. 나는 상황이 내 반응을 좌우하게 내버려두었고, 그 자리에서 벗어날 때는 좌절감이 들긴 했으나 정당하다고 생각했다. 적어도 한 시간은 그랬다. 하지만 한 시간이 지난 다음부터는 무언가 실수를 한 듯 찜찜했다. 그러면서 절대 나처럼 가시 돋친 말을 하거나 좌절감에 사로잡히지 않을 점잖은 몇몇 친구들이 생각났다. '에이미라면 그런 식으로 행동하지 않았을 거야. 사만다도 미운 사람을 사랑하는 절호의 기회로 활용했겠지. 앤이었다면 많은 은혜를 베풀었을 텐데. 어쩌면 유실물 센터에서 부흥회가 열렸을지도 모르지. 몇 년이 지난 뒤 유실물 센터의 그 직원은 어느 대단한 여자가 자기 사무실을 방문해 모든 것을 변화시킨 오늘의 일을 간증했을 거야.'

으으. 수치심이 스르르 밀려들며 이렇게 속삭였다. '너 자신을 봐. 그동안 했던 모든 성경 공부… 그게 다 무슨 소용이람? 네게 무엇이 남아 있냔 말이야.' 내 영혼은 무겁게 가라앉았고, 나는 절대 변화되지 못할 거라는 생각에 빠져들었다. 그리고 한 가지 익숙한 생각이 오랫동안 내 뇌리에 깊숙이 자리 잡고 있던 길을 따라 치고 올라왔다. '나는 영원히 불시에 들이닥치는 날감정의 노예로 지내게 될 거야.'

이건 거짓말이다.

당신도 이 거짓말을 믿어왔는가? 그렇다면 한 가지 진리를 알려줄 테니 이 진리를 붙들기 바란다. 이 책을 읽고 있다는 자체가 당신이 위대한 진전을 해나가고 있다는 증거다. 정죄함이 주는 우울한 불안 속에서 더 이상 뒹굴지 않겠다고 단호히 거부하라. 그 대신 당신이 느끼고 있는 모든 확신을 받아들이라. 정죄는 우리를 패배시키고, 확신은 변화를 위한 잠재력을 최대한 발휘할 수 있게 한다.

감정을 폭발시키면서 타인을 비난하는 유형

나는 주로 자녀들과의 관계에서 이성을 잃으면 감정을 폭발시키면서 나를 그 지경까지 몰아붙인 아이들을 비난하게 된다.

최상의 컨디션으로 잠에서 깨어 다정한 엄마로서의 후광을 비추는 하루를 보내겠다고 결심하지만, 결국 몇 분도 지나지 않아 그 후광은 내 목을 옭아맨 올가미로 내려앉고 만다. 당신에게도 그런 경험이 있는가? 음, 이제 다섯 아이들이 조금 과하게 엄마의 이성을 잃게 만든 하루의 광경을 간단히 묘사하겠다.

작은 아이들에게 신발을 신으라고 분명히 말해두었는데, 집을 나설 시간이 다 되어 내가 열쇠를 집어 들 때까지도 아이들은 당연한 듯 모두 맨발로 있었다. 그사이에 한 녀석이 은박지에 싼 비스킷을 전자레인지에 넣고 돌리는 바람에 부엌에서 강한 유독성 냄새가 흘러나와 숨을 쉴 수 없을 지경이 되었다. 전자레인지 문을 열어보니 플라스틱으로 된 내부가 그 자리에서 녹아버렸다.

또 한 녀석은 어떤 클럽의 티셔츠를 사려면 10달러가 필요한데 입금 기한이 3일이나 지난 상태라고 말했다. 다른 친구들은 일찌감치 돈을 냈단다. 가방을 뒤지면서 나는 중얼거린다. "제발 10달러를 찾을 수 있게 도와주세요. 제발, 이 가방 안에 10달러가 들어 있게 해주세요." 그랬는데 갑자기 그보다 훨씬 큰 문제가 발생한다. "이런, 내 지갑이 어디 있지? 이 마당에 10달러가 다 뭐야! 오 하나님, 제가 지갑을 어디다 둔 거죠?"

신발을 찾지 못한 아이들은 울어대고, 전자레인지를 녹여버린 아들은 **내** 전자레인지가 **자신의** 아침 식사를 망쳤다며 불평을 늘어놓는다. 10달러를 달라던 아들이 그때 한 번만 더 나를 재촉한다면 나는 볕이 들이지 않는 네 똥꼬에다 그 돈을 붙여놓겠다고 말할 참이다. 아니, 볕이 **들이지**가 아니라 "**들지** 않는"이라고 말해야 하나? 에라 모르겠다. 무엇보다 지금은 지갑이 보이지 않는단 말이다.

우리가 **이런** 가족이다. 학교 정문에 우리 가족 이름이 빨간색 글씨로 커다랗게 써 있고, 그 밑에 이렇게 적혀 있을 것 같다. "터커스트네 집은 난장판. 그 집 사람들은 지각 대장. 짝짝이 신발을 신고 다니고, 독한 냄새를 풍김. 주의 필요!"

정말로 주의가 필요하다.

어찌어찌 모두 차에 올라타 목적지를 향해 출발할 때쯤이면 나는 최악의 상태가 되어 있다. "내가 시킬 때 신발을 신었으면 좋았잖아. 전자레인지 안에 절대로 은박지를 넣으면 안 된다고 내가 수백 번 한 말을 귀담아들었더라면, 돈이 필요하다고 미리 얘기해주었더라면, 하루 중 몇 분이라도 집중할 시간을 주어, 지갑을 잃고 덩달아 정신까지 잃어버리지 않게 해줬더라면(숨 한 번 쉬고), 우리 모두 지금보다는 훨씬 나았을 거 아니니! 하지만 **아니, 아니, 아니야**, 이런 일은 결코 일어나지 않을 거야. 어차피 우린 **이런** 가족이니까. 비정상적이며 혼돈스럽고 엉망진창인 그런 가족!"

하지만 아이들이 차에서 내려 학교로 갈 때는 얼른 말을 애써 갖다 붙인다. "그래도 엄마는 너희들을 사랑해." 내 마음은 바닥으로 가라앉아 있다. 그렇게 이성을 잃은 현장에서 우리에게 닥쳐온 그 모든 혼란상을 두고 나는 아이들을 비난하지만, 그런 뒤에는 후회의 감정이 무겁게 몰려온다. 아주 무겁게.

또다시 나는 절대 변화되지 못할 거라는 참담한 기분에 빠져든다. '나는 영원히 불시에 들이닥치는 날감정의 노예로 지내게 될 거야.'

거짓말이다.

감정을 억누르면서 장벽을 쌓는 유형

나는 주로 친구들이나 가족들과의 관계에서 이성을 잃으면 감정을 억누르면서 장벽을 쌓게 된다.

그날 나는 아이들 일 때문에 친구와 통화를 하고 있었다. 두 아이는 어떤 일로 가벼운 말다툼을 한 상태였다. 무슨 일이었는지는 생각나지 않지만, 어떻게 문제가 확대되어 우리의 우정이 더 이상 안전하지 않다고 생각하게 되었는지는 분명히 기억하고 있다.

우리는 아이들을 어떻게 도우면 그들이 문제를 스스로 잘 처리할 수 있을지를 두고 진지하게 논의했던 것 같다. 그러다 그 친구는 자기 아이에게, 나는 내 아이에게 우리의 결론을 이야기해주기로 계획을 짰다. 그러고는 기분 좋게 통화를 끝냈다.

그로부터 몇 시간 후 친구가 다시 전화를 걸어왔는데, 내가 전화를 못 받는 바람에 음성사서함으로 넘어갔다. 나중에 음성사서함을 들어보니 자신의 아이와의 대화가 어땠는지를 담은 친구의 짧은 메시지가 들어 있었다. 그리고 그 친구는 자신이 전화를 끊었다고 생각했다. 하지만 전화는 끊기지 않았고, 음성사서함에는 나와 우리 아이들, 우리 가족 전체에 대한 그녀의 장황한 비난이 그대로 녹음되어 있었다.

정신이 멍해졌다. 아니, 그 이상이었다.

나는 하늘을 올려다보며 구름처럼 가벼워져서 저 멀리 날아가고 싶다는 생각을 했다. '이건 내가 해결할 수 없는 문제야.' 나는 나름 판단을 내렸다. '무슨 말을 해야 할지, 그 말을 어떻게 해야 할지 모르겠어.' 그러고는 아무 말도 하지 않았다. 단 한 마디도. 모든 것을 억누른 채 장벽을 쌓고 그 뒤에 숨었다. 그 사건 후 나는 그 친구를 볼 때마다 미소 짓긴 했지만 늘 거리를 두었다. 무언가 잘못됐음을 눈치챈 그녀가 왜 그러느냐고 물었을 때, 나는 거짓말을 했다.

"아무것도 아니야." 하지만 내 말은 사실이 아니었다. 전혀 아니었다.

대화가 단절되자 관계도 단절되었다. 이에 대한 후회가 다시 무겁게 나를 짓눌렀다. 아주 무거웠다. 또다시 시작된 것이다. 나는 절대 변화되지 못할 거라는 참담한 기분에 빠져들었다. '나는 영원히 불시에 들이닥치는 날감정의 노예로 지내게 될 거야.'

• • • "아무것도 아니야." 하지만 내 말은 사실이 아니었다.

거짓말이다.

감정을 억누르면서 보복을 위한 돌을 모으는 유형

나는 주로 남편과의 관계에서 이성을 잃으면 감정을 억누르면서 앞으로 싸우게 될 경우에 무기로 사용할 보복을 위한 돌을 모은다.

남편 아트와 한창 연애하던 시절, 나는 그가 운동을 좋아한다는 것을 알게 되었다. 나도 운동에 대한 열정을 키워나간다면 그와 함께 더 많은 시간을 보낼 수 있을 거라는 사실은 누가 설명해 주지 않아도 금세 알 수 있었다. 나는 정말 그렇게 하고 싶었다. 그래서 나도 달리기 시작했다. 그때까지 달리기를 전혀 모르고 살았던 나였지만, 한눈에 반한 사람과 아찔한 사랑에 빠진 덕분에 고통을 이겨내고 내 남자와 보조를 맞출 수 있었다.

하지만 여기서 짚고 넘어가야 할 중요한 사실이 있다. 나는 그를 사랑했다. 그와 함께 시간을 보내는 것도 사랑했다. 하지만 달리기를 사랑하지는 않았다. 결혼 후 우리가 모든 시간을 함께 보낼 수 있게 되자, 나는 더 이상 달리고 싶지 않았다. 한 발도 떼고 싶지 않았다.

아트는 달리기를 좋아하는 척하다 변심한 내 유인 전략에 당황스러워했고, 나는 유난을 떨며 계속해서 나와 달리고 싶어 하는 아트의 모습에 짜증이 났다. 하지만 같이 달리자는 그의 청에 변명을 늘어놓을 때마다 나는 미소로 평화를 가장했다. 속으로는 쓴침을 삼키면서. '내가 자기와 같이 달리든 말든 나를 사랑해줘야 하는 것 아니야?' 미소와 침 삼킴. '계속 같이 달리자고 말하지 마.' 미소와 침 삼킴. '계속 이런 식이면 나에 대한 이 사람의 사랑은 조건적인 사랑이라고 생각할 수밖에 없어.' 미소와 침 삼킴. '오 이런, 그의 사랑은 정말 조건적인 사랑이었던 거야? 그렇다면 우리 결혼엔 문제가 있어.' 미소와 침 삼킴. '확실히 우리 결혼에 문제가 있어.' 이런 식으로 나는 계속하여 미소 짓고 침 삼키는 과정을 반복했다.

미소 짓고 침 삼키는 과정을 반복할 때마다 나는 작고 매서운 돌멩이를 하나씩 만들었다. 그것은 내 영혼 안에 무겁게 가라앉았다. 나는 남편이 우리 결혼 생활에 얼마나 큰 피해를 주었는지를 드러내는 증거로서 그 돌을 쏘아 그에게 보복할 최적의 순간을 기다렸다.

사소한 짜증으로 시작된 일이 몇 년이 지나는 동안 장기적인 문제로 커져, '조건적인 사랑'이라는 생각이 떠올라 마음이 따끔거릴 때마다 돌출되었다. 남편이 점심을 같이 먹자고 나를 부르던 어느 날, 이 '따끔거림'이 느껴졌다. 당시 내게는 마감이 코앞인 일이 있었고, 남편은 치킨샌드위치 전문점 '칙필에이'를 운영하고 있었기에 내가 세상에서 제일 좋아하는 치킨을 먹을 수 있는 곳으로 나를 불렀다. 나는 샌드위치와 콜라를 주문했다. 보통 콜라 말이다. 그런데 남편이 샌드위치와 함께 가져온 콜라는 다이어트 콜라였다.

콜라 뚜껑 위에 작게 박힌 다이어트라는 글자를 보자 그간 억눌렀던 모든 불안과 분노가 마음속 어두운 구석에서 바깥으로

솟구쳐 올랐다. 나는 그를 향해 보복의 돌멩이를 마구 던졌다.

"지금 내가 뚱뚱하다고 생각하는 거지?" 이러면서 보복의 돌 한 방. "내가 게으르다고 생각하지?" 보복의 돌 두 방. "내가 달라지면 좋겠다 싶지?" 보복의 돌 세 방. "나랑 결혼하지 않았으면 좋았겠다고 생각하는 거 아니야?" 보복의 돌 네 방. 쿵! 쿵! 쿵! 쿵!

이건 모두 그깟 다이어트 콜라 때문에 생긴 일이었다. 그가 나를 생각해 친절하게 갖다준 그 콜라 때문에. 맙소사. 결국 또 한 번의 후회가 무겁게 몰려왔다. 아주 무겁게.

이번에도 앞서 말한 것처럼 나는 절대 변화되지 못할 거라는 참담한 기분에 또다시 빠져들었다. '나는 영원히 불시에 들이닥치는 날감정의 노예로 지내게 될 거야.'

거짓말이다.

영혼의 고결함을 지키라

내가 반응하는 방식들을 지금껏 묘사한 것은 그것이 자랑스러워서가 아니다. 오히려 웩 하고 구역질이 날 듯하다. 그렇지 않은가? 하지만 이것들은 늘 내 뒤를 따라다니는 꼬리표가 아니다. 이것들은 내가 제대로 파악해야 할 대상일 뿐이며, 그로써 나는 치유하는 예수님의 권능 아래로 이 날것의 감정들과 이성을 잃은 반응들을 가져갈 수 있다.

여기서 또 한 가지 분명히 하고 넘어가야 할 중요한 사실은,

위에서 묘사한 내용이 내가 이성을 잃었을 때 보이는 반응일 뿐이라는 것이다. 평소의 나는 영화 〈헬프〉에서 강한 인상을 남긴 흑인 가정부 에이블린이 몸을 숙이며 "너는 친절하고 너는 똑똑하고 너는 중요한 사람이야"라고 속삭여주던 그 어린 소녀와도 같다.

예수님은 나를 **친절**한 마음을 가진 사람, 격려하고자 하는 마음으로 가득 차 있으며 반경 3미터 안에 있는 모든 사람에게 영감을 주고자 열심인 사람으로 만드셨다. 그분은 또한 그분이 반드시, 그리고 온전히 내게 필요한 분임을 충분히 이해할 수 있을 정도로 나를 **똑똑**하게 만드셨다. 그리고 우리 모두에게 이 세상에서 그분을 대신하라(represent)는 **중요**한 일을 맡겨 어디를 가든 그분의 모습을 드러내게(re-present) 하신다.

그렇다. 친절하고 똑똑하고 중요한 사람, 이것이 나의 실체다. 실제로 대부분의 시간에 나는 그렇게 행동하고 반응한다. 문제는 **항상** 그런 건 아니라는 것이다. 특히 이성을 잃었을 때가 그런데, 그럴 때면 내 영혼의 고결함이 흐트러진다.

이성을 잃고 반응할 때 우리가 추구해야 할 핵심이 바로 영혼의 고결함이다. 영혼의 고결함은 거룩한 솔직함을 가리킨다. 이것이 있으면 감정을 폭발시키는 사람의 열정과, 감정을 억누르는 사람의 화평하게 하는 노력이 모두 예수님의 권능 아래로 들어가게 된다. 그 안에서는 솔직함과 거룩함이 서로를 포용하며 균형을 이룬다.

감정을 폭발시킨다는 것은, 솔직함이라는 부분만 받아들이고 그것을 제어하는 거룩함은 거부한다는 뜻이다. 보았다시피 내 솔직한 느낌은 그 상황에 대한 참된 평가와 거리가 멀 수 있다. 물론 그것이 솔직한 내 감정이겠지만 사실을 과장하거나 오해할 가능성이 얼마든지 있다. 자신의 감정을 숨기지 않고 노골적으로 드러내는 자신을 정당하다고 느끼고, 안으로 억누르는 것 없이 솔직하다는 구실을 내세우며 그야말로 **적나라**한 자신을 자랑스럽게 여길 수도 있다. 그러나 진실과 동떨어진 솔직함은 솔직함이 아니다. 그것은 감정의 분출일 뿐이다. 그 때문에 우리에게는 **거룩한** 솔직함, 즉 성령님이 제어해주시는 솔직함이 필요하다. 이것은 우리가 영혼의 진정한 고결함을 가질 때 생겨난다.

··· 영혼의 고결함은 거룩한 솔직함을 가리킨다. 이것이 있으면 감정을 폭발시키는 사람의 열정, 감정을 억누르는 사람의 화평하게 하는 노력이 모두 예수님의 권능 아래로 들어가게 된다.

우리는 "사실은…", "그러니까 내 말은…", "솔직히 말해서…", "진실이 마음을 상하게 할 수도 있겠지만…" 같은 문구로 슬며시 자기를 정당화하면서 균형 잡히지 않은 자신의 솔직함을 변명하는 경우가 많다.

솔직함과 거룩함이 언제나 균형을 이루어야 할 자기 백성들이 거룩함을 거부하는 모습을 보는 하나님의 마음은 얼마나 비통하실까? 내가, 당신이, 친구들이, 동역자들이, 교회 지도자들이, 우리 교회 성도들이 그렇게 하는 것을 보면서 하나님은 얼마나 슬퍼하실까? 그런데 우리 모두 때때로 이렇게 행하고 있다.

이와 함께 솔직함의 제어를 받지 않는 가짜 거룩함 또한 틀림없이 하나님의 마음을 아프게 할 것이다. 감정을 억누른 채 아무 문제 없는 듯 행동하는 것이 바로 이 경우다. 감정을 억누르는 태도의 장점은 평화주의자처럼 보인다는 것이다. 하지만 솔직함을 포기하고 이렇게 행동할 때 우리 안에는 부식하는 성질을 가진 응어리가 생기는데, 시간이 갈수록 응어리는 점점 더 커진다. 이 두 경우 모두 우리의 건강을 해치며 추후 감정적·신체적 염려가 유발하는 여러 가지 질병이 되어 나타나거나, 점점 축적되어 결국 그 평화주의자가 감정을 폭발하게 함으로써 모든 사람을 놀라게 한다.

실제로는 그렇지 않은데도 평화를 지키기 위해 "괜찮아"라고 말하는 것은 솔직하지 못한 행동이다. 언뜻 거룩해 보일 수 있지만, 그것은 어디까지나 위장된 거룩함이다. 솔직함과 거룩함은 언제나 함께 움직여야 한다. 이 둘을 떼어놓는 순간, 우리는 영혼의 고결함에서 멀어지고 불안정한 상태에 들어가 결국에는 이성을 잃게 된다.

앞서 이야기한, 이성을 잃고 행동한 내 경험 가운데 영혼의 고결함이 있었더라면 결과가 어떻게 달라졌을지 설명하겠다. 내 음성사서함에 무심코 솔직한 감정을 쏟아놓은 친구에게 나는 전화를 걸었을 것이다. 그 친구의 행동과 반응은 내가 통제할 수 없다는 사실을 분명히 인식하고 나 자신의 행동과 반응을 통제하면서, 내가 음성사서함에서 들은 말을 어떻게 이해해야 할지 물을 수 있었다. 내가 받은 상처를 솔직하게 표현하면서 그녀를 용서할 수도 있었다는 말이다.

이렇게 했다면 우리 관계가 깨지지 않았을 거라는 말은 아니다. 누군가를 용서하기만 하면 그를 우리의 긴밀한 관계의 장에 머물게 할 수 있다는 말도 아니다. 용서는 필수이지만, 화해는 선택이다. 다만 분명한 것은, 내가 그렇게 행동했더라면 우리 사이에 의사소통 기회가 열렸을 테고, 나 혼자 몇 달간 그렇게 내적 혼란을 경험하지 않아도 되었을 것이다. 그랬다면 문제가 있음을 부정하는 나와 자신 사이에 존재하는 장벽에 그 친구도 혼란스러워하지 않아도 됐을 것이다. 그 결과 우리 두 사람은 성장하고 성숙했을 테고, 어쩌면 두 사람 사이에 있는 앙금을 풀고 우정을 되찾았을지도 모른다. 이처럼 내가 과거에 놓쳤던 모든 것을 다 헤아릴 수는 없지만, 이제는 앞으로 나아가기 위한 영혼의 고결함을 연습하겠다는 결심을 한다. 영혼의 고결함을 추구하는 이 노력에는 자신이 내뱉는 말을 주의 깊게 살펴보는 과정이 큰 부분을 차지한다.

언어 사용에 대해 성경이 어떤 경고를 하고 있는지 들어보자.

> 여러 종류의 짐승과 새와 벌레와 바다의 생물은 다 사람이 길들일 수 있고 길들여왔거니와 혀는 능히 길들일 사람이 없나니 쉬지 아니하는 악이요 죽이는 독이 가득한 것이라(약 3:7-8).

즉, 우리는 정제되지 않은 우리의 모든 반응을 예수님의 권위와 진리 아래 내어놓아야 한다. 인간의 추론과 의지력만으로는 바깥으로 내뱉는 말(폭발시키기)과 내적 경험(안으로 억누르기)을 다스리는 것이 불가능하다. 우리가 아무리 최선을 다한다 하더라도 자기 노력만으로는 사납게 설쳐대는 날감정들과 혀를 다스릴 수 없다.

야고보는 이어서 감정을 폭발시키는 사람들, 즉 자제력이 부족하고 저주 섞인 솔직함을 드러내는 사람들을 향해 상당히 복합적인 메시지를 전한다.

> 이것으로 우리가 주 아버지를 찬송하고 또 이것으로 하나님의 형상대로 지음을 받은 사람을 저주하나니 한 입에서 찬송과 저주가 나오는도다 내 형제들아 이것이 마땅하지 아니하니라 샘이 한 구멍으로 어찌 단물과 쓴물을 내겠느냐 내 형제들아 어찌 무화과나무가 감람 열매를, 포도나무가 무화과를 맺겠느냐 이와 같이 짠물이 단물을 내지 못하느니라(약 3:9-12).

아야, 아야, 아프다. 잠시 발가락 문지를 시간을 주시길. 방금 야고보는 상당히 효과적인 방법으로 내 발을 밟아버렸다. 단순히 "절대 … 해서는 안 된다"라는 경고만 하고 끝내는 것이 아닌 야고보의 방식이 나는 매우 마음에 든다. 그는 이어서 우리가 거룩함의 제어를 받지 않은 솔직함을 폭발시킨 후 어떻게 그 상태에서 회복할 수 있는지에 대한 지혜도 이야기한다.

> 너희 중에 지혜와 총명이 있는 자가 누구냐 그는 선행으로 말미암아 지혜의 온유함으로 그 행함을 보일지니라(약 3:13).

친구들이여, 이 말씀에는 솔직함이 거룩함을 덧입을 수 있는 완벽한 해결책이 담겨 있다. 즉, 우리는 지혜에서 비롯되는 온유함으로 말해야 한다. 온유해질 때 우리는 우리의 솔직함이 일방적인 것이 될 수 없음을 알게 된다. 그리고 상대방의 관점에서 그 상황을 보려고 노력하게 된다. 지혜로워질 때 우리는 모든 행동을 잠시 멈추고 자신이 내뱉은 말을 돌아봄으로써 상대방의 마음을 어그러뜨리지 않고도 문제의 핵심에 닿게 된다.

··· 자기 노력만으로는 사납게 설쳐대는 날감정들과 혀를 다스릴 수 없다.

야고보는 감정을 억누르는 유형의 사람들을 위한 지혜도 나눠준다.

> 그러나 너희 마음속에 독한 시기["지독한 시기심", 현대인의성경]와 다툼["이기적인 욕망", 현대인의성경]이 있으면 자랑하지 말라 진리를 거슬러 거짓말하지 말라 이러한 지혜는 위로부터 내려온 것이 아니요 땅 위의 것이요 정욕의 것이요 귀신의 것이니 시기와 다툼이 있는 곳에는 혼란과 모든 악한 일이 있음이라(약 3:14-16).

이런, 이번에도 발을 밟혔다. 이번에는 머리도 한 대 맞은 것 같다. 야고보가 여기서 말하려는 숨겨진 주제는 시기심과 이기적인 욕망에 관한 것이다. 언뜻 봤을 때는 이 구절이 감정을 억누르는 내 상황에 적용되는 말씀이라는 확신이 들지 않았지만, '지독한'과 '이기적인'이라는 형용사를 발견하고 나니 감정을 억누르려 할 때마다 이 말씀이 매번 내 마음을 때렸다. 내가 감정을 억누르는 것은 갈등을 멀리함으로써 스스로 보호하기 위함이지만, 그처럼 내 진짜 감정을 억누르고 솔직하게 표현하지 않을 경우, 그 자기보호는 곧 이기심이 되고, 해결되지 않은 갈등은 지독함을 낳는다. 사도 야고보가 남긴 지혜의 말씀을 좀 더 들어보자.

> 오직 위로부터 난 지혜는 첫째 성결하고 다음에 화평하고 관용하고 양순하며 긍휼과 선한 열매가 가득하고 편견과 거짓이 없나니 (약 3:17).

하나같이 내가 아주 좋아하는 덕목들이다! 이 모든 것이 감정을 억누르는 사람들을 영혼의 고결함으로 이끌어가는 덕목이지만, 그중에서도 마지막 항목인 '거짓 없음'이 가장 강력한 한 방이다. 즉, 우리의 화평하게 하는 노력은 반드시 솔직한 것이어야 한다.

그렇다. 우리는 영혼의 고결함, 곧 거룩한 솔직함을 추구한다. 영혼의 고결함이 있을 때, 이성을 잃고 보이는 우리 반응에 균형이 잡힌다. 이로써만 우리는 감정을 안으로 억누르거나 바깥으로 폭발시키는 대신, 솔직하고 거룩한 방식으로 자신이 경험한 바를 표현하는 진정으로 화평하게 하는 자가 될 수 있다. 그렇게 화평하게 하는 사람은 올바르고 거룩하며 건강한, 위대한 덕목들을 삶에서 수확하게 된다. 흥미롭게도 야고보는 이 개념을 다음과 같은 분명한 말로 정리했다.

> 화평하게 하는 자들은 화평으로 심어 의의 열매를 거두느니라(약 3:18).

지금 나는 누구보다 나 자신이 각 사람의 성격과 인간관계와 뒤엉켜 있어 이 네 가지 반응을 다루는 일이 복잡할 수 있음을 인정하려 한다. 이성을 잃었을 때 보이는 반응과 관련된 퍼즐을 푸는 데는 확실한 결과를 장담하는, 속전속결의 손쉬운 공식 같은 것이 없다. 하지만 자신이 어떤 종류의 반응을 보이는지 파악한 뒤 각 반응에 대해 건강하고 실천 가능한 해결법들을 연구해간다면, 날것의 감정들을 영혼의 고결함으로 다루려 할 때 큰 힘이 되어줄 것이다.

이 장을 읽어나가면서 각 반응을 설명한 문장 옆 여백에 자신만의 메모를 하기에는 지금 이 순간이 최적의 시간일지도 모른다. 당신의 생활 테두리 안에 존재하는 각양각색의 사람들과 그들에 대해 보이는 자신의 반응을 생각해보라. 당신도 나처럼 경우에 따라 네 가지 반응을 번갈아 보이는가, 아니면 그중 한두 반응만을 보이는가? 너무 서둘러 다음 장으로 넘어가 나의 다른 제안사항을 확인하려 들지 말기 바란다. 지금 이 순간 하나님께서 당신에게 보여주시고자 하는 모든 것을 다 본 후에 페이지를 넘기라. (이 책의 부록에는 각자의 반응 유형을 확인하는 데 도움이 될 만한 기본적인 자기평가 자료가 있다.) 각자의 내면을 검사하는 그 어려운 과정을 끝마쳤다면, 이제 다음 단계로 넘어가 네 가지 반응을 하나씩 조금 더 자세히 살펴보자.

감정을
폭발시키는 유형

●

대규모 생필품 할인매장 '타깃'의 계산대 앞에 줄을 서 있는데, 뒤에 있던 여자가 내 어깨를 톡톡 두드렸다. "저기요." 나는 아는 사람인가 싶어 웃는 얼굴로 돌아봤다. 내가 사려는 귀여운 목걸이를 어디에서 찾았는지 물어보려나 싶었다. 어쩌면 이성을 잃고 반응하는 문제와 관련해 상당한 진전을 이룬 나를 향해 "너는 친절하고 똑똑하고 중요한 사람이야"라고 칭찬해줄지도.

그렇게 기대하고 있었는데…, 그녀는 무언가 미안해하는 말투로 속삭였다. "저기, 셔츠를 뒤집어 입고 계신데, 알고 있나요?"

오, 이런.

실제 우리네 인생이 이렇지 않은가? 그저 타깃 매장에서 목걸이를 사고 있었을 뿐인데, "셔츠를 뒤집어 입었네요"라는 말을 갑자기 듣곤 한다. 정말 내 셔츠는 뒤집혀 있었다. 그날 아침 신경 쓰이는 대화를 한 탓에 정신이 산만해져 옷을 갈아입는 동안에도 계속 그 생각을 하다가 벌어진 일이었다. 그날 아침, 나는 감정을 폭발시키는 유형인 어떤 사람에게 문자를 받고 몹시 당황했다. 나는 잠자코 있는 대신 곧바로 그 사람에게 전화를 걸었다. 침착해지려고 노력하면서. 여기서 중요한 단어는 '노력하면서'이다. 하지만 결국 이 노력은 실패로 끝났다. 나는 끓어오르는 감정을 주체 못하고 허둥거렸다. 그녀의 말투 때문에, 별 문제도 아닌 일을 크게 부풀려 생각하는 그녀 때문에 나는 허둥거렸다. 그리고 그 모든 허둥거림(또 하나의 중요한 단어)이 내가 옷을 입는 방식에까지 영향을 끼쳤다.

당신의 경우에는 이런 문제가 타깃 매장의 계산대 앞에서 탄로난 뒤집힌 셔츠로 표출되지 않을 수 있겠다. 어쩌면 가방이 무언가에 부딪혀 뒤집히는 것으로 표출될 수도 있다. 교회의 빵 바자회(bake sale)에서 한창 무언가를 사고 있다가 가방에서 지갑과 오래된 영수증 65장, 반쯤 먹은 베이글, 동전, 껌, 그리고 또 동전과 탐폰 생리대 두 개와 립글로스가 쏟아지는 것이다. 완벽하다. 물론 바로 옆에 서서 "내가 널 가르칠 때는 이보다는 잘할 줄 알았는데. 대체 이게 뭐니. 가방 안이 왜 이리 지저분해? 앉은 김에 립글로스라도 좀 발라라, 얘. 너 얼굴이 창백하구나" 같은 위로의 말을 건네는 나이 든 어머니가 없다면 섭섭하겠지. 이렇게 긴장감은 고조되고, 여기다가 참을성의 한계를 약간 벗어난 사소한 사건 하나가 더해지면 당신은 버럭 화를 내게 된다. 또다시.

어쩌면 다음과 같은 경우가 그런 사건일 수 있다. 슈퍼마켓에서 그러면 안 된다고 주의를 주는데도 그 공공장소를 평생을 통틀어 최고로 진저리 나게 떼를 쓰는 곳으로 정한 듯 딸아이가 난리를 부리는 것이다. 괴성을 지르며 팔다리를 마구 흔들고 콧물을 쏙 빼는 딸아이를 조심스럽게 달래던 당신은 마음이 금방이라도 폭발할 것처럼 아슬아슬해져 자문한다. '도대체 이게 어찌 된 일이지? 방금 전만 해도 치킨구이와 야채수프 중 어느 걸 먹을지 조용하게 고민하고 있었는데, 지금은 여기 있는 모든 사람에게 비난의 눈총을 받아야 하다니. 정말이지 가방을 머리 위로 던지며 소리치고 싶다. 으악!'

이 때문에 날것의 감정이 그토록 복잡한 것이다. 그것은 어디서 왔는지도 모르게 다가와 정면에서 나를 받아버린다. 그러므로 다음에 타깃 매장에 갔을 때 일어날 일을 미리 준비하는 것이 그토록 중요하다. 어쩌면 계획에 없던 가족 모임에 참석하거나, 제멋대로인 아이들을 차로 데리고 다닐 때, 혹은 사무실에서 까다로운 사람을 만날 때가 그런 순간일 수 있다. 또 성경 공부 모임에 갔는데 낙심시키기를 특별한 은사로 삼고 있는 사람 옆에 우연히 앉게 되는 경우나, 이번 달 신용카드 요금이 예상보다 두 배나 더 나왔는데도 부당하게 청구된 내용이 없을 때가 그 순간일 수 있다.

우리가 둘러앉아 날것의 감정들이 올라오는 순간들을 나열하자면, 이것 말고도 수백 가지를 더 이야기할 수 있을 것이다. 그리고 그런 순간이 닥치면 그 감정들은 조용히 앉아 지시가 떨어질 때까지 기다리고 있지 않는다. 그것들은 이동한다. 폭발시킬 때는 바깥으로, 억누를 때는 안으로.

··· 날것의 감정들은 조용히 앉아 지시가 떨어질 때까지 기다리고 있지 않는다. 그것들은 이동한다. 폭발시킬 때는 바깥으로, 억누를 때는 안으로.

바로 앞 장에서도 말했듯이 나는 순간적

으로 감정을 폭발시킨 뒤 시간이 지나서야 좀 더 그리스도인다운 행동을 하지 못한 수치심을 느끼는 사람이다. 아울러 감정을 폭발시키면서 타인을 비난하는 사람이기도 하며, 감정을 억누르면서 장벽을 쌓는 사람이자, 감정을 억누르면서 보복을 위한 돌을 모으는 사람이기도 하다.

그러나 나는 이 상태에 그대로 머물러 있지 않는다. 당신도 마찬가지다. 그러니 앞으로 이어질 장을 통해 '그것이 이동해가는 곳으로 가서' 우리가 무엇을 할 수 있을지 알아보자. 그 첫 번째로 감정을 폭발시키면서 스스로 수치심을 느끼는 유형을 살펴보자.

감정을 폭발시키면서 스스로 수치심을 느끼는 유형

지독하게 나른하여 전화기의 알람 소리를 끄고 몸을 둥글게 말지 않을 수 없었다. 새로운 하루라는 빡빡한 시간을 감당할 만큼 나는 충분히 쉬질 못했다. 그것도 '아주' 빡빡한 하루였다. 반쯤 잠든 상태로 그날 해야 할 일들을 머릿속으로 하나씩 꼽아보았다. 각기 다른 학교에 다니고 있는 자녀가 다섯 명. 그중 한 명은 수학 교사가 필요하고, 어제 치아교정기를 망가뜨린 다른 한 녀석을 위해 급히 치과 교정 전문의와 약속도 잡아야 했다. 그리고 십대 아들의 운전 연수를 도와주면서 화상회의까지 해야 했다.

맙소사! 5분에 한 번씩 거칠게 숨을 몰아쉬며 "스톱!"을 해야 하는데, 대체 어떻게 화상회의에 참석할 수 있단 말인가? '그래, 점심 도시락을 싸고 나서 회의 일정을 조정해야겠어. 아이들을 몽땅 밖으로 내보내야 해. 지금 안 일어나면 우리는 지각, 지각, 또 지각하고 말 거야. 우리는 매일 지각하고 있어. 지금 당장 내가 일어나지 않으면 우리는 또 지각하고 말 거야.'

나른했던 기분이 이제는 초조함으로 바뀌어 있었다. 하지만 내 하루는 아직 시작도 되지 않은 상태였다. 그때 나는 시간을 확인하기 위해 전화기를 들었다가 밤새 메일이 몇 개 도착해 있음을 보고 말았다.

그 순간 내 영혼이 경고를 보내왔다. '하나님과 속삭임을 나누기 전에 요란한 세상의 요구를 확인하는 건 좋지 않아.' 바로 전주 주말에 말씀을 전하면서 내가 한 말이었다. 내 자아의 일부는 이 내면의 조언을 받아들이고 싶어 했으나, 그보다 더 큰 자아가 이를 거부했다.

결국 호기심이 승리했다. 나는 욕조를 채우기 위해 물을 틀어 놓고 입을 옷을 찾으러 붙박이장 쪽으로 걸어가면서 새로 온 메일을 클릭했다. 나는 이 일과 관련된 사람들을 보호하기 위해 이야기의 구체적인 부분은 조금 바꾸겠지만, 당시의 내 감정적 반응만은 일어난 그대로 묘사할 생각이다.

메일의 첫 문장은 이렇게 시작하고 있었다. "부끄러운 줄 아세요."

이렇게 사랑스러울 수가.

그것은 우리 딸 생일 파티에 초대받지 못해 깊은 상처를 받은 중학교 여자 친구의 엄마가 보낸 메일이었다. 방금 내가 쓴 문장에서 수많은 어머니들의 마음에 깊은 두려움을 불러일으키는 단어가 있다는 것을 눈치챘는가? 바로 '중학교'라는 단어다. 더 자세한 설명이 필요할까? 오, 하나님.

일 년 내내 이 여학생과 우리 딸 사이에 문제가 있어서 딸이 상처를 받아왔다는 사실은 따로 이야기하지 않겠다. 딸아이 반 여학생들만 초대하기로 결정했고 그 학생은 같은 반이 아니었다는 말도 하지 않겠다. 우리도 이 여학생을 초대하고 싶었지만, 그 아이가 학교에서 주는 상처를 집에서도 받게 될까 봐 두려워한 우리 딸이 크게 울음을 터뜨렸다는 말도 굳이 하지 않겠다.

어찌 됐든 우리는 그 여학생을 초대하지 않았다. 그게 올바른 결정이었다고 말하려는 건 아니다. 하지만 솔직히 말해 우리도 노력할 만큼 한 상태였다. 그 학생에게 다가가 사랑을 표현하려고 갖가지 노력을 기울였으나, 아무 소득 없이 상처만 받고 끝나는 상황이 반복되면서 우리 딸은 완전히 지친 상태였다. 그것은 힘든 결정이었다. 쉽게 내린 결정이 아니었다는 말이다.

그런 상황에서 "부끄러운 줄 아세요"로 시작되는 메일을 받은 것이다. 그것도 완전히 지쳐버렸음에도 불구하고 전 세계 모든 사람에게 다가가는 법을 알아내려고 애썼던 바로 그날에 말이다. 그 엄마는 "부끄러운 줄 아세요"라고 쓴 데서 그치지 않고, 우리 딸을 교장실로 불러 자기 딸에게 친절히 대해야 한다는 사실을 상기시키겠다는 계획까지 분명히 밝혀놓고 있었다.

나는 '신경의 흥분'(twit)이라는 단어의 공식적인 의미가 무엇인지 모른다. 그런 단어가 실제로 있는지도 잘 모르겠다. 하지만 모든 일이 어긋났다는 느낌이 드는데 그 위에 짜증까지 더해진다면, 그때는 이 단어가 딱 들어맞을 것 같다.

그렇게 나는 새로운 하루를 시작하면서부터 신경의 흥분 상태를 경험할 수 있었다.

평소의 나는 아이들 일에 직접 관여하지 않는 학부모다. 내 아이에게 고치고 수정해야 할 문제가 있다는 말도 선뜻 받아들이는 편이다. 하지만 그날만은 완벽한 타이밍에 재등장해 내게 상처를 주는 그 사람을 맹렬히 비판하고 있는 나 자신을 마음속으로 그려보았다. 이 엄마는 내 위에 상처 한 양동이를 퍼붓고 갔다. 이제 저울추는 내 쪽으로 무겁게 기울었다. 그러니 이제는 내가 상처 한 양동이를 그녀 위에다 퍼부을 차례였다. 그러면 저울추가 평형을 이루고, 이 균형 잡힌 상처의 저울 위에서 내 신경의 흥분도 이내 사그라질 터였다. 그러나 이렇게 마음속으로 저울추의 균형을 다 맞춰봤는데도 기분이 전혀 나아지지 않고 있었다.

마음이 계속 무거웠다.

그렇게 나는 금방이라도 감정을 폭발시킬 것 같은 상태로 있었다. 정작 그러고 난 다음에는 예수님을 진정으로 사랑하고 그분을 따르는 사람처럼 행동하지 못한 나에 대해 수치심을 느끼게 될 거면서. 그러나 감사하게도 나는 스스로의 사고 경향을 인식하는 능력을 발휘해 내가 곧 어떤 침체된 반응을 보이게 될지를 미리 예측해보았다. 나는 이 여자에게 감정을 폭발시킨 후 느끼게 될 수치심을 상상했다. 나는 그런 감정을 느끼기 싫었다. 수치심이 현실로 나타나는 것을 원치 않았다.

··· 후회를 한꺼번에 들이켜는 일이 없도록 수치심을 조금씩 마셔두라.

앞으로 나는 가끔씩 나 자신에게 "후회를 한꺼번에 들이켜는 일이 없도록 수치심을 조금씩 마셔두라"라는 말을 할 생각이다. 달갑잖은 후회에 빠져 허우적대기 전에 수치심을 조금씩 마셔두라는 것이다.

날것의 감정들을 그냥 흘려보낼 때 생기는 수치심을 미리 홀짝거리며 마셔둔 덕분에 나는 폭발하지 않을 수 있었다. 다행이었다. 그럼에도 내게는 여전히 상처 입은 감정을 없애고, 아직 완전히 거룩해지지 않은 내 가장 솔직한 감정을 제어하기 위해 해야 할 일이 남아 있었다. 이런 경우 우리가 택할 수 있는 최악의 선택은, 건강하지 못한 감정적 폭발을 역시 건강하지 못한 감정적 억누름과 맞교환하는 것이다. 기억하라. 이 둘 간의 균형점은, 우리의 솔직함이 거룩함을 덧입는 영혼의 고결함에 있다. 그 순간 내게 필요했던 것은 하나님의 관점이었다.

하나님의 관점으로 영혼의 고결함을 찾다

내게 필요한 것이 무엇인지 안다고 해서 우리가 늘 그것을 원하게 되는 것은 아니다. 그 순간 내가 가장 피하고 싶었던 것은 성경 말씀이 내 앞을 가로막는 것이었다. 말했다시피 나는 신경의 흥분 상태에 있었다. 여러분은 어떨지 잘 모르겠지만, 그런 상태에서 성경을 집어 들기란 쉬운 일이 아니다. 그래서 나는 눈을 감고 이렇게 말했다. "하나님, 다음에 제가 이 여자를 만나게 된다면, 이 여자를 한 대 때려도 될까요?"

정말로 그 여자를 때리겠다는 의미는 아니었다. 다만 그런 상상을 할 정도로 내 상태가 안 좋았다. 참 못난 생각이다. (그러나 다시 말하지만 나중에 후회를 한꺼번에 들이켜는 일이 없도록 수치심을 조금씩 마셔두라.)

내가 성경을 집어 들기까지는 그러고 나서도 몇 시간이 더 필요했다. 하지만 실제로 성경을 집어 들자, 우리의 원수는 혈과 육이 아니라고 말한 에베소서 6장의 말씀을 찾아봐야겠다는 생각이 들었다. 그리고 그날 나는 이 익숙한 말씀에서 새롭고 신선한 것 한 가지를 발견했다. 그 새롭고 신선한 부분을 다루기 전에 에베소서 6장 12절 말씀을 한번 읽어보자.

> 우리의 씨름은 혈과 육을 상대하는 것이 아니요 통치자들과 권세들과 이 어둠의 세상 주관자들과 하늘에 있는 악의 영들을 상대함이라

나는 "부끄러운 줄 아세요"라고 말한 그 여자를 나의 원수라고 느꼈지만, 이 말씀은 그것과 다른 진리를 말하고 있었다. 하나님의 계산법에서는 갈등이라는 양쪽 저울추를 차지하고 있는 것이 인간만은 아니다. 인간은 모두 한 팀이 되어 한쪽 추에 있고, 그 반대쪽에는 사탄이 있다. 우리가 다른 사람의 머리 위에 상처 한 바구니를 쏟아붓는다고 해서 그 갈등의 저울추가 균

형을 이루는 것은 아니라는 말이다. 오히려 우리 인간들 쪽의 저울추가 더 무거워져, 사탄이 있는 쪽이 올라간다. 사탄은 우리가 서로에게 상처를 쏟아부음으로써 자기가 할 일을 대신 해주는 것을 아주 좋아한다.

··· 사탄은 우리가 서로에게 상처를 쏟아부음으로써 자기가 할 일을 대신 해주는 것을 아주 좋아한다.

갈등을 건강하게 해결하기 위한 비밀은, 상대방을 원수로 설정하지 말고 우리가 다 함께 사탄과 맞서 싸우고 있음을 인지하는 것이다. 사탄이 우리의 진짜 원수다. 하지만 솔직히 말해 눈앞에 보이는 혈과 육의 사람이 한계에 다다른 내 신경을 쿡쿡 건드리고 있는 상태에서 이 사실을 인지하기란 쉽지 않다.

이런 순간이야말로 우리의 기독교를 그냥 어딘가 처박아두기에 완벽한 때 같다. 그러나 이것은 사탄에게 부끄러움을 주어 그를 지옥으로 보낼 수 있는 최고로 손쉬운 기회다. 마땅히 달리 행동할 것 같은 상황에서 한 예수쟁이 여자가 떨치고 일어나 전혀 예상치 못한 자비를 베풀 때, 그 순간 역사하시는 그리스도의 능력과 신비가 그녀 자신의 삶은 물론 이 세상 속에서 발현된다.

바울이 '말'에 대한 구체적인 서술로 에베소서 6장을 마무리한 것도 이 때문이다. 여기서 그는 자신이 어떻게 말을 사용하고 싶은지, 그리고 그것이 어떤 영향력을 발휘하기를 원하는지 이야기한다. 이것이 바로 신선하고 새로운 부분으로, 예전에는 내가 미처 보지 못해 서로 연결 짓지 못했던 구절이다. 사탄이 우리의 진짜 원수라는 사실을 설명한 뒤 매일의 삶에서 영적 갑

옷을 입을 것을 상기시키며 기도의 절대적 중요성을 다시 말한 바울은 한 가지 사실을 더 이야기한다.

> 또 나를 위하여 구할 것은 내게 말씀을 주사 나로 입을 열어["내가 입을 열 때마다", 현대인의성경] 복음의 비밀을 담대히 알리게 하옵소서 할 것이니(엡 6:19).

여기서는 이 구절의 위치가 정말로 중요하다. 의도적으로 이 말씀을 여기에 둔 것이다. 즉, 진짜 원수가 누구인지를 알고 내게 상처를 준 사람이 나의 원수가 아니라는 사실을 기억했다 할지라도, 그것으로 끝이 아니라 그 사람에게 말해줄 내용을 세심하게 숙고해야 한다는 것이다. 결국 이 사람이 나의 원수가 아니라고 생각을 바꿔먹는 것과 그에게 복음의 신비를 전하는 것은 별개라는 말이다. 나더러 어쩌라는 것인지!

나는 여전히 내 상처를 어루만지면서 "평상시에는 입을 열 때마다 복음을 알려야겠지만 '부끄러운 줄 아세요'라고 적힌 메일을 받은 날은 예외로 쳐줄게. 그런 날은 마음껏 감정을 폭발시켜도 좋아"라고 일러주는 성경 말씀이 내 눈에 띄기를 바랐다.

"평상시에는 입을 열 때마다 복음을 알려야겠지만 상대방에게 분명한 결함이 있는 경우라면 그 사람에게 이 사실을 알려주고 당한 만큼 갚아줘야 해" 같은 말씀도 괜찮았다.

혹은 "평상시에는 입을 열 때마다 복음을 알려야겠지만 정말로 심각하게 상처를 받았다면 사람들을 불러 모아 너의 정당성을 설명하고 네게 상처를 준 그 사람을 최대한 나쁜 사람으로 몰아" 같은 말씀도 나쁘지 않을 듯했다.

그러나 에베소서 6장 19절에는 이런 말씀이 없었다. 그 대신 바울은 입을 **열 때마다** 복음을 알려야 한다고 이야기하고 있었다. 이게 쉬운 일일까? 당연히 그렇지 않다! 우리는 그 같은 상황에 적절히 반응하기 위해 반드시 전략을 미리 세워야만 한다. '미리'라고 말한 것은, 상처를 주는 말을 듣거나 "부끄러운 줄 아세요"라고 쓴 메일이 도착할 때까지 기다려서는 안 된다는 의미다. 별 감정 없이 아직 머리가 냉철함을 유지하고 있을 때 미리 적절한 대응의 예를 마련해야 한다. 그렇게 하면 타인이 그 자신의 날감정으로 나의 청량음료 같은 상태를 헤집으려 할 때도 우리는 영혼의 고결함을 굳건히 지킬 수 있다.

적절한 대응의 예를 마련해두라

나는 내 입술이나 문자를 입력하는 손끝이 갈등의 현장 속에 가장 먼저 뛰어들어서는 안 된다는 사실을 기억하려고 애쓴다. 내 혀는 아주 강력해 생과 사를 결정짓는 요소가 될 수 있으며, 뼈가 담긴 문자나 메일 답장을 보내는 것 역시 그렇다.

그러므로 우리는 적절한 대응의 예를 미리 마련하고 있어야 한다. 나는 영혼의 고결함과 거룩한 솔직함으로 상황을 이해하기에 최적의 순간인, 감정이 중립적인 상태에 있을 때 이것을 만들어두었다. 좌절이나 분노가 끓어오르는 순간이 오면 나는 미리 계획한 이 대응의 도움을 받아 감정의 분출을 막는다. 지금부터 내가 말하려는 내용은 말이 아닌 글로 반응해야 하는 경우에 적용할 수 있는 것들이다. 물론 이 사고 패턴을 약간 수정하여 직접 상대방을 대면해야 하는 상황에서 사용하는 것도 가능하다. 이제부터 내가 제시하는 내용을 자유롭게 사용하기 바란다. 혹은 각자가 독창적인 아이디어를 내어 말이나 글로 대응해야 하는 순간에 그것을 사용해보는 것도 좋겠다.

1. 나를 공격한 상대방에게 존중을 표하는 것으로 이야기를 시작하라.

쉬운 일은 아니다. 그 순간에는 상대방에게 존중받을 자격이 있다는 느낌이 들지 않을 것이다. 어쩌면 그 느낌이 사실일 수도 있다. 나 또한 이 메일을 받았을 때, 나를 공격한 사람의 말을 존중하고 싶은 생각이 들지 않았다. 그래서 나는 그 사람의 말을 존중하지 않았다. 그 대신 그녀라는 인간을, 하나님께서 사랑하시는 한 존재로 존중했다. 이때 우리가 존중을 표하는 것은, 상대방의 성품이 아닌 나 자신의 성품을 더 많이 드러낸다는 사실을 기억해야 한다.

그래서 나는 이렇게 썼다. "샐리, 당신은 자녀를 정말 소중하게 생각하는 어머니로군요."

나는 그녀가 정말로 갖고 있다고 생각되는 그녀의 장점을 이야기함으로써 그 사람에 대한 존중을 표했다. 자신을 공격한 사람의 장점을 생각해내기가 정말 어려울 수 있지만, 그래도 대부분의 사람들에게는 결점을 상쇄시키는 장점이 하나씩은 다 있다.

2. 짧게 답하되 예의를 잃지 마라.

말을 많이 할수록 방어적인 태도를 드러낼 위험이 커진다. 분명히 짚고 넘어갈 내용이 있더라도 간략하게 이야기하고 예의 바른 태도를 유지해야 한다.

그때 나는 이런 내용을 담은 답장을 보냈다.

상대방이 말한 상처를 인정해주는 말: "내 아이만 소외되었다고 느꼈을 때 어머님의 마음이 얼마나 힘드셨을지 이해가 됩니다. 저 역시 어머님처럼 제 아이가 상처받을 때 같이 상처를 받거든요."

내 의도를 분명히 드러내는 말: "호프네 반 여학생들만 초대하기로 정한 제 속내를 말씀드려도 될까요? 호프는 가능한 한 많은 친구를 초대하고 싶어 했지만, 파티를 제대로 즐기려면 같은 반 친구들만 부르는 것이 가장 적합한 방법 같았습니다."

당면한 문제에 대한 부드럽고 솔직한 감상: "호프도 올 한 해는 참 힘들었답니다. 호프와 따님 사이에 있었던 갈등에 대해 알고 계시리라 생각합니다. 서로에 대한 두 아이의 행동과 반응을 보다 나은 방향으로 이끌어줄 방법에 대해 논의하고 싶으시다면 저도 언제든 환영입니다."

거기에 적절한 사과의 말까지: "어머님과 따님께 상처를 주었다면 진심으로 사과드리니, 이 마음을 받아주십시오."

그리고 은혜를 구하는 말: "이런 상황 속에서도 은혜를 베풀어주셔서 감사합니다."

3. 연민의 마음을 전하면서 마무리하라.

어쩌면 그 상황과 전혀 무관한 이유로 상대방이 상처를 받았을 수도 있다. 이에 대해서는 다른 장에서 좀 더 자세히 다루겠다. 지금은 사랑하기 힘든 사람에게 사랑을 베푸는 희귀한 사람이 되는 방법에 집중하자. "여기 적은 말들에 담긴 것보다 더 큰 사랑과 연민의 마음을 전합니다. 리사 드림."

물론 이 같은 마지막 문장을 진심을 담아 쓰는 것이 불가능하다면, 억지로 할 필요는 없다. 사랑으로도 다 덮을 수 없는 종류의 갈등이 있음을 나도 잘 안다. 그런 경우라면 "축복합니다. 고맙습니다"나 "은혜의 마음을 담아" 같은 문장으로 연민을 표현하면 된다.

여기서 또 한 가지 기억하고 넘어갈 것은 악담이 적힌 모든 메일에 일일이 답장을 보낼 필요는 없다는 사실이다. 하지만 내가 그날 받은 것은 답장이 필요한 메일이었다. 하나님께 도움을 구해 정식으로 대응해야 할 메일인지, 아니면 삭제해도 되는 메일인지 판별하라.

그리고 또 기억해야 할 것은 직접 대면한다고 해서 꼭 말로 반응할 필요는 없다는 사실이다. 그러나 말을 해야 하는 상황으로 흘러간다면, 내가 제안한 내용들을 간단히 변환해 그 대화에 적용시킬 수 있다. 아래 세 가지 주의사항만 염두에 두기 바란다. 상대방에게 존중을 표하라. 짧게 답하되 예의를 잃지 마라. 연민의 마음을 전하라. 존중과 예의와 연민…. 존, 예, 연.

또한 우리는 상대방을 직접 만나든지 글로 답하든지 간에 '반응'(reaction)과 '대답'(reply) 사이에 큰 차이가 있다는 사실을 기억해야 한다. '반응'이란 주로 상대방이 얼마나 잘못했는지를 증명하기 위해 내뱉는 냉정한 말들을 가리킨다. 여기서는 선한 것이 나올 수 없다. 반면, 유순한 '대답'은 "분노를 쉬게" 한다(잠 15:1). 유순한 대답을 한다고 해서 그가 나약한 사람이 되는 것은 아니다. 오히려 그것은 그가 진귀하고 거룩한 힘을 갖고 있음을 말해주는 증거다.

··· 유순한 대답을 한다고 해서 그가 나약한 사람이 되는 것은 아니다.

이 마지막 문장을 한 번 더 말해보겠다. 독자 여러분을 위해서라기보다는, 나에게 필요한 말이기 때문이다! "유순한 대답을 한다고 해서 그가 나약한 사람이 되는 것은 아니다. 오히려 그것은 그가 진귀하고 거룩한 힘을 갖고 있음을 말해주는 증거다."

그래서 이 중학교 드라마는 결론이 어떻게 났을까? 내가 답장을 보냈는데도 그쪽 어머니는 곧바로 답을 주지 않았다. 그러다가 우연히 그 어머니를 만났을 때, 딸아이들과 대화하면서 그들 간에 쌓인 상처를 치료하고 서로가 좀 더 중립적인 관계를 맺게 하려면 어떻게 도와줄 수 있을지 논의했다. 결국 호프와 그 소녀는 절친한 친구가 되지 못했다. 두 사람은 친구 관계에서 각기 다른 것을 원하는, 서로 다른 성향의 아이들이었다. 하지만 그것만으로도 괜찮았다.

나는 중학교에서 일어나는 일들은 그것이 무엇이든 간에 불안정하기 마련이며, 그 시절 역시 지나간다는 사실을 기억하면서 이 모든 상황을 균형 잡힌 시각으로 지켜보려고 애썼다. 언젠가 라디오를 듣다가 균형 잡힌 시각을 유지하는 것과 관련된 훌륭한 이미지를 접할 수 있었다. 그 라디오 프로그램의 진행자는 기르는 고양이가 나무 위에 올라가면 사람들이 얼마나 당황하는지에 대해 말하고 있었다. 이때 게스트로 나온 사람은 소방관이었는데, 고양이를 내려달라고 도움을 청하는 전화를 일주일에 최소 한 통씩 받고 있다고 했다. 그는 시간이 있을 때는 직접 가서 그 사람들을 도와주지만, 그럴 여유가 없는 상황에서는 자신이 나무 위에서 고양이 해골을 발견한 적이 한 번도 없다는 사실을 고양이 주인들에게 점잖게 알려준다고 답했다.

흥미로운 이야기였다. 이 말을 듣자 내 아이가 영원히 중학생으로 머물러 있는 것이 아니라는 사실에 생각이 미쳤다. 딸아이가 중학교에서 겪는 문제를 처리하고 있는 이 엄마도 영원히 지금과 같은 어려운 처지에 머물러 있지는 않을 터였다. 모든 것이 지나간다. 그리고 결과적으로 보면, 내 대답으로 이 여자를 바로잡는 것이 내가 할 일이 아님을 기억하는 것도 내게 유익했다. 그것은 하나님께서 하실 일이었다. 내가 할 일은 내 앞에 닥친 문제들 속에서 하나님께 순종하는 것이다.

적절한 대응의 예를 마련해둔다고 해서 우리가 감정을 폭발시켜 추후 무거운 수치심을 느끼는 일을 영원히 피할 수 있는 것은 아니다. 하지만 적어도 이 같은 노력을 기울이기 전보다는 긍정적인 조치를 취할 수 있다.

지금은 현재 이뤄가고 있는 불완전한 진전에 집중하라. 그에 대하여 하나님께 감사하고 은혜로 그 길을 포장하라. 감정을 폭발시키면서 스스로 수치심을 느끼는 당신, 반대로 감정을 폭발시키면서 타인을 비난하는 당신을 위한 은혜로 말이다.

감정을 폭발시키면서 타인을 비난하는 유형

가끔씩은 나 자신이 바로 '그런 엄마'가 되어보려고 노력할 때가 있다. 그러니까 글루건을 자유자재로 다루어 취미용품 전문점 '하비러비'에 진열해도 손색없을 물건을 만들어내는 엄마, 눈속임 하나 없이 동화책 한 권을 처음부터 끝까지 즐겁게 큰 소리로 읽어주는 엄마 말이다.

하지만 이런 내 노력이 성공한 경우는 단 한 번도 없었다.

창고 대개방 세일을 하는 서점에 가기로 한 그 대단했던 날도 마찬가지였다. 아이들을 차에 태우고 가면서 나는 이번 기회야말로 우리 집 아이들을 책과 사랑에 빠지게 만들 완벽한 시간이 되리라 생각했다. 하지만 세일 중인 서점에 가면 사람들이 책과 가까워질 거라는 생각은 오해였다. 실상은 그와 달랐다.

우리 집 아이들은 그보다 더 심할 수 없을 만큼 책에 관심이 없었다.

아이들의 관심은 온통 책장 옆에 전시해둔 나무 상자에 쏠렸다. 알록달록한 포장지 위에는 온갖 약속의 말이 적혀 있었다. 나는 최고로 재미있다는 그 과학 실험에 참여하겠다며 상자를 집는 우리 아이들의 손을 하나씩 떼어냈다. 엄마라면 자고로 '재미' 혹은 '실험'이라는 단어가 적힌 알록달록하게 포장된 제품들을 조심해야 한다. 특히 그 제품의 가격이 '1달러'로 할인 중이라면 더더욱. 이럴 때 엄마는 정신을 똑바로 차리고 자녀들에게 "안 돼"라고 말해야 한다.

하지만 책을 사랑하라고 설득하는 일에 지친 나는 우리가 이 행사장에 오느라 오전 시간을 몽땅 내다 바쳤으니 적어도 교육적인 내용이 들어 있는 무언가를 사 가기는 해야 한다며 자신을 합리화했다. 그리하여 결국 그 세트를 몇 개 사고 말았다.

바다새우. 그것이 우리가 그 세트를 통해 키웠어야 할 생물이었다. 여기서 중요한 표현은 '키웠어야 할'이다. 우리 집 아이들은 이 파티가 시작되었다는 사실만으로도 크게 흥분했다. 설명서에는 통에다가 화학 약품과 물, 작은 먹이 결정체, 플라스틱으로 된 초록 나무를 넣어두면 어느 순간 바다새우가 부화하여 그 안에서 노닐 것이라고 적혀 있었다.

이쯤에서 이와 관련한 좋은 소식과 나쁜 소식 중 한 가지를 전해야 할 것 같다. 자, 어떤 소식을 먼저 듣고 싶은가?

좋은 소식은? 무언가가 부화했다는 것이다!

나쁜 소식은? 그게 바다새우가 아니었다는 것이다!

그 실험물을 하룻밤 그대로 놔두고 아침에 일어나 보니 우리 집 부엌이 이제껏 본 것 중 가장 크고 더럽고 털이 많은 대형 파리들로 뒤덮여 있었다. 바다새우들에게 돌연변이가 일어났는지, 혹은 다른 종의 유충이 그 세트 안으로 들어가 우리의 바다새우들을 다 먹어버렸는지는 모르겠다.

어찌 됐든 내 눈앞에는 끔찍한 광경이 펼쳐져 있었다.

이 이야기가 주는 도덕적 교훈은 간단하다. 하나님은 극히 일부의 엄마들만이 '그런 엄마'가 될 수 있게 하셨다는 것이다. 이들은 세 개의 C 유전자를 타고난 것임에 틀림없다. 이들에게는 요리(cooking)와 공작(crafting) 그리고 청소(cleaning)가 쉽고 아주 자연스럽다.

그 밖의 우리 같은 사람들이야 뭐, 그저 이 세상을 즐겁게 만드는 데 필요한 희극적인 소재를 제공하고 미래의 치료전문가들이 먹고살 수 있게 해주도록 기분 좋게 선택된 존재들일 뿐이다.

지금은 이 이야기를 재미있게 들려줄 수 있지만, 당시에는 나를 좋은 엄마 클럽에서 쫓아내려고 위협하는 또 하나의 사건으로 받아들였다. 내 안에서 좋은 엄마와 나쁜 엄마가 싸움을 벌이며 나를 고통스럽게 했다.

'좋은 엄마는 바다새우를 키우고, 나쁜 엄마는 더러운 파리를 키우지.'

'잠깐! 좋은 엄마라면 서점 세일 행사장에 가서 바다새우 세트 같은 걸 사 오지도 않았을 거야. 나쁜 엄마는 아이들에게 안 된다고 말하려고 애쓰다가 결국 쉽게 포기할 거고.'

'좋은 엄마는 인터넷에 들어가 지금의 이 파리 사태를 어떻게 유익한 과학 수업으로 바꾸어 아이들에게 가르쳐줄지를 생각할 거야. 나쁜 엄마는 이 멍청한 파리들을 죽여 그 모든 증거를 숨겨 아이들이 못 보게 할 테고.'

이 대화는 끊임없이 이어졌다. 그리고 내가 나쁜 엄마임을 스스로 인정하고 안주하려 할 때마다 내 감정은 점점 더 끓어올랐다. 스트레스의 범위를 1에서 10까지라고 할 때, 처음에는 그것이 4 정도였으나 머릿속에서 이 대화가 이어지자 곧장 7로 올라섰다. 거기다가 아침 식사로 준 토스트를 핥고만 있는 아이와 말다툼을 벌이고 휴대폰까지 안 보이자 스트레스 지수는 곧 9.8까지 올라갔다. 폭발할 준비를 완료한 채, 운이 없어 마침 내 곁에 다가오는 사람이 있다면 그게 누구더라도 비난의 화살을 퍼붓기 일보 직전이었다.

나는 '자제력'이라는 단어의 총체적 개념을 제대로 이해하려고 노력하고 있다. 잠언 25장 28절, 갈라디아서 5장 23절, 베드로전서 5장 8절 등 성경은 이 주제와 관련해 많이 언급하지만, 다른 누군가 내 감정을 불길한 지점으로 몰고 가는 통제불능의 일을 벌일 때 자제력을 발휘하기란 정말 어렵다. 그래서 지금 나는 그간 알아낸 한 가지 간단한 교훈을 나누려 한다. 다른 누군가의 행동이나 말이 나를 위협해 불길한 지점으로 끌고 갈 때도 선택권은 내게 있다는 것이다. 정말이다. 이 말이 잘 이해되지 않을 수 있다. 오히려 감정의 노예가 되었다고 느낄 수도 있다. 하지만 그것은 사실이 아니다. 기억하라. 느낌은 일개 지표일 뿐 지배자가 아니다. 느낌은 우리에게 해결해야 할 상황이 있음을 알려주는 지표일 뿐, 구체적인 반응 방식을 독단적으로 지시하지는 않는다. 선택권은 내게 있다.

자제력

"선택권은 내게 있다!" 앞으로 나는 화가 나는 순간에 이 말을 크게 외쳐 감정이 폭발하지 않도록 막을 것이다. 상대방에게 내 감정을 통제할 힘을 줄지 말지는 내가 선택한다. 혀를 제어하는 자가 힘을 가진다. 소리를 지르고 버럭 화를 내거나 짧은 독설을 내뱉는 반응은, 기본적으로 내가 가진 힘을 우리 집 다섯 명의 십대 아이들에게 넘겨주는 행위다. 오마이갓!

··· 느낌은 일개 지표일 뿐 지배자가 아니다.

이런 관점에서 어떻게 반응해야 할지를 생각해보면, 힘을 다룰 위치에 있지 않은 사람에게 내가 그것을 선선히 넘겨주고 싶어 하지 않는다는 사실을 금방 깨닫는다. 더군다나 나는 내 아이들보다, 다른 누구보다도 미성숙해지라는 유혹을 받는 상황에 처하고 싶지 않다. 힘이 없어지면 덩달아 자제력도 없어진다. 그러므로 자제력을 지키고 싶다면 내 힘을 먼저 지켜야 할 것 같다.

지금 말하고 있는 '내 힘'이란 나 자신에게서 생겨나는 것이 아니다. 이것은 내 안에서 역사하시는 하나님의 힘을 가리킨다. 하나님의 말씀에 따라 반응하면 그 힘이 느껴지고, 반대로 그 말씀에 반하여 반응하면 무력감이 느껴진다.

이사야서의 말씀은 어떻게 하면 우리가 처한 상황에 상관없이 그분의 힘에 다가갈 수 있는지를 아주 잘 보여준다.

> 이는 비와 눈이 하늘로부터 내려서 그리로 되돌아가지 아니하고 땅을 적셔서 소출이 나게 하며 싹이 나게 하여 파종하는 자에게는 종자를 주며 먹는 자에게는 양식을 줌과 같이 내 입에서 나가

는 말도 이와 같이 헛되이 내게로 되돌아오지 아니하고 나의 기뻐하는 뜻을 이루며 내가 보낸 일에 형통함이니라(사 55:10-11).

눈치챘는가? 하나님의 말씀은 헛되이 되돌아가는 법이 없다! 하나님의 힘을 내 안에 지켜내어 그것이 내 안에서 역사해 자제력을 만들어내기 위해서는 우선 하나님의 말씀을 내 안으로 받아들여야 한다. 그분의 말씀이 우리 마음속에 스며든 후에야 우리의 마음은 선하고 강력한 열매, 즉 나로 하여금 자제력을 발휘할 수 있도록 돕는 열매를 맺을 것이다. 이것이 우리가 하나님의 힘에 다가가는 방법이다.

다시 말해 내가 제시하는 새로운 전략은 이렇다. 곧 한계에 다다른 내 신경을 누군가가 건드리는 상황에 부딪힐 때, 하나님의 말씀을 현재형으로 적용해보는 것이다. 상황에 따라 머릿속으로만 생각할 수도 있고 실제로 크게 말할 수도 있다. 예를 들어 내 사랑스런 아이들 중 한 명이 '그다지 사랑스럽지 않게' 행동하기 시작할 때, 베드로전서 5장 6-8절 말씀을 떠올리면서 이렇게 말하는 것이다. (아니면, 실제로 대응하기 전에 그렇게 '생각'해보는 것이다.)

"이 순간 엄마는 자제력을 발휘해 깨어 있기로 선택할 거야. 네 행동만 보자면 내가 자제력을 잃어 소리 지르는 게 당연하지만, 엄마는 엄마에게 원수가 있으며, 그 원수는 네가 아니라는 사실을 기억하고 있어. 마귀가 두루 다니며 나를 삼켜서 지금 이 순간 통제력을 잃기를 바라고 있지만, 나는 하나님의 딸이야. 그래, 나는 하나님의 딸이야. 나는 겸손하고 침착하게 하나님께서 그분의 뜻을 내 안에서 이루시도록 해드릴 거야. 그러면 하나님께서 나를 들어 올려 이 상황 때문에 날카로워진 내 신경을 가라앉혀 지금 당장 내가 네게 보일 수 있는 것보다 훨씬 더 나은 반응을 내 안에 채워주실 거야. 엄마에게 몇 분만 주렴. 그러고 나서 이 일에 대해 조용히 이야기해보자."

직장 동료나 친구들과의 관계에서 이런 일이 생긴다면, 나는 그 문제에 대해 이야기하기 전에 자리를 피하거나 나중에 전화를 하겠다고 할 것이다. 그러고는 마음이 진정될 때까지 머릿속으로 성경 말씀을 외울 것이다. 그 구체적인 방식이 무엇이든 성경 말씀을 현재형으로 적용하는 것은 우리의 마음 상태를 차분하게 하는 데 도움이 된다.

하지만 내가 20년 전에 이 조언을 들었더라면 눈을 굴리면서 '음, 그건 특별한 경우지. 저 여자는 엄청 많은 성경 구절을 외우고 있나 본데, 나처럼 요한복음 3장 16절도 겨우 외우는 사람은 어떻게 하란 말이야?'라고 생각했을 것 같다. 그러나 이것은 기억력의 문제라기보다 적용의 문제다. 그러므로 언제나 말씀을 볼 수 있도록 가까이에 두어야 한다. 이 책에서 다룬 구절들도 유용할 것 같다. 진심으로 심금을 울리는 말씀 몇 구절을 스마트폰 메모장에 입력하거나 3×5인치 카드에 적어 가지고 다니거나, 포스트잇에 적어 책상 위에 붙여두라. 이렇게 할 때 경험할 수 있는 신 나는 일이 한 가지 있다. 이 말씀들을 활용할수록 자연스레 그 내용이 외워진다! 이것이 중요한 이유는 하나님의 말씀에 따라 행한다는 것은 곧 하나님의 뜻에 따라 행한다는 의미이기 때문이다.

여자들이여, 바로 여기에 힘이 있다. 이 힘은 당신을 자제력이 강력하게 빛나는 사람으로 만들어 당신의 자녀와 친구, 배우자, 직장 동료들이 깜짝 놀라게 할 것이다.

하지만 솔직히 말하겠다. 이 원리를 알고 가르치기까지 하면서도, 나는 3×5인치 카드에 적어둔 성경 말씀을 현재형으로 적용하는 것이 폭발하려는 내 감정의 강렬함을 대적하지 못하는 듯하다고 느낄 때가 있다.

그럴 수 있다. 그러나 이럴 때도 하나님께서 우리의 완벽한 짝이 되어주신다. 이럴 때 우리에게 필요한 것은 하나님과의 거룩한 의사소통이며, 곧바로 그분의 말씀에 다가가는 것이 그 소통 속으로 들어가는 가장 빠른 방법이 되기도 한다. 왜 거룩한 의사소통이어야 할까? 우리에게는 감정의 폭발을 제한해줄 하나님이 필요하기 때문이다. 그분만이 우리가 남을 비난하지 않도록, 수치심을 느끼지 않도록 막아주신다. "묵시가 없으면 백성이 방자히 행한다"라는 잠언 29장 18절 말씀은, 묵시나 하나님의 말씀의 진리만이 우리를 제한하여 바른길로 인도한다는 사실을 잘 표현하고 있다. 이 구절에서 '묵시'에 해당하는 히브리어는 '거룩한 의사소통'을 뜻하는 '카존'(*chazown*)이다. 그러니까 이 말씀을 "거룩한 의사소통이 없으면 백성이 방자히 행한다"로 바꿔도 무방하다. 재미있지 않은가?

거룩한 제한

하나님의 말씀을 현재형으로 적용하면 우리 마음속에 '거룩한 제한'(Holy Restraint)의 능력이 스며들고, 그것이 우리의 반응에까지 확산되어 감정을 폭발시키지 않을 수 있게 된다. 이 역시 또 다른 형태의 자제력 아닐까? 그렇지 않다. 자제력과 거룩한 제한 사이에는 차이가 있다. 자제력은 성령의 열매이며, 하나님과의 관계가 겉으로 표현되는 것을 가리킨다. 반면, 거룩한 제한은 이 열매의 씨앗으로, 그리스도와 동행하여 살고 그분의 진리를 삶에 직접적으로 적용하는 것을 내적으로 경험하는 것을 가리킨다. 그리스도의 진리를 섭취(ingest)하는 데서 끝나지 않겠다고, 그러니까 그것을 안으로 받아들여 단 몇 분간만 좋은 느낌을 받는 것으로 그치지 않겠다고 결심하는 한편, 그분의 진리를 완전히 소화(digest)시키겠다고, 그것을 내 정체성과 삶의 방식의 일부로 삼겠다고 다짐하는 것이 거룩한 제한이다. 단순히 섭취하는 것과 소화시키는 것 사이에는 엄청난 차이가 있다.

나는 막내딸 브룩이 내게 케이크를 구워도 되는지 물어보던 어느 날 밤 9시에 그 차이의 실체를 볼 수 있었다. 부엌을 깨끗이 정리한 상태라서 밤 시간 동안 부엌을 닫아둘 생각이었다. 나는 딸아이에게 케이크를 만들어도 된다고 허락할 생각이 눈곱만큼도 없었다. 하지만 이래 봬도 나는 자녀들에게 곧바로 "안 돼"를 말해서는 안 된다고 가르치는 자녀 교육 세미나에 참가해본 엄마였다. (어쩌자고 내가 그런 세미나에 갔을까?)

그랬는데 브룩의 언니인 호프까지 돕겠다고 나섰고, 아홉 살짜리의 끝없는 애원에 맞서 싸우기에는 내가 많이 지쳐 있었다. 결국 브룩은 밀가루 양을 재어 붓고 휘젓고 흔든 다음, 그 반죽이 담긴 냄비를 조심스럽게 오븐에 넣었다. 그러고는 전원을 켜고 케이크가 구워지는 광경을 지켜보았다. 브룩은 온 정신을 케이크에 집중했다. 그렇게 한없이 케이크를 지켜보던 브룩은 느리게 흘러가는 타이머 시간을 못 견디고 답답해했다.

30분에서 45분 정도 지나자 케이크는 다 익은 듯 보였다. 다 익은 냄새가 났다. 브룩은 케이크가 다 익었기를 바랐다. 그러고는 마침내 케이크가 다 익었다고 판단해버렸다! 호프가 케이크를 꺼내 조리대 위에 올려 열 식히는 것을 도와주었다. 케이크는 몇 분 동안 기막히게 멋진 모양으로 서 있었다. 하지만 얼마 지나지 않아 폭삭 주저앉고 말았다. 덜 익은 중앙부의 압력을 견디지 못한 탓이었다. 그런데 견디지 못하는 것은 우리도 마찬가지다.

우리는 하나님과 함께 시간을 보내면서 그분의 진리가 우리의 정체성과 삶의 방식의 일부가 되게 해야 한다. 그것이 하나님을 내적으로 경험한다는 말의 의미다. 그럴 때에만 거룩한 제한의 능력이 계발된다. 그리고 이 거룩한 제한 능력이 있어야 공격적으로 밀고 나가고 싶을 때 스스로 제어할 수 있다. 바로 그 자리에서 고함을 지르며 관계를 끊어버리고 싶을 때도 혀를 통제할 수 있다. 감정적으로 장황한 이야기를 늘어놓는 사람을 맹비난하기 전에 잠시 멈출 때도 이 능력이 필요하다.

하나님을 내적으로 경험함으로써 이 같은 거룩한 제한 능력을 계발한 다음에야 우리는 하나님을 영화롭게 하는 표현을 바깥으로 드러낼 수 있게 된다. 기억하라. 거룩한 제한 능력은 자제력이라는 열매를 만들어내는 씨앗임을. 자제력이란 중앙부가 아주 잘 익어 우리가 좀 더 거룩한 방식으로 반응할 수 있다는 사실이 바깥으로 표현된 증거다.

··· 거룩한 제한 능력은 자제력이라는 열매를 만들어내는 씨앗이다.

그렇다. 감정을 폭발시키면서 남을 비난하고 싶은 유혹이 몰려올 때, 하나님의 말씀 곧 우리 **안**에서 일어나는 그분과의 거룩한 의사소통이 우리를 **바깥**에서 돕는다.

고요한 자리를 찾아가라

감정을 폭발시키면서 스스로 수치심을 느끼는 사람이든, 감정을 폭발시키면서 타인을 비난하는 사람이든 간에 우리의 목적은 불완전한 진전임을 기억하라. 한 번 감정을 폭발시키고 난 다음에는 '진전'보다는 '불완전한'이라는 말에 더 공감하게 된다. 우리가 지금 다루고 있는 것은 감정과 인간관계이며, 이 두 가지는 모두 젤리를 벽에 붙이는 것과 같다. 그러니까 둘 다 복잡하고 골치 아프며 예측 불가능하다. 때로는 완전히 지쳐 과연 감정의 폭발을 멈출 수 있을까 의심하며 포기하고 싶을 수도 있다. 하지만 나는 포기하기 전에 숨는 법을 배웠다. 즉, 폭발할 것 같다는 느낌이 들면 그것이 어떤 상황이든 일종의 일시정지 버튼을 누르는 것이다. 이상적으로는 집 안의 조용한 장소에

홀로 들어가는 것이 좋다. 하지만 때에 따라서는 양해를 구해 욕실로 들어갈 수도 있다. 욕실의 샤워부스도 아주 좋은 기도실이 될 수 있다. 내가 말하려는 핵심은, 고요한 곳으로 물러나 하나님과 함께하는 것이 그분이 하시는 일을 보고 그분이 계시하시는 일에 참예할 수 있는 유일한 방법이라는 것이다.

물론 곧 폭발할 것 같은 상황에서 고요함 속으로 물러나기란 어려운 일이다. 그러나 나는 이 장을 마무리하면서 내가 고요함 가운데서 발견한 아름다운 사실 다섯 가지를 여러분에게 들려주고 싶다. 이것은 폭발 직전에 이른 영혼의 따가운 피부에 연고 역할을 해줄 것이다.

1. 고요한 중에 우리는 충분한 안전감을 느껴 겸손해진다.

기분이 엉망일 때 내가 가장 하기 싫은 일이 바로 겸손해지는 것이다. 그럴 때면 큰 소리를 내고 오만한 태도를 보이며 내 주장이 참임을 증명하고만 싶어진다. 하지만 나는 전장에서 한 걸음 빠져나와 내 마음에 대고 말씀하시는 진리를 겸손하게 하나님께 물음으로써 상황을 이해하는 방법을 어렵게 습득해가고 있다. 생각해보면 인간관계에서 경험하는 문제 가운데 내 잘못이 하나도 없는 경우는 드물다. 그리고 내 잘못은 주로 고요한 중에만 보인다. 고요함 가운데서만 우리는 "하나님의 능하신 손 아래에서 겸손"해진다(벧전 5:6).

2. 고요한 중에 하나님께서 우리가 좀 더 합리적인 생각을 할 수

있게 하신다.

감정이 마구 뒤엉켜 엉망이 되어 있을 때는, 미친 감정이 우리를 절망의 구렁텅이로 끌고 내려간다. 그곳에서 빠져나올 수 있는 유일한 방법은 더 깊이 파고들어 가는 행위를 중단하기로 결정하고, 하나님께로 돌아서서 해답을 간구하여 "때가 되면" 하나님께서 우리를 "높이"실 수 있게 하는 것뿐이다(벧전 5:6).

3. 고요한 중에는 근심이 우리의 진전을 이기지 못한다.

고요한 중에 우리는 지금 여기, 있는 모습 그대로의 나를 사랑하시는 예수님께 우리의 근심 어린 마음을 쏟아놓을 수 있다. 아무런 판단 없이 우리를 사랑하시는 예수님 앞에서 우리는 마음이 부드러워지고 안전감을 느껴 내 안에 들어와 역사해주실 예수님이 필요함을 겸손하게 인정하게 된다. 상대방의 태도를 고치려고 애쓰면 내 근심만 커질 뿐이다. 우리 안에서 예수님이 역사하시게 해야 진정한 진전이 이뤄진다. "너희 염려를 다 주께 맡기라 이는 그가 너희를 돌보심이라"라는 약속을 기억하자(벧전 5:7).

4. 고요한 중에 상대방이 우리의 진짜 원수가 아님을 깨닫게 된다.

이 장 초반에서 이야기한 것처럼 누군가와 갈등을 빚고 있을 때면 상대방이 원수로 느껴지거나 실제로 그렇게 보이기까지 한다. 그러나 그 사람은 진짜 범인이 아니다. 진짜 범인은 나와 나를 공격하는 상대방에게 영향력을 행사하고 있는 사탄이다. 한창 감정이 끓어오를 때는 이 사실을 까먹지만, 고요함 가운데

들어가면 진짜 진리를 다시 생각해내어 자제력 있는 반응을 하기 위한 전략을 세울 수 있게 된다. "근신하라 깨어라 너희 대적 마귀가 우는 사자같이 두루 다니며 삼킬 자를 찾나니 너희는 믿음을 굳건하게 하여 그를 대적하라"(벧전 5:8-9). 이것이 성경의 지혜다.

5. 고요한 중에 우리는 결과가 어떻든지 하나님께서 그 갈등을 유익하게 사용하실 것임을 확신하게 된다.

제대로 된 방식으로 갈등을 다루려 노력한다면, 결과가 모두 장밋빛으로 나와야 한다는 압박감에서 자유로워진다. 때로는 갈등을 통해 더 굳건해지는 인간관계도 있다. 하지만 관계가 완전히 끝날 수도 있다. 상대방을 통제하는 것은 불가능하다. 따라서 우리가 집중해야 할 일은 선하신 하나님께서 이 상황 속에서 나를 통해 역사하실 수 있도록 하는 한편, 그 결과를 하나님께 맡기는 것뿐이다. 하나님의 말씀은 "모든 은혜의 하나님 곧 그리스도 안에서 너희를 부르사 자기의 영원한 영광에 들어가게 하신 이가 잠깐 고난을 당한 너희를 친히 온전하게 하시며 굳건하게 하시며 강하게 하시며 터를 견고하게 하시리라"(벧전 5:10)라고 약속하신다.

감정을 폭발시키고 싶어 어찌할 바를 모를 때 일부러 고요함을 찾아 들어가본 뒤 각자가 발견한 유익들도 이 목록에 더해보기 바란다.

• • •

“하나님, 우리를 도우소서. 저를 도우소서. 당신과 당신의 은혜에 사로잡힌 열정적인 여자가 되고 싶습니다. 감정을 폭발시키면서 스스로 수치심을 느끼거나 감정을 폭발시키면서 타인을 비난하는 사람이 되기는 싫습니다. 혀를 제어하고 성령님의 능력이 내 안에서 지속적으로 역사하실 수 있게 하고 싶습니다. 이 진리를 충분히 이해하여 그것을 제 정체성과 생활방식으로 삼고 싶습니다.”

여러분도 나와 똑같은 마음일 것이다.

불완전한 진전.

지금 당신은 이 목표를 향해 나아가고 있는가?

감정을 억누르는 유형

•

나는 본래 다른 사람을 격려하는 유형이다. 사람들에게 격려의 말을 전하는 것을 좋아하고, 듣는 것도 좋아한다. 그러다 보니 누군가가 낙심시키는 말을 할 때 더 큰 영향을 받는 것 같다. 사랑으로 하는 건설적인 비판이라면 아무 문제 없지만, 내 생활에 대해 전혀 격려해준 적이 없는 사람이 모종의 건설적인 비판을 해오면, 도무지 건설적인 말로 들리지 않는다. 여러분도 이 말이 무슨 뜻인지 알 것이다.

내가 아직 초보 엄마였을 때, 육아 면에서 나보다 훨씬 더 계획적이고 치밀한 친구가 한 명 있었다. 그 친구는 매일 똑같은 시간에 아이들을 낮잠 재웠다. 게다가 아이들에게 단것을 먹이지 않았으며, 매일 밤 자기 전에 목욕을 시키고 머리까지 완벽하게 감겼다.

나는 그 친구를 존경했지만 그 친구처럼 될 수는 없었다. 우리 아이들은 내가 이런저런 볼일을 보러 다니는 사이에 차 안에서 낮잠 자는 일이 허다했고, 나는 초콜릿 한 봉지를 가방에 넣어 다니며 만약의 경우를 대비했다. 목욕에 대해서라면 우리 집 아이들도 늘 깨끗이 씻겼지만, 정말이지 머리를 매일 감길 필요는 없어 보였다.

나는 나대로 최선을 다했다.

하지만 나의 '최선'은 이 한 치의 오차도 없는 친구를 신경 쓰이게 만들었다. 친구는 아무 거리낌 없이 나에 대해 못마땅한 부분을 이야기했다. 그 친구가 "어머, 믿을 수 없어. 어떻게 아이들을…"이나 "그렇게 하면 아이들에게 앞으로 어떤 영향을 미칠지 걱정도 안 되니? 우리 남편이랑 나는 그렇게 생각하지 않아"라는 문장으로 이야기를 시작할 때면, 예외 없이 나에 대한 비판이 쏟아져 나왔다.

이런 말들이 쓰디쓴 상처를 주고 있음을 알고 있었음에도, 나는 그 비판이 내게 얼마나 큰 영향을 끼치고 있는지를 그 친구에게 한 번도 털어놓지 않았다. 나는 그저 그 말들을 받아들이고 또 받아들였다. 그러다 마침내 더는 받아들일 수 없는 지경에 이르렀다. 나는 같이 참석하던 성경 공부 모임에 발길을 끊었고, 그 친구가 전화를 걸어오면 바쁘다고 핑계를 댔으며, 우리 사이에 넓디넓은 간격을 만들어 그 관계를 완전히 끊어지게 했다.

지금은 후회가 된다.

선호하는 양육법에 대해서는 자기주장이 강했지만 분명 좋은 친구였다. 관계를 유지했더라면 서로 많이 배울 수 있었을 것이다. 나는 그 친구가 약간은 느긋함을 즐길 수 있도록 돕고, 그 친구는 내가 좀 더 계획적인 사람이 되도록 했을 것이다. 하지만 그 결과가 어떻게 되었을지는 이제 영원히 알 수 없게 되었다. 내가 상처를 억누르면서 관계를 아예 끊는 쪽을 택했으니 말이다.

감정을 억누를 때 내가 드러내는 경향을 분석해 내 블로그에 올린 뒤 게시물에 달린 수천 개의 댓글을 읽어본 결과, 나는 감정을 억누르는 유형에도 두 종류가 있음을 알게 되었다. 하나는 감정을 억누르면서 장벽을 쌓는 유형이고, 다른 하나는 감정을 억누르면서 보복을 위한 돌을 모으는 유형이다.

나는 이런 경우에 감정을 억누른다.

- 상대방과 직접 대면하기에는 충분히 안전하다는 느낌이 들지 않을 때
- 지금 당장 그 갈등을 해결하러 나설 만큼의 에너지나 시간이 없을 때
- 그 문제를 어떻게 다뤄야 할지 모르겠을 때
- 너무 예민해 보이고 싶지 않을 때
- 거절당하고 싶지 않을 때
- 자제력을 잃고 싶지 않을 때
- 상황을 악화시키고 싶지 않을 때. 그래서 그 갈등을 못 본 척 지나칠 수 있다고 스스로 설득할 때

하지만 솔직히 말해, 내가 감정을 억누르는 이유는 그렇게 할 때 그리스도인으로서 좀 더 거룩한 사람이 된 것처럼 느껴지기 때문이다. "말이 많으면 허물을 면하기

··· 내가 감정을 억누르는 이유는 그렇게 할 때 그리스도인으로서 좀 더 거룩한 사람이 된 것처럼 느껴지기 때문이다.

어려우나 그 입술을 제어하는 자는 지혜가 있느니라"라는 잠언 10장 19절 같은 말씀의 영향을 받은 것이다. 그래서 나는 "말을 제어하는 것이 곧 거룩한 것"이라는 생각을 뇌 속에 심어두었다. 여기다가 "분을 쉽게 내는 자는 다툼을 일으켜도 노하기를 더디 하는 자는 시비를 그치게 하느니라"라는 잠언 15장 18절 같은 말씀은 그 생각을 한층 더 강화시켰다.

나는 평화를 지키고 싶다. 대립을 일삼는 사람보다는 온화한 사람이 되고 싶다. 물론 좋은 일이다. 쓰린 마음을 숨겨놓지만 않으면 말이다. 그런 경우라면 얼마든지 '건강한 감정처리'라고 할 수 있다. 하지만 건강한 감정처리와 감정을 억누르는 것 사이에는 크나큰 차이가 있다.

건강한 감정처리는 문제를 정면돌파하면서 상처를 분산시키는 과정에서 일어난다. 이는 기도와 성경 공부, 혹은 상담가나 인생 멘토와의 대화를 통해 실현된다. 충분한 시간을 두고 있다가 사실은 그것이 별일 아니었음을 나중에 깨닫는 것도 건강한 감정처리의 한 방도일 수 있다. 어쨌든 핵심은 이 과정이 악감정의 응어리가 완전히 사라지는 것으로 마무리되어야 한다는 것이다. 그러지 않을 경우, 그 감정이 안에서 쌓인다. 바로 이것이 문제다.

4장에서 말했듯이, 감정을 억누르는 유형은 장벽을 쌓는 사람과 보복을 위한 돌을 모으는 사람, 이 두 유형으로 다시 구분할 수 있다. 그리고 이 두 반응 모두 갈등을 해결하는 데는 아무런 도움이 안 되며, 오히려 관계를 훼손하거나 갈등을 증폭시키는 기제로 작용한다. 저급한 시인의 말처럼 들릴 위험을 무릅쓰고 말하건대, 이것은 절대 과장이 아니다.

감정을 억누르면서 장벽을 쌓는 유형

상대방과의 대면을 피한 채 아무런 문제가 없는 듯 행동함으로써 평화를 유지하려 애써본 적이 있는가? 나는 있다. 나는 부정적인 감정들을 안으로 억눌렀다. 아팠다. 그것은 나를 아프게 했고, 상대방을 아프게 했다. 관계 자체에도 아픔을 안겨 관계를 조금씩 침식시켰다. 겉으로는 평화로워 보였으나 안에서는 숨죽인 아우성 소리와 함께 장벽이 쌓이고 있었다.

장벽은 소통을 가로막는다. 상대방을 안전한 사람이 아니라고 생각할 때, 우리는 그들에게 '바라는 것이 많다', '무책임하다', '변덕스럽다', '이기적이다', '방어적이다'와 같은 꼬리표를 붙인다. 그러고 나면 그들이 어떤 행동을 했는지와는 상관없이 그들과 관련된 일을 할 때면 언제나 이 장벽의 꼬리표를 필터로 삼아 움직이게 된다. 아예 뇌 속에서 그 사람 이름 옆에 꼬리표들을 찰싹 붙여놓는 것이다. 여기서 문제는 당사자들은 자기 이름 옆에 그런 꼬리표가 붙어 있다는 사실을 모른다는 점이다. 그러니 우리를 만날 때마다 그들이 혼란을 느끼는 것은 당연하다. 무언가 잘못된 듯한 느낌은 드는데, 구체적으로 무엇이 잘못되었는지 알 도리가 없다. 이러면서 그 관계는 결국 조금씩 시들다 죽는다. 좋은 관계를 유지시키는 필수 영양분인 솔직한 소통이 사라졌으니 당연한 결과다.

··· 좋은 관계를 유지시키는 필수 영양분은 솔직한 소통이다.

장벽인가, 경계선인가?

우리에게 필요한 것은 장벽이 아니라 경계선이다. 경계선이란 확실하게 그은 한계로서, 건강한 관계와 소통이 이뤄지도록 안전한 구조를 제공한다. 우리가 정한 그 경계선을 받아들이기 힘들어하는 사람이 있을 수도 있지만, 경계선이 있으면 적어도 지금의 관계가 혼란스럽지 않고 명확해진다. 분명하게 명시된 건강한 경계선의 예를 몇 가지 들어보겠다.

- "계속해서 모임에 30분씩 지각한다면 나는 다른 차를 타고 가겠어요."
- "사무실에서 좀 더 근면한 모습을 보여주세요. 그러지 않으면 특정한 조치를 취할 수밖에 없습니다."
- "계속 예산을 초과해서 돈을 쓰면 신용카드를 잘라버릴 거예요."
- "정말 진지하게 구직 활동을 하지 않으면 더 이상 돈을 빌려줄 수 없어요."
- "아이들을 데리고 부모님을 뵈러 가고 싶지만, 우리가 있는 동안에도 계속 인터넷만 들여다보시면 거기 갈 이유가 없지 않겠어요?"
- "술과 약물을 끊지 않는다면 아이들을 데리고 집을 나갈 거예요."[4]

경계선과 장벽의 차이는 정직한 투명성에 있다. 정직해지기가 두렵거나 정직한 모습을 보이는 데에 지치고 상처 입었을 때, 혹은 정직을 위한 노력을 열심히 기울일 만큼 그 관계가 가치 있다고 생각하지 않을 때, 우리는 그 사람과의 사이에 장벽을 쌓는다.

반면, 경계선을 정한다는 것은, 우리가 솔직함을 발휘할 정도로 용감하며, 관계의 한계를 분명하게 함으로써 그 경계선을 은혜로 감쌀 만큼 풍성한 연민의 마음을 상대방에게 갖는다는 의미다. 장벽은 관계를 퇴보시켜 소외라는 결과를 낳지만, 경계선은 관계를 진전시켜 두 사람을 연결한다.

감정을 억누르면서 장벽을 쌓는 사람에게 일어나는 이 파괴적인 소외는 일평생 그 관계에만 영향을 끼치는 것으로 끝나지 않는다. 그것은 견고한 패턴이 되어 그 밖의 다른 관계들에까지 영향을 미친다. 그러므로 이 패턴을 깨뜨리는 것이 그토록 중요하다. "무리에게서 스스로 갈라지는 자는 자기 소욕을 따르는 자라 온갖 참지혜를 배척하느니라"(잠 18:1). 《메시지》(복있는사람) 성경에서 유진 피터슨은 이 구절을 "자기 자신만 신경 쓰는 외톨이(loner)는 공익에 침을 뱉는 사람이다"라고 번역했다. 놀랍지 않은가?

이 패턴을 깨뜨려야 한다는 사실은 이제 잘 알겠다. 그런데 어떻게 해야 그걸 깨뜨릴 수 있을까?

• • • 경계선과 장벽의 차이는 정직한 투명성에 있다.

내가 정말로 원하는 것이 무엇인가?

나도 우아하게 정직한 투명성을 발휘하는 법을 배워야 한다는 것쯤은 알고 있다. 하지만 그 문제를 정면에서 마주하기보다는 두려움에 무릎 꿇고 주위만 빙빙 도는 나를 종종 발견한다. 그렇게 빙빙 돌수록 그 상황에 대한 역한 감정이 커져간다. 소모적이고 불만스러운 형국이다. 그동안 이런 상황을 수백 번도 더 경험했다.

이 과정에서 배운 가장 중요한 교훈은, 예의를 갖춘 정직함과 투명성으로 상대방과 의사소통을 해야만 진정 내가 원하는 것이 무엇인지를 알 수 있다는 것이다. 이 말을 흘려듣지 말기 바란다. 곰곰이 생각해보고 자문해야만 한다. '이 상황에서 내가 진짜 바라는 게 뭐지?' 그런 다음, 그 바람이 얼마나 현실적인지 혹은 비현실적인지 점검해야 한다. 그것이 비현실적인 바람이라고 판단된다면 상대방과 논의하여 둘 다 동의할 수 있는 '현실적인' 해법을 찾아야 한다.

이 방법이 어떤 효력을 나타내는지 보여주는 사건이 최근에 있었다. '잠언 31장 사역'(Proverbs 31 Ministries, 저자가 대표로 있는 사역 단체 — 옮긴이) 사무실에서 다른 직원들과 회의하는 날에 있었던 일이다. 평소 나는 사무실에 자주 가지 않는다. 주말에는 강의 일정 때문에 여기저기 돌아다녀야 하고, 주중에도 집에서 일하는 것이 나아서이다.

어쨌든 그날 사무실에 가보니 직원들이 내 사무실을 급히 필요했던 창고로 쓰고 있었다. 내가 쓰던 집기들도 그것을 매일 활용할 수 있는 다른 사람들이 나눠 쓰고 있었다. 이미 나와 얘기된 바였고 나 역시 현명한 결정이라며 동의했었는데도, 막상 일이 그렇게 빨리 진척된 것을 보자 뒤통수를 맞은 기분이 들면서 모순된 감정들이 서로 싸우기 시작했다.

내 머리는 잘된 일이라고 했지만, 마음은 계속 갈등했다. 그날 집으로 돌아가면서 나는 선택해야 했다. 감정에 완전히 사로잡혀 이 문제를 필요 이상으로 크게 부풀릴 것인지, 예수님과 마주 앉아 좀 더 나은 시각을 달라고 간구할 것인지.

그동안 나는 감정을 따르는 쪽을 자주 선택해왔다. 하지만 당신에게 한 가지 사실을 알려주겠다. 그건 확실히 사람을 고단하게 만든다. '감정을 억눌러 겉으로는 웃고 속으로는 절규하는 사람들' 클럽 회원으로서 말하건대, 나는 지금껏 그 길을 걸어왔고 앞으로 또다시 그 길을 걸을 것이다. 그것은 내 DNA의 일부요, 일종의 생리전증후군 같은 것이다. 그래도 아주 드물게 내 안의 이성이 발동을 걸어 예수님과 마주 앉아 그분께 지혜를 구할 때가 있다.

가만히 앉아 있으니 "네가 정말로 원하는 게 뭐니?"라는 예수님의 속삭임이 느껴졌다. 나는 기도했다.

"뿌루퉁한 채 내가 왜 뿌루퉁해질 수밖에 없는지를 합리화해주는 생각에 빠져 있고 싶어요. 그러면서 더 뿌루퉁해지고 싶어요. 그리고 그 쓰린 마음을 안으로 삼킨 채 당분간 그 여자들과 거리를 두고 지내고 싶어요."

하지만 이 말은 내 진심이 아니었다. **느낌**이 그랬을 뿐, 그것은 내가 실제로 **원하던 바**가 아니었다. 이 둘 사이에는 엄청난 차이가 있다. 결국에는 느낌과 진정한 바람 사이의 차이를 알아내는 것이 바람직한 해결법을 찾는 열쇠다. 이것이야말로 갈등에 맞서 진솔하게 싸움을 할 때 우리가 늘 원하는 최종 목표다.

느낌은 일개 지표일 뿐 지배자가 아니라는 것은 내가 이미 알고 있는 바였다. 사무실 사건과 관련해 생겼던 느낌은 하나의 지표가 되어, 내 안에 있는 어떤 감정을 해결해야 그것이 내 반응을 지배적으로 결정하지 못하게 될 것임을 알려주었다. 그래서 내게 가장 중요한 것이 무엇인지를 다시 생각해보니, 내가 정말로 원하는 것은 우리 집에 사무실, 그러니까 진짜 사무실을 갖추는 것이었다. 식탁 위에 여기저기 종이뭉치를 마구 흩뿌려두는 것이 아니라 나만의 정돈된 공간을 원하고 있었다.

내가 정말로 원하는 것이 무엇인지 규명하고 나자, 이전의 불쾌한 감정들 사이에 틈이 생겨 바람직한 해결법이 무엇인지를 집중적으로 생각할 수 있었다. 그래서 사무실 담당자에게 전화를 걸어 집에다 사무실을 만들까 생각한다고 전했다. 그녀는 아주 긍정적인 반응을 보이면서, 내가 준비를 끝내면 사무실에 있는 내 가구를 옮겨주거나 단체 차원에서 새 가구를 사도록 돕겠다고 말했다. (어쨌든 나는 집 안에 사무실을 꾸렸다. 원한다면 나의 핀터레스트[pinterest@lysaterkeurst] 페이지에서 그 사진을 볼 수 있다.)

이 일은 결국 감정이 뒤엉키거나 큰 문제로 불거지지 않고 끝났다. 감정을 억누르거나 우리 사무실 식구들에게 '무신경하다'라는 꼬리표를 붙이는 일도 없었다. 다행이다. 그들은 여러분이 만나게 될 그 누구보다 세심하고 사랑 많고 마음 따뜻한 사람들이니 말이다. 그때 내가 감정을 억누르고 장벽을 쌓아 문제를 부풀리는 바람에 내가 정말 좋아하는 그들과 관계가 손상되었다면 얼마나 큰 비극이었을까.

앞으로 만날 수많은 곤란한 상황들과 비교할 때 이것이 얼마나 사소한 경우였는지 지금은 알 것 같다. 그러나 감정을 넘어서서 생각하고 내가 정말로 원하는 것이 무엇인지를 분별하는 이 과정 자체에 의미가 있었다. 적어도 내가 무엇을 따라가고 있는지를 알고 있다면, 진정한 관심사를 정직하고 투명하고 예의 있게 표현하기 위한 기본 준비는 갖춘 셈이다.

그런데 우리 사무실의 직원들은 친절한 데다가 책임감 있는 예의까지 갖춘 터라 상황이 훨씬 부드럽게 진행될 수 있었다. 하지만 그런 태도를 나타낼 가능성이 없어 보이는 사람이나 상황을 만난다면 어떻게 해야 할까?

가능성이 없어 보이는 사람들

감정을 억누르면서 보복을 위한 돌을 모으는 유형의 사람들을 살펴보기에 앞서, 열린 마음을 갖고 있을 가능성이 없어 보이는 사람들과의 관계에서 갈등이 생겼을 경우에 대해 이야기하고 싶다. 하나님께는 모든 것이 가능하다는 사실을 우리는 알고 있다. 하지만 성령님의 인도를 거부하는 사람들과의 관계에서는 그렇지 않다.

나도 특정한 사람들에게 정말로 솔직해지려고 노력해봤다. 하지만 그들과 정면에서 맞서 좋은 결과가 나오기를 기대하는 것은 생산적이지도 않고 가능한 일도 아니다. 내가 그들과 맞설 경우 내 삶이 비참해질 것임을 그들이 행동과 반응을 통해 반복적으로 알려온다면, 어느 순간 뒤로 물러설 수밖에 없다.

그러나 감정을 억눌러 그들에 대해 쓰린 마음을 품어 나를 오염시키고 싶지는 않다. 그렇다면 어떻게 해야 뒤로 물러서면서도 감정을 억누르지 않을 수 있을까?

나 자신은 내가 통제할 수 있지만 다른 사람의 행동이나 반응을 내가 통제하기란 불가능하다. 그 때문에 나는 상대방이나 상황을 바로잡으려 노력하는 데서 내게 부드러운 진리를 보여 달라고 하나님께 간구하는 쪽으로 주 관심사를 바꿨다. 나는 주로 이렇게 기도한다.

"하나님, 상처받다가 지쳤습니다. 이 상황으로 인해 마음이 산만해지고 좌절하는 것에도 지쳤습니다. 내 마음과 이 힘든 관계 위에 풍성한 자비를 부어주십시오. 그들에게도 이렇게 행동할 수밖에 없었던 인생의 상처가 분명히 있을 것입니다. 그것을 볼 수 있게 도와주십시오. 그리고 그들의 고통에 연민을 품을 수 있도록 해주시고, 제가 이 상황에 부정적인 영향을 끼치고 있지는 않은지, 혹은 과거에 그런 행동을 한 적이 있는지 볼 수 있게 해주십시오. 또 간구하오니, 제 인생을 끊임없이 괴롭히는 이 상처의 근원으로부터 나 자신을 분리시키는 은혜를 입게 해주십시오. 지금으로서는 절대 불가능한 일로만 느껴집니다. 오 하나님, 제게 말씀해주십시오. 어떻게 하면 제가 이런 상황에서도 주님께 최선의 영광을 돌릴 수 있을지 분명히 드러내 보여주십시오."

내가 해야 할 일은 내 인생에 들어와 있는 감당하기 어려운 사람들을 바로잡거나, 그들이 무례하고 폭력적인 행동을 계속하도록 내버려두는 것이 아니다. 내가 할 일은 그 사람들에 대한 나의 행동과 반응을 통해 하나님께 순종하고 있음을 드러내는 것이다. 다음은 상대하기 어려운 사람들로부터 물러서는 것의 의미에 대해 내 친구인 크레이그 그로쉘 목사가 설명한 내용이다.

> 유해한 사람들, 그러니까 계속해서 욕을 하거나 비판하고 위협하며, 유혹하고 상처를 주는 사람들과의 관계에 건강한 경계선을 긋기 위해 충실한 노력을 기울였는가? 그렇다면 이제는 그 유독한 관계를 끊어버릴 시간이다. 당신이 해야 할 일은 그 관계를 끊어 자신을 보호하는 것이다.
>
> 분명히 말하지만, 이것은 배우자와 이혼하라는 말이 아니다. 지금 잠시 어려운 시기를 지나고 있다고 해서 간단히 이혼을 하거나 상대방을 버리고 관계를 중단해서는 안 된다. 결혼 생활에서 힘든 고비를 지나고 있더라도, 침실로 달려 들어가 "당신은 위험한 사람이니 난 떠나야겠어"라고 고함질러선 안 된다. 그 대신 목사님이나 그리스도인 상담가와 통화하고 정성을 들여 결혼 생활을 해나가야 한다. 다시 말하지만 나는 지금 이혼하라는

··· 내가 할 일은 그 사람들에 대한 나의 행동과 반응을 통해 하나님께 순종하고 있음을 드러내는 것이다.

말을 하고 있는 것이 아니다.

가족 중 누군가와 절연하라는 말도 아니다. 부모가 자녀를 실패한 존재로 여기고, 형제자매가 대화하지 않는 일이 비일비재한 상황을 보시며 하나님은 분명 마음 아파하실 것이다. 극심한 학대 행위가 있는 경우를 제외하고는 대부분 해결 가능한 문제들이다. 하지만 경우에 따라 상대방의 영적 건강(혹은 신체적 안전)을 위협할 정도로 유해한 관계가 있을 수 있다. 그런 경우라면 관계를 끊는 것이 옳다.

성경에는 관계를 끊는 예가 여러 차례 나온다. 격렬한 논쟁을 한 바울과 바나바가, 갈등을 해결하기 위해 다투거나 법정공방을 하거나 온 동네를 다니며 상대방을 험담하는 대신, 각자 서로 다른 길을 가기로 결정한 것이 그 한 예다(행 15장 참고).[5)]

크레이그 목사가 쓴 이 글을 읽으면서, 내 마음속에서 무언가가 정리되는 느낌이 들었다. 바울과 바나바 둘 다 나쁜 사람이 아니었다는 사실이 깨달아졌다. 그들은 좋은 사람이었다. 하지만 그 두 사람은 서로 잘 맞지 않았다. 그래도 괜찮았다. 감정을 억누르고 비통함의 바다에 빠져 허우적대기보다는 각자의 길을 가는 용기를 내는 것이 훨씬 더 건강한 일이다.

사도 바울은 "아무에게도 악을 악으로 갚지 말고, 모든 사람이 선하다고 생각하는 일을 하려고 애쓰십시오 여러분 쪽에서 할 수 있는 대로 모든 사람과 더불어 화평하게 지내십시오"(롬 12:17-18, 새번역)라고 가르친다. 이 구절에서 특히 나는 "여러분

쪽에서 할 수 있는 대로"라는 부분에 눈이 간다. 내가 다른 사람을 통제할 수는 없지만, 나 자신이 악을 악으로 갚을지 그러지 않을지는 통제할 수 있다. 적어도 내 행동은 조심할 수 있으며, 나만은 옳게 행동할 수 있다. 단 이것은 내 쪽에서 할 수 있는 대로만 가능하다. 즉, 이 같은 나의 진전은 내 쪽에서만 이뤄나갈 수 있다. 상대방은 나와의 관계에서 평화를 이루려는 마음이 전혀 없는데 그에게 이러한 진전을 이뤄내라고 강요할 수는 없는 노릇이다.

상대방이 나와 나란히 걷기보다는 앞서 걷기로 택할 때 우리가 할 수 있는 일이란 아주 멀리서 그들을 사랑하는 것밖에 없다. 그들을 용서하며 그들을 향한 분노의 마음을 간직하지 않겠다고 결심한다고 해서 그들에게 내게 접근할 권한까지 주어야 하는 것은 아니다.

당연히 이 모든 일은 충분한 기도로 이뤄져야 한다. 모든 상황과 관계가 각기 다르고 복잡하기 때문이다. 하지만 명백히 드러난 문제를 못 본 척하면서 그 일들이 기적적으로 저절로 개선되리라고 희망해서는 안 된다. **나 자신이** 좀 더 나은 사람이 되어야 한다. 내가 내 영혼의 고결함을 온전히 지키기 위해 필요한 조치를 취해야 하며, 상대방이 어떻게 반응하든 간에 내가 하나님께서 원하시는 모습의 사람이 되려고 애써야 한다.

그렇다. 나는 인생에 건강한 경계선을 그어놓음으로써 생겨나는 영혼의 고결함을 갖고 싶다. 그리고 이제는 안다. 그 사람과 내가 계속해서 관계를 이어가든지 이어가지 않든지, 장벽을 쌓고 감정을 계속 억누르는 것은 결코 건강한 일이 아니라는 사실을. 그런데 한참 감정을 억눌러두고는 그간 쌓아온 감정을 어느 순간 한꺼번에 폭발시키게 되는 경우에는 어떻게 해야 할까? 이것이 바로 감정을 억누르는 두 번째 유형, 곧 보복을 위한 돌을 모으는 유형의 이야기다.

감정을 억누르면서 보복을 위한 돌을 모으는 유형

지금 이 글을 쓰는 동안 뉴스는 온통 9·11 테러 10주년 기념일에 대해 이야기하고 있다. 그토록 큰 재앙이 일어난 날, 세계무역센터와 국방부, 피츠버그 동남쪽 땅에서 일어난 끔찍한 일을 처음으로 듣던 그 순간에 각자 어디에서 무엇을 하고 있었는지를 우리는 기억한다. 나도 물론 기억하고 있다. 하지만 그때의 기억을 떠올리는 것은 고통스럽다.

그때 나는 부엌에 서서 전화기를 노려보고 있었다. 내 분노를 정당화할 온갖 이유를 곱씹으면서. 그날 아침 남편 아트가 나를 매우 화나게 하고는 나갔기 때문이다. 사실 그것은 이전부터 억눌러둔 수많은 사건들 위에 살짝 덧붙여진 사소한 일이었는데, 그간 축적해온 것들이 한꺼번에 떠올라 남편에게 보복하라며 나를 부추겼다. 결국 아트가 퇴근길에 전화를 걸어왔을 때, 나는 감정이 폭발하여 몇 달간 억눌러둔 모든 것들을 쉴 새 없이 쏟아놓았다. 나의 장황한 비난에 대해 내가 원하는 대로 그가 반응하지 않자 나는 그만 수화기를 쾅 하고 내려놓았다.

그때부터 그렇게 전화기를 노려보고 있었다. 그리고 씩씩대면서 증오에 찬 목록을 만들어갔다.

몇 분 후 아트가 다시 전화를 걸어왔을 때 나는 대뜸 "대체 뭘 원하는 거야?" 하고 쏘아붙였다. 단어 하나하나에 가시가 돋아 있었다.

하지만 그의 목소리는 무겁게 가라앉아 있었다. "리사, 텔레비전을 틀어봐. 가서 아이들을 데려와야 할 것 같아." 나는 텔레비전 리모컨을 집어 들고 전원버튼을 눌렀다. 숨이 턱 막혔다. 그리고 두 번째 비행기가 세계무역센터에 부딪힐 때쯤에는 차에 급히 올라탄 뒤 학교에 간 아이들을 데리러갔다.

그로부터 일주일간 나는 그 사건과 관련해 밝혀진 수백 가지 이야기를 접했다. 그리고 나 자신이 그간 사랑을 당연한 것으로, 그것도 아주 당연한 것으로 받아들여왔다는 차갑고 힘든 현실을 의도적으로 직시했다.

그 끔찍한 날에 있었던 아트와의 못난 싸움을 떠올리는 것은 유쾌하지 않지만, 내게 정말로 중요한 것이 무엇인지를 그날 선명히 알게 되었다는 사실만은 기억하려고 애쓴다. 그날, 사랑하는 이들을 직장이나 공항으로 보내고서 두 번 다시 보지 못한 사람이 허다했다. 만약 그간 억눌러온 감정들을 분노에 찬 말들로 토해낸 것이 남편과 내가 나눈 마지막 대화였다면 어땠을까? 생각만 해도 몸서리가 쳐진다. 하지만 나는 이런 내 마음을 저급하게, 순간적인 감정인 양 말하지 않을 것이다. 그 대신 관점을 바꾸는 것으로 이 마음을 표현할 것이다. 그때의 경험이 나를 뒤

흔들어, 감정을 억누르면서 보복을 위한 돌을 모으는 태도가 얼마나 위험한 일일 수 있는지 깨닫게 했기 때문이다.

나는 남편을 사랑하며, 우리 부부 사이에 평화를 지키는 것이 좋다. 하지만 남편과 있을 때면 마음에 편한 나머지 다른 사람과 있을 때는 절대 하지 않을 행동을 하게 된다. 다른 사람들과 있을 때 나는 소탈하고 차분하고 침착하지만, 사랑하는 남자와 있을 때는 치사한 방식으로 침묵을 지키곤 한다. 겉으로는 조용하나 속으로는 딴생각을 하고 있는 것이다. 그런 경우 이면의 나는 일종의 감정적 석재 공장이 되어 대량으로 돌을 찍어내고 있다. 나는 이 돌을 모으고 모으고 모으고 또 모을 것이다. 그러다가 어느 날 일이 벌어져 안에 쌓아뒀던 모든 것을 분출시키면서, 말 그대로 그의 세계에 돌을 던질 것이다.

감정 억누르기는 거짓된 평화 유지 방법이다. 진정한 평화 유지는 감정을 멈추는 것과 아무 상관이 없다. 기억하라. 감정이란 안으로든 밖으로든 움직이기 마련이다. 여기서 우리의 의지는 아무 힘이 없다. 진정한 평화는 감정이 안에서 쌓이거나 썩어 매우 유독한 무언가로 변하기 전에 적절하게 처리함으로써 지켜진다.

질문 이어가기

감정이 안에서 쌓이기 전에 적절히 처리하려면 어떻게 해야 할까? 앞서 말했듯이 관점이 도움이 된다. 내 친구 홀리는 '오늘 밤 이 사람이 집에 돌아오지 못한다 해도 내가 이 문제 때문에 계속 속상해하고 있을까?'라고 자문한다고 한다. 작은 문제를 크게 키우지 않으려 할 때 간단히 묻기에 좋은 질문이다.

이런 질문도 좋다. '지금 이렇게 화나게 하는 이 문제를 한 달 뒤에도 기억하고 있을까?' 이에 대해 '아니다'라는 답이 나온다면, 그 상황을 대충 처리하고 잊는 것이 맞다. 솔직히 9·11 테러가 일어난 그날 내가 왜 그렇게 화가 났었는지 기억도 안 난다. 하지만 말도 안 되게 흥분하여 저지른 나의 부적절한 대응 태도만은 분명히 기억한다. 그렇다. 관점이 도움이 된다.

반면, 좀 더 큰 문제들은 어떻게 대해야 할까? 그러니까 오래된 상처나 현재진행형의 문제들, 반복적으로 나타나는 상황, 쉽게 떠나가지 않을 것 같은 대상들 말이다. 이 문제들을 처리할 때도 전략이 필요하다. 이미 쌓여 있는 돌무더기 위에 올라가려는 더 큰 돌덩이를 제대로 처리하지 않으면, 감정이 폭발하여 보복의 돌을 던지게 되는 상황 앞에서 특히 무기력해져 곧바로 굴복하게 될 것이다. 갈등을 다루기 위한 개별적 계획을 세우는 것과 관련해서는 다음 장에서 더 많이 이야기하기로 하고, 여기서는 내가 안으로 쌓아둔 돌들을 다룰 때 사용하는 전략을 간단히 설명하고 넘어가겠다.

내 경우, 한 가지 중대한 질문을 던진다. 이 질문이 아니면 관계의 회복은커녕 갈등만 증폭될 것이라고 감히 말할 수 있을 정도로 중대한 질문이다. 그 질문은 다음과 같다.

"지금 나는 **입증**(prove)하려 하는가, **개선**(improve)하려 하는가?"

즉, 내가 지금 이 갈등 상황 속에서 바라는 것이 **나의 옳음을**

입증하는 것인지, 아니면 **관계를 개선**하는 것인지를 묻는다.

··· 내가 지금 이 갈등 상황 속에서 바라는 것이 나의 옳음을 입증하는 것인지, 아니면 관계를 개선하는 것인지를 묻는다.

나의 옳음을 입증하려 할 때 우리는 억눌러둔 감정을 한꺼번에 던질 돌로 만드는 것을 합리화하게 된다. 내가 옳고 상대방이 틀렸다는 사실을 증명하는 수많은 증거들을 모으면서 상처가 쌓이는 동안 돌도 쌓여간다. 그리하여 쌓아둔 감정이 폭발하게 될 때쯤이면 과거의 상처와 공격법으로 완전무장하여 나의 정당함을 입증할 준비를 갖추게 된다. 그러고는 사건의 진상을 입증하고, 온갖 방법을 동원하여 승소한다. 즉, 상처와 분노에 가득 찬 채 반응하고 말한다. 그러고는 후회한다.

반면, 관계의 개선에 목적을 둘 경우, 우리는 상대방이 어디서 왔는지를 이해하려고 노력하면서 그 관계를 소중히 다루게 된다. 관계를 무너뜨리기 위해서가 아니라 그것을 지키기 위해 분투한다. 또한 분노로 반응하는 대신, 모든 행동을 잠시 멈추고 나의 첫 번째 충동적 행동을 성령께서 인도해주실 때까지 기다린다.

그런 다음 그 '사람'이 아니라 그 '문제'를 가지고 씨름한다. 사람이 아닌 문제를 가지고 씨름할 경우 나는 더 많은 질문을 하게 된다. 너무 많은 질문을 하고 있다고 느낄 때도 있지만, 어쨌든 나는 그렇게 한다. 이 과정이 나의 내면에서 진행되는 경우도 있지만, 때로는 그 질문을 바깥으로 꺼내어 상대방과 직접 해결해가는 것이 유익하고 필수적이다. 이렇게 질문을 바깥으로 꺼내는 것이 아주 좋은 해결기제가 되기도 하는데, 이는 내가 그간 억눌러둔 모든 좌절감을 주도적으로 표현하게 됨으로써 결과적으로 관계가 손상되기보다는 상황이 정리될 확률이 높기 때문이다.

아래는 나의 옳음을 입증하기보다는 관계를 개선하는 데 관심을 두려 할 때 내게 도움을 준 질문들이다.

- 네가 왜 그렇게 느끼는지 내가 이해할 수 있도록 도와주겠니?
- 우리 둘 다 지나간 문제들을 끌어들이기보다는 지금 이 문제에만 집중하는 건 어떨까?
- 이 상황에서 가장 바람직한 결론이 뭘까?
- 어떻게 하면 우리가 이 문제에서 접점을 찾을 수 있을까?
- 이 문제에서 파생될 수 있는 좋은 점이 있다면 어떤 것이 있을까? 우리 관계를 개선시켜줄 좋은 점 말이야.

물론 우리는 이 질문들을 던질 때 상대방을 좀 더 잘 이해하고자 하는 솔직한 열망을 담아 부드러운 말투로 해야 한다. (고백하자면, 나는 상대방을 비난하는 태도로 질문해 오히려 관계의 진전을 막은 적이 있다!) 적합한 말투만 사용한다면 부드러운 질문을 던지는 것이 정죄하기 위한 쓰라린 돌을 던지는 것보다 훨씬 낫다.

우리 부부는 '싸움'이라 부르던 것에 새로운 이름, 즉 '성장의 기회'라는 이름을 붙이고 가끔씩 부부 사이에 있는 말싸움을 가리키는 단어로 사용하고 있다. 성장이야말로 모든 관계들이 꿈

꾸는 목표 아닌가? 건강한 전략을 갖고 움직이면 그만한 가치를 지닌 결과가 나올 것이다. 설령 불완전할지라도 진전은 좋은 일 아닌가. 그리고 결국 이 건강한 과정은 우리에게 유익을 줄 것이다. 관계가 개선되고, 긍정적인 인생관을 갖게 되며, 성경의 진리가 우리 생활 속에서 살아 움직이는 것을 봄으로써 하나님과의 관계가 좀 더 견고해질 것이다. 그리고 우리 안에 주의를 기울여 갈고 다듬어야 할 어떤 거친 습성이 있는지를 판별할 수 있게 될 것이다. 예를 들면 '비현실적인 기대' 같은 것 말이다.

비현실적인 기대 처리하기

생각해보면, 비현실적인 기대 때문에 감정을 심하게 억누르는 경우가 많다. 나는 나 자신의 기대를 매우 솔직하게 들여다보려고 노력한다. 그런데 내가 처한 현실이 이상에 미치지 못한다는 생각이 가끔 들면 왠지 모욕당한 기분에 휩싸인다. 여러분도 인간관계에서 이런 경험을 한 적이 있는가?

아내는 남편이 좀 더 로맨틱해져서 꽃 한 다발과 시 한 편을 들고 나타나 자신을 황홀하게 해주기를 기대한다. 또 부부가 단둘이 있는 날에는 남편이 전화기를 멀리했으면 하고 바란다. 퇴근하고 집에 돌아오면 남편이 아이들과 더 많은 시간을 보내고, 저녁 식사 후에는 부엌 정리까지 도와줬으면 좋겠다. 아니면, 그저 자신을 꼭 안아주기만 해도 괜찮을 것 같다.

엄마에 대해서는, 자녀들 일에 좀 더 적극적으로 개입하여 도움을 주는 친구 엄마와 비슷해졌으면 좋겠다고 생각한다. 그래서 엄마가 갑자기 슈퍼우먼이 되어 공작놀이 세트를 뚝딱 완성시켜내고, 열정적으로 자신을 도와주었으면 좋겠다는 기대를 키워간다. 아울러 엄마가 자기 삶에서 영적 지도자 이상의 역할을 해주었으면 하고 바란다. 그도 아니면, 자기 시간을 좀 덜 뺏고 자기 생활에 덜 관여해주기만 해도 괜찮을 것 같다.

친구에 대해서도, 그녀가 내게 더 많은 시간을 내주어 내가 전화할 때면 어김없이 받고 일주일에 한 번씩 꼬박꼬박 점심 식사를 함께 해주면 좋겠다고 생각한다. 내가 힘들어할 때면 격려자 이상의 역할을 해주면 좋겠다. 아니면, 서둘러 조언을 건네기보다는 내 이야기를 들어주기만 해도 괜찮을 것 같다.

우리가 이성을 잃고 상처받은 마음을 안으로 억누르는 것은, 인간관계에서의 이런 기대들 때문이기도 하다. 내 안의 보복용 돌들은 보통 충족되지 못한 기대들로 싸여 있다.

그렇다면 어떻게 해야 할까? 내 경우, 내게 모욕감을 안기는 관계들에서 내가 무엇을 기대하고 있는지를 목록으로 만들어본 것이 큰 도움이 되었다. 나는 목록을 만든 다음, 그 기대들이 현실적인지 비현실적인지를 기도하는 마음으로 분별해본다. 그것을 분별하기가 너무 어렵다면 하나님께, 상대방에게, 혹은 우리 두 사람을 모두 잘 알고 있는 지혜로운 사람에게 물어본다.

비현실적인 기대란, 상대방이 내게 해줄 수 없거나 해줄 용의가 없는 것들을 가리킨다. 우리는 이런 기대들을 버려야 한다. 하나님은 분명 내 욕망의 조정을 통해 상대방이나 나를 변화시키실 수 있다. 그런데 그 조정되지 않은 기대를 기준으로 상대방의 행동을 재단하거나, 내가 바라는 대로 그들이 응해주지 않는다고 해서 적대적인 태도를 보이는 것은 부당하다.

반면에 **현실적인 기대**란, 상대방이 내게 해줄 수 있는 합리적으로 기대할 만한 것들을 가리킨다. 이때 우리가 신경 써야 할 것은, 이 기대를 상대방에게 자연스럽게 전할 적절한 타이밍을 포착하는 것이다. 여기서는 타이밍이 중요하다.

우리 목사님의 아내인 홀리 퍼틱 사모님은, 자신이 기도를 통해 남편인 스티븐 퍼틱 목사님과 그 같은 대화를 할 수 있는 적절한 타이밍을 포착해낸다는 말씀을 최근에 내게 해주셨다. 집안일을 하고 저녁 식사를 차리며 패션 잡지를 뒤적이는 동안(그녀는 패션을 사랑하는 여자다!) 사모님은 좋은 타이밍을 분명하게 알려달라고 하나님께 기도하는데, 그러면 하나님께서 응답해주신다고 한다!

한번은 남편과 이야기하고 싶은, 마음에 걸리는 일이 있었지만, 공연히 일이 커질까 싶어 한동안 잠자코 있었다고 한다. 그러다가 그것이 사모님 입장에서는 현실적인 기대라고 판단하여 좋은 타이밍을 알려달라는 기도를 열심히 했다. 몇 주 후 목사님 부부가 여행을 하고 집으로 돌아오는 길에 목사님이 사모님께 종이 한 장을 들이밀면서 이렇게 말했다고 한다. "당신의 남편으로서 내가 더 잘했으면 좋겠다고 생각하는 것 세 가지를 적어보세요."

사모님은 미소를 지었다. 지금이 그간 기도해온 바로 그 타이밍이었다. 아니, 생각했던 것보다 훨씬 더 좋은 타이밍이었다.

남편이 먼저 건강한 대화를 위한 길을 터준 것이다.

당신도 당신의 기대와 필요를 갖고 하나님께 나아가 분별을 구하는 기도를 드리지 않겠는가? 하나님께 그 일에 개입해달라고 간구하자. 홀리 사모님의 예에서 영감을 받은 나는 감정을 억누르면서 보복을 위한 돌을 만들게 되는 상황을 피하기 위한 도구를 하나 더 갖게 되었다. 좋은 타이밍을 알려달라는 우리의 기도에 하나님께서 늘 곧바로 답을 주시지는 않지만, 사모님의 예가 어떤 결과로 끝났는지를 보면 큰 위로와 격려가 된다.

그렇다. 갈등과 대립, 그리고 적절한 타이밍에서의 대화를 통해 우리의 관계는 좀 더 나은 단계, 개선된 단계로 접어들 수 있다. 그 단계에서 우리는 감정을 억누른 채 뒤로 돌을 모으는 대신 감정을 제대로 처리하는 법을 배우게 된다. 물론 지금 말하고 있는 그 돌이 작고 예쁘고 반짝거리는 돌이 아닐 경우의 이야기다. 작고 예쁘고 반짝거리는 돌이라면, 그건 얼마든지 모아도 괜찮다. 이 말을 내 남편 아트에게 전해주시길. 바로 지금!

느낌이라는 지표

1970년대에 열광적인 인기를 누린 노래 〈느낌〉(Feelings)을 만든 모리스 알버트는 무언가를 알았던 것 같다. 이 노래에서 그는 이렇게 말한다. "느낌, 내게 있는 건 느낌뿐." 실연의 아픔을 노래한 이 발라드에서는 '느낌'이 다른 모든 것을 압도한다. 사실 거의 모든 소절에 이 단어가 한 번씩 들어가 있다. 그는 노래하고 또 노래한다. 정말로 내게 있는 건 느낌뿐이라고.

이 얼마나 우리 여자들의 세계와 비슷한지! 지금 우리가 다루고 있는 감정의 폭발이나 억누름은 모두 순간 우리가 느끼는 날것의 감정에서 시작된다. 그리고 그 감정은 상당히 거칠 수 있다. 하지만 나는 이 책이 전략적인 생각의 가능성을 알려줌으로써 앞으로 그 감정들을 폭발시키거나 억누르지 않도록 도와주기를 기도한다. 우리는 느낌이란 일개 지표일 뿐 지배자가 되어서는 안 된다는 사실을 늘 기억해야 한다. 앞에서도 언급했지만 우리는 이것을 듣고 또 들음으로써 완전히 체득해야 한다. 차로 아이들을 학교에 데려다주던 어느 날 아침, 하나님은 이 진리를 내 앞에 보여주셨다.

우리 집 아이 중에는 꼭두새벽부터 일어나 학교 갈 준비를 하는 것을 상당히 싫어하는 녀석이 한 명 있다. 그 녀석은 작년에 연극을 하듯 현관 앞에 가로누워, 자녀를 학교에 가게 만드는 것은 법적으로 학대 행위에 해당한다고 주장했던 아이가 아니다. 지금 말하려는 내용은 그 아이의 여동생 이야기다.

유쾌했던 어느 날 아침, 나와 딸아이는 학교 가는 길에 일종의 결속의 시간을 가지면서 왜 엄마가 너의 행동을 용인할 수 없는지, 그렇게 하면 어떤 결과가 있는지 설명해주었다. 나는 '결과'가 좋다, 결과가 나 대신 소리를 질러 내가 무언가를 하지 않아도 되는 것이 좋다는 둥. 아무튼 이렇게 정다운 결속의 시간을 보내고 있는데 아이가 항의했다. "왠지 모르게 아침부터 느낌이 안 좋은 날이 가끔 있단 말이에요. 느낌이 안 좋으면 행동도 착하게 못하겠어요."

느낌, 내게 있는 건 느낌뿐.

버튼 하나로 내 인생의 사운드트랙을 조종할 수 있으면 좋겠다. 그랬다면 중학교 앞에 차를 세우던 그 아침에, 이 노래를 크게 틀어 그 순간을 매우 드라마틱하게 장식할 수 있었을 텐데. 하지만 현실 속의 나는 딸의 얼굴을 바라보며 불쑥 지혜로운 이야기를 건넸다. 내가 생각해도 어찌나 훌륭한 이야기였던지, 이 행복한 소녀를 내려준 직후 내 친구 홀리에게 전화를 걸어 자랑할 정도였다.

"느낌은 지배자가 아니라 지표야. 느낌은 그 순간 네 마음이 어디에 있는지를 보여주는 지표이지만, 그렇다고 해서 그것이 네 행동을 독단적으로 결정하여 너를 좌지우지할 권한을 갖고 있는 건 아니야. 너는 네 감정을 모두 합친 것보다 더 큰 존재야. 게다가 넌 예수님이 주신 자제력이라는 선물을 마음껏 사용할 수도 있어!"

그 순간 딸의 얼굴에 나타난 말간 표정을 보고 길게 끌며 발음한 "음"이라는 말을 들었을 때, 나는 그날 아침 내가 전한 간단한 설교의 의미를 딸이 완전히 이해했다고 강하게 확신했다. 그게 사실이든 아니든, 적어도 나는 그 진리를 온전히 이해할 수 있었다. 성령님이 직접 주셨다고 강하게 확신할 수 있었던 이 진리는 내 딸만큼이나 나에게도 큰 의미가 있었다. 자녀를 교육시키고 있는데 하나님께서 "이거 좋구나. 너도 이 말을 들어 그 진리를 네 삶 속에 적용하면 좋겠어"라고 속삭이신다니,

정말 신 나는 일 아닌가?

감정의 지배를 받고 있을 때면 언제나 내가 예레미야 선지자가 다음 구절에서 묘사한 사람이 된 듯 느껴진다. "…무릇 사람을 믿으며 육신으로 그의 힘을 삼고 마음이 여호와에게서 떠난 그 사람은 저주를 받을 것이라 그는 사막의 떨기나무 같아서… 광야 간조한 곳…에 살리라"(렘 17:5-6). 그렇다. 감정에 온몸을 내맡기고 육신만을 믿은 채 어떤 상황에 대처할 때 나는 광야 간조한(Parched) 곳에 있는, 깡그리 불에 탄, 오래되고 딱딱한 떨기나무처럼 되고 만다.

• • • 하나님은 인생을 살아가는 데 사용해야 하는 것으로 마음(heart)만 주신 것이 아니다. 그분은 마음과 함께 동기(mind)도 주셨다.

오해는 하지 마시라. 느끼는 것은 좋은 일이다. 다만 느낌은 일개 지표로서, 지금 우리가 느끼고 있는 그것을 왜 느끼는지 솔직하게 평가하는 과정이 수반되어야 한다. 우리는 항상 마음에 측정기를 갖다대어 각자의 삶과 인간관계를 좀 더 깊이 있게 다루고 분명히 이해해야 한다. 그러나 하나님은 인생을 살아가는 데 사용해야 하는 것으로 마음(heart)만 주신 것이 아니다. 그분은 마음과 함께 동기(mind)도 주셨다. 동기는 진리를 최고의 자리에 올려 우리 마음을 억제시키는 역할을 한다. "그 무엇보다도 거짓되고 부패한 것은 사람의 마음이다. 누가 그런 마음을 알 수 있겠는가? 그러나 나 여호와는 마음을 살피고 그 깊은 동기를 조사해서"(렘 17:9-10, 현대인의성경).

우리는 우리가 가진 느낌의 총합 이상의 존재들이다. 우리는 감정을 폭발시키면서 스스로 수치심을 느끼거나 타인을 비난하고 끝낼 사람들이 아니다. 장벽을 쌓으면서 감정을 억누르거나 보복을 위한 돌을 모으고 끝낼 사람들도 아니다. 우리는 그 이상의 존재들이다. 고결한 영혼을 가지고 진리 안에 거하도록 창조된 하나님의 자녀들이다.

성경적
매뉴얼이 필요하다

●

내가 갑자기 가족들을 대청소에 투입하고 싶어 한다면 집에 손님을 초대했다는 의미다. 그리고 그 손님이 친정엄마라면? 음! 나는 신경이 약간 날카로워진다. 엄마가 오시기 때문이 아니다. 그건 신 나는 일이다. 다만 내가 살림을 잘 하고 있으며, 우리 가족이 돼지우리에서 살고 있지 않다는 것을 엄마에게 보여주고 싶다는 게 문제다. 엄마는 청소년 시절의 내 방을 볼 때마다 '돼지우리'라고 했다.

그러니까 친정엄마가 오신다고 하면 나는 다음 두 가지를 반드시 해놓아야 한다.

1. 눈썹 정리.
2. 타깃 매장에 가서 엄마가 사용할 새 수건 몇 장 사기. 우리 집에는 아이 다섯 명과 개 세 마리가 함께 살고 있다. (1장에서 말한 수건 사건을 떠올려보라. 자세한 설명이 더 필요할까?)

그날 나는 엄마에게 보여드려도 부끄럽지 않은 집을 만들기 위해 정말 열심히 노력했다. 갓 수확한 신선한 과일로 냉장고를 채워두고, 엄마가 쓸 침대 시트에 개털이 묻어 있지는 않은지 확인했다. 이만하면 장하지 않은가?

모든 일이 무난하게 진행되었다. 엄마는 우리 집 아래층이 아주 멋지고 깨끗하다는 말씀까지 해주었다. 더할 나위 없이 행복했다. 그러고 나서 엄마는 위층으로 올라가 자신이 머물 방에 짐을 풀었다. 그때였다. 당분간 잊지 못할 한 가지 질문이 갑자기 계단을 타고 내려와 내 귀에 울렸다. "리사, 아이들 욕실에 변기 시트가 없네?"

이게 무슨 말인가?

"엄마, 그게 무슨 말이에요?" 심장이 쿵쾅대고 얼굴은 붉어졌다. 완전히 혼란에 빠져 나는 위층으로 뛰어 올라갔다.

욕실 변기에는 자기로 된 아랫부분밖에 없었다. 위층 욕실은 딸들이 책임지고 관리하고 있었으니, 나로서는 이 상황을 알 도리가 없었다. 이에 대해 아이들에게 묻자, 아이들은 무심한 표정으로 말했다. "아, 네. 한 달쯤 전부터 그랬어요."

한 달이나? 오 하나님. 저 좀 도와주세요!

그 순간, 내 안의 어떤 모드가 전환되는 것이 느껴졌다. 내가 모든 일을 깔끔하게 처리하고 있음을 엄마에게 증명하는 것이 갑자기 내게 가장 중요한 동기가 되어버렸다. 실제로는 전혀 그렇게 못하고 있으면서 말이다!

그 이후 엄마가 우리 집에 머무는 동안 나는 아이들에게 필요 이상으로 고압적이고 치사한 모습을 보였다. 친정엄마가 있는 자리에서 아이들이 "…해주세요"라든가 "고맙습니다"라는 말을 빼먹을 경우, 실제 저지른 잘못에 해당하는 것보다 훨씬 더 큰

벌을 주었다. 엄마와 함께 지낸 그 이틀 동안 나는 아이들의 일거수일투족을 심하게 비판하면서 시간엄수를 비롯해 모든 사소한 것들의 정리에 대해 신경질적인 반응을 보였다. 결국에는 엄마를 향해서도 성마른 모습을 보이고 말았다.

이런, 오염된 동기가 얼마나 심하게 이성을 잃게 만드는지! 여기서 말한 동기란 욕망, 즉 나로 하여금 방금 말한 것처럼 행동하고 반응하며 살게 만든 '느낌'을 가리킨다. 대부분의 경우에는 나도 좋은 동기를 가진 좋은 사람이지만, 늘 그런 사람은 되지 못한다. 삶이 조금 더 내 위주로 굴러가기를 바라거나 스스로 좋은 사람처럼 보이고 싶을 때 주로 그렇다. 그럴 때 나의 동기는 오염된다.

성경은 상당히 단호한 태도로 여기서 중요한 문제가 되고 있는 이것을 "악한 정욕"(evil desire)이라 칭한다.

나는 이 표현이 마음에 안 든다. 내가 지금 다루고 있는 것을 이렇게까지 표현하는 건 좀 가혹한 처사 아닐까? 하지만 내 마음을 깊숙이 들여다보면 진리가 보인다. 현실을 회피하면 결코 그 현실을 변화시킬 수 없다. 후유, 아무래도 이 문장을 한 번 더 읊어야 할 것 같다. 현실을 회피하면 결코 그 현실을 변화시킬 수 없다. 변화야말로 내가 정말로 원하는 것이다.

··· 현실을 회피하면 결코 그 현실을 변화시킬 수 없다. 변화야말로 내가 정말로 원하는 것이다.

그러니 심판대 위에 솔직한 내 마음을 올려놓겠다.

"나는 악한 정욕을 갖고 있다."

사실이다.

드라마 〈48시간〉의 에피소드가 될 만큼 악한 정욕은 아닐지 몰라도, 적어도 그것이 내가 소망하는 여성이 되지 못하게 길을 막고 있음은 틀림없다. 나는 침착한 영혼과 신성한 성품을 지닌 여성이 되고 싶다. 내가 예수님을 알고 사랑하며 그분과 날마다 시간을 함께 보내고 있음을 증명하는 증거로 그 같은 품성을 제시하고 싶다. 그런데 생활에 스트레스가 쌓이고 인간관계가 껄끄러워질 때면, 왜 그와는 전혀 다른 요소들이 표면 위로 떠오르는 것일까? 예를 들면 이런 것들 말이다.

이기심: 모든 것을 내 식대로 하고 싶다.

교만: 내게 유리한 대로만 상황을 본다.

조급함: 충분한 고려 없이 그냥 일을 밀고 나간다.

분노: 부글거리는 불만을 그대로 분출시킨다.

비통함: 폭발하려는 감정을 안으로 집어삼켜 그 안에서 곪아 터지게 한다.

이상의 현실은 직접 맞서서 다루기보다 회피하는 것이 더 쉽다. 내 마음속 잡동사니들을 치우느니 차라리 우리 집 잡동사니 서랍을 정리하겠다. 하나님께 달려가 새로운 태도를 입게 해달라고 간구하느니 차라리 쇼핑몰로 달려가 새 티셔츠를 사 입겠다. 내 마음속 상태를 파헤치느니 브라우니를 먹어치우겠다. 내 마음속을 들여다보느니 다른 사람들의 문제를 지적하고 나서겠다. 잡동사니 서랍을 정리하고 쇼핑몰에 달려가고 브라우니를 먹어치우고 다른 사람들의 문제에 간섭하는 것이 훨씬 더 쉬운 일이다. 백만 배 더 쉽다.

이럴 때 나는 심리학적으로 접근해 내가 가진 이기심이나 교만, 조급함, 분노, 쓰라림을 살펴볼 시간이 없다며 스스로 합리화한다. 그리고 솔직히 말해, 내게 문제가 있다는 것을 알면서도 정작 그 문제가 불거지는 날엔 그것을 통제하는 방법을 몰라 갈팡질팡하는 일이 반복되면서 지친 측면도 있다. 내게는 좀 더 단순한 지침이 필요하다. 매일의 어수선한 일상 한가운데서 쉽사리 기억해낼 수 있는 현실 점검법이 필요하다.

그런데 이제 내가 그 방법을 발견한 것 같다.

하나님의 능력의 흐름에 몸을 맡기라

베드로에 대해 이야기했던 이 책 3장의 내용을 기억하는가? 교활한 사람에서 견고한 바위로 변화한 그 사도 말이다. 나는 이 남자에게서 크나큰 동질감을 느낀다! 나는 그의 이름이 들어간 신약성경의 편지 두 편을 자주 읽는다. 베드로후서를 실제로 베드로가 썼는지에 대해서는 학문적인 논란이 있지만, 그걸 누가 썼든 간에 그 저자가 어떤 특정한 종류의 사람이 되고 싶으나 그와는 전혀 다른 행동을 하는 사람의 고뇌를 잘 이해하는 것만은 분명하다. 거룩한 능력을 갖고 있으면서도 악한 정욕의 먹잇감이 되어버리는 사람, 예수님

··· 매일의 어수선한 일상 한가운데서 쉽사리 기억해낼 수 있는 현실 점검법이 필요하다.

을 알고 사랑하나 현실을 살아낼 때는 간혹 스스로 게으르고 열매 없는 자라고 느끼는 사람의 마음을 그는 이해하고 있다. (한 독자분이 동의하는 의미로 한숨을 내쉰 것 같은데, 내가 제대로 들은 것 맞지요? 누군가 "저도 그래요"라고 작게 속삭이신 것도 같은데, 어떤가요?)

맙소사, 이렇게 솔직한 마음을 심판대 위에 올려놓는 것만도 보통 힘든 일이 아니다. 하지만 다행히 내 문제를 아주 명확하게 거론한 구절이 베드로후서에 들어 있었다.

> 그의 신기한 능력으로 생명과 경건에 속한 모든 것을 우리에게 주셨으니 이는 자기의 영광과 덕으로써 우리를 부르신 이를 앎으로 말미암음이라 이로써 그 보배롭고 지극히 큰 약속을 우리에게 주사 이 약속으로 말미암아 너희가 정욕 때문에 세상에서 썩어질 것을 피하여 신성한 성품에 참여하는 자가 되게 하려 하셨느니라 그러므로 너희가 더욱 힘써 너희 믿음에 덕을, 덕에 지식을, 지식에 절제를, 절제에 인내를, 인내에 경건을, 경건에 형제 우애를, 형제 우애에 사랑을 더하라 이런 것이 너희에게 있어 흡족한즉 너희로 우리 주 예수 그리스도를 알기에 게으르지 않고 열매 없는 자가 되지 않게 하려니와(벧후 1:3-8).

와우, 하나님의 신기한 능력으로 생명과 경건에 속한 모든 것을 우리에게 주신다고 한다. 모든 것을? 정말 그렇다면, 우리가 계속 이성을 잃은 채 행동할 이유가 어디 있겠는가?

그렇다. 하나님은 우리에게 모든 것을 다 주셨다. 하지만 이 약속에는 한 가지 조건이 붙어 있다. 내 믿음에 무언가를 더하기 위해서는 "더욱 힘써야" 한다는 것이다. 우리는 반드시 믿음에 덕과 지식, 절제와 같은 덕목들을 더해야 한다. 이것들을 선택해야 한다. 그래야 내 마음을 하나님의 능력의 흐름 위에 둠으로써, 그것에 역행하지 않고 그 흐름에 따라 움직일 수 있다.

우리가 하나님의 신성한 성품에 참여하는 유일한 길은 그분의 "그 보배롭고 지극히 큰 약속"을 통하는 길밖에 없다. 그분의 성품과 나의 성품 사이에는 상당한 차이가 있다. 그러나 우리가 온화한 성품을 타고나지 못했다 할지라도, 순종을 통해 온화해질 수 있다. 이것은 오직, 그야말로 오직, 미리 정해진 성경적 절차를 내재화함으로써 우리가 크게 이성을 잃을 듯한 상황에서 그것을 의지할 때만 가능하다.

최근에 나는 미리 정해진 절차를 인지해두는 것이 얼마나 중요한지를 경험했다. 강연회 일정이 있어 비행기를 탔는데, 처음에는 모든 탑승 과정이 별 탈 없이 진행되었다. 그런데 비행기가 이륙하려는 순간부터 상황이 비정상적으로 흘렀다. 내 자리에서 몇 줄 뒤에 앉아 있던 한 여자가 욕설을 퍼부으며 괴성을 질렀다. 그녀는 크게 소리를 지른 정도가 아니라 젖 먹던 힘을 다 짜내어 할 수 있는 한 최대의 소리를 냈다.

그녀가 완전히 공황상태에 빠진 이유는 누군가가 씹던 껌이 그녀의 감자칩 봉지에 붙어 있었기 때문이다. 그 껌이 어디서 왔는지는 알 수 없었지만, 껌을 보고 그녀가 느꼈을 감정은 분명

• • • 그분의 성품과 나의 성품 사이에는 상당한 차이가 있다.

히 알 수 있었다. 그녀의 입에서 미성년자가 들으면 안 되는 표현들이 쏟아지면서 안 그래도 커진 내 두 눈은 스테로이드를 맞은 벌레처럼 튀어나올 듯 커졌다.

그 여자가 지나치게 큰 소리를 내면서 통제불능의 행동을 하자, 승무원들은 급히 기장에게 비행 중지를 요청했다. 승무원들도 이 상황을 진정시키기 힘들겠다는 것이 자명해지는 순간, 평범한 차림의 남자 두 명이 일어나 연방경찰관 배지를 내보이며 나섰다.

논지에서 살짝 벗어난 말이지만, 이런 배지를 보면 여러분은 어떤 느낌이 드는가? 나는 완전 정신을 못 차린다. 그 순간 나는 미녀삼총사 중 한 명이 되어 배지를 들이밀며 높게 발차기를 하고, 악한들을 제압하는 상상 속에 빠져든다. 지금 같은 경우라면 괴성을 지르고 있는 저 여자가 악한이 되겠다. 정말이지 강연회를 가고 글을 쓰는 일이 잘 안 풀린다면, 나는 어떤 종류든 배지를 구하러 다닐 생각이다.

아무튼 그중 한 경찰은 승무원들을 한데 모으고, 다른 경찰은 그 승객과 대화를 시도했다. 기내의 모든 비행 전문가들이 '절차대로' 모드에 들어갔다. 그들은 분명 이렇게 곤란한 상황에 대처하는 훈련을 제대로 받은 사람들이었다. 그들은 감정에 휘둘리지 않았다. 그들은 절차를 따랐다. 나는 마냥 놀라 점점 더 거친 행동을 하는 그 여자를 지켜만 보았지만, 그런 사람을 대하는 훈련을 마친 그들은 전혀 동요하지 않았다.

그 여자는 괴성을 질렀다.

그들은 고요하게 속삭이는 말투로 이야기했다.

그 여자는 위협했다.

그들은 온화한 경고로 그녀의 위협에 맞섰다.

그런데 갑자기 이 여자가 상황을 완전히 새로운 국면으로 몰아넣었다. "내게 폭탄이 있어! 폭탄이 있다고! 폭탄!"

농담이 아니다.

당신은 내가 지금 농담을 한다고 생각하겠지만, 아니다. 이건 실제 상황이다.

그 순간 나는 전날 우리 담임목사님이 내게 주신 성유(聖油)를 꺼냈다. 내 자리는 기름져지고 거룩해졌다. 그리고 아트와 친구 에이미에게 전화를 걸어 기도해달라고 부탁했다. 트위터에도 글을 써 온라인 친구들에게 기도를 부탁했다.

결국에는 그 연방경찰관들이 함께 타고 있던 다른 경찰관 두 명과 국토안보부 직원 몇 명과 힘을 합쳐 그 여자에게 수갑을 채워 비행기 밖으로 데리고 나갔다.

솔직하게 말하겠다. 이 여자는 내가 결코 잊을 수 없을 정도, 또다시 경험하고 싶지 않은 수준의 이성 잃은 행동을 보여주었다. 그러나 동시에 나는 그 승무원들과 공무원들이 감정이 폭발한 상황에 대처하면서 보여준 그 놀라운 반응 방식도 잊고 싶지 않다. 그들은 철두철미한 훈련으로 몸에 밴 절차에 따라 그들 자신만 침착하게 행동했을 뿐 아니라 비행기에 타고 있던 모든 승객까지 시종일관 침착함을 유지하게 했다. 그것은 매우 놀라운 광경이었다.

이 경험 이후 나는 이기심과 교만, 조급함, 분노, 쓰라림 같은 감정이 그 못난 얼굴을 쳐들 때를 대비한 나만의 기본 절차를 만들어둬야겠다는 생각을 했다. 막상 그 같은 감정에 빠져들고 나면, 그런 느낌을 갖는 것이 정당하게 생각되면서 맞서 싸우기가 힘들어지기 때문이다. 그러나 하나님의 약속, 곧 성경 속 그분의 진리와 실례에는 나의 길을 재조정하여 내가 마땅히 가져야 할 신성한 성품을 갖게 하기에 충분한 능력이 들어 있다. 하나님이 정하신 계획을 미리 품고 있으면, 이성을 잃고 행동하게 될 것 같은 느낌이 들 때 좀 더 침착할 수 있다. 즉, 조금 더 거룩하고, 조금 더 성경 말씀과 긴밀히 연결된 상태를 유지할 수 있다.

• • • 이기심과 교만, 조급함, 분노, 쓰라림 같은 감정이 그 못난 얼굴을 쳐들 때를 대비한 나만의 기본 절차를 만들어두라.

물론 그럴지라도 나는 여전히 이성을 잃는 상황에 취약한 사람이다. 이 책을 다 읽고 난 뒤의 당신 역시 그럴 것이다. 우리 모두는 예상치 못한 감정과 호르몬의 영향을 받는 감정에 취약하다. 그럼에도 불구하고 나는 여전히 감정적 난투극을 멀리할 수 있다면 모든 가능한 방법을 강구해 스스로 무장해놓고 싶다. 하나님의 능력의 흐름 안에 머물며 그분의 신성한 성품에 참여하고 싶다.

나의 성경적 절차 매뉴얼

구약성경에 나온, 날것의 감정을 다루는 방법 가운데

내가 가장 좋아하는 방식은 역대하 20장이 묘사하는 여호사밧 왕의 방식이다. 어느 날 여호사밧은 아주 나쁜 소식을 듣는다. 세 나라가 연합해 엄청난 병력의 군대를 조직해 자기네 나라보다 훨씬 작은 유다 왕국을 공격하려 한다는 소식이었다. 매우 위험한 상황이었다. 패배가 자명했다. 대규모의 인명 피해가 곧 현실이 될 상황이었다.

내가 이런 상황에 처했다면 아무리 노력해도 아주 조금은 이성을 잃었을 것 같다. 당신은 어떤가? 그런데 이렇게 두려운 상황을 앞에 두고도 여호사밧은 질겁하거나 격한 감정을 표현하지 않았다. 그 대신 다섯 가지 행동을 했다. 이 다섯 가지 구체적인 행동은 나를 위협하여 생활을 강타하는 사건이 일어날 때 어떻게 하면 굳건하게 붙잡을 수 있는지에 대해 완전히 새로운 관점을 알려주었다. 여호사밧 이야기에 나온 이 진리들에 기초해 자신의 마음과 동기를 위한 훈련 계획을 개관하고, 추후 이성을 잃게 될 상황에서 거룩한 침착함을 유지할 수 있도록 도와줄 성경적 절차 매뉴얼을 미리 설정해보자.

1단계: 자신이 누구인지를 기억하라

> 여호사밧이 두려워하여 여호와께로 낯을 향하여 간구하고 온 유다 백성에게 금식하라 공포하매 유다 사람이 여호와께 도우심을 구하려 하여 유다 모든 성읍에서 모여와서 여호와께 간구하더라 (대하 20:3-4).

여호사밧이 두려움을 느끼는 것으로 이 이야기가 시작된다는 점이 나는 마음에 든다. 그 같은 상황에 부닥칠 때 두려움을 느끼는 것은 당연하다. 그러나 이런 감정을 느끼는 것이 타당하며, 그것이 그가 마주한 상황에 대한 합리적인 지표라고 해서 꼭 이성을 잃고 행동해야 하는 것은 아니다. 왜 그런 줄 아는가? 여호사밧은 자신이 어떻게 반응할지를 미리 정해두었음을 성경이 분명히 밝히고 있기 때문이다. 여호사밧의 이름 바로 뒤에 나오는 '두려워하다'와 '결심하다'라는 두 개의 동사는(현대인의 성경은 3절 초반부를 "여호사밧은 이 보고를 받고 두려워서 여호와께 물어보기로 결심하고"라고 번역했다—옮긴이), 내가 날것의 감정에 대해 경험하는 어려움에 대해 특히 중요하게 생각하는 두 가지 현실을 대표하고 있다.

여호사밧은 **두려워서 결심했다.** 이 왕은 하나님께 물어보기로 **결심**했다. 내가 하고 싶은 것이 바로 이것이다. 두려움이 느껴질 때 나도 즉각적으로 결심하고 싶다. 리사는 **두려워서 결심했다.** 구체적으로 내가 하고 싶은 결심은 '내가 누구인지를 기억하는 것'이다.

아이들이 현관문을 나설 때마다 우리가 말해주는 세 어절짜리 가훈이 있다. 우리가 아이들에게 가르치는 모든 도덕적·성경적·일상적 가르침이 이 말에 집약되어 있다. 우리는 "친절하고 매너 있게 행동하고, 말조심하고, 술 먹지 말고, 담배 피우지 말고, 과속하지 말라"라는 식의 설교를 늘어놓는 대신, 이 문구만 반복해서 말한다. 우리 아이들에게 필요한 모든 것이 다음 문장에 다 들어 있다.

"네가 누구인지를 기억해."

이 말의 구체적인 의미는 다음과 같다. "기억해, 넌 터커스트 집안 사람이야. 좋은 이름은 세상의 모든 부귀보다 더 좋은 것이란다. 그리고 그보다 더 중요한 것은 네가 하나님의 자녀, 곧 거룩하고 큰 사랑을 받는 자임을 기억하는 거야. 그 하나님은 너를 위해 따로 위대한 계획을 마련해두고 계시단다. 이 세상에서 그것과 바꿀 만큼 소중한 건 없어. 네가 누구인지를 기억해, 반드시."

여호사밧은 결심했다. 그는 자신이 누구인지를 기억하리라고 미리 정해두었다. 그로 인해 그는 이성을 잃지 않고 행동할 수 있었다. 나도 그와 똑같이 행해야 한다. 나는 상황과 호르몬 혹은 다른 사람들의 태도의 노예로 사는, 이성 잃은 여자가 아니다. 이런 것들이 내게 영향을 끼칠 수는 있겠지만, 적어도 나는 그것들의 지배를 받지는 않는다. 나는 하나님의 자녀, 곧 거룩하고 큰 사랑을 받는 자이다. 하나님은 나를 위해 따로 위대한 계획을 마련해두고 계신다. 이 세상에서 그것과 바꿀 만큼 소중한 건 없다. 나는 내가 누구인지를 기억해야만 한다, 반드시.

2단계: 다시금 예수님께 관심을 돌리라

우리 하나님이여 그들을 징벌하지 아니하시나이까 우리를 치러 오는 이 큰 무리를 우리가 대적할 능력이 없고 어떻게 할 줄도 알지 못하옵고 오직 주만 바라보나이다(대하 20:12).

어쩔 수 없는 상황이나 갈등 혹은 진퇴양난에 처했는데 대처 방안이 전혀 생각나지 않을 때 크게 당황하지 않는가? 쉬운 해법이나 확실한 답이 없다는 느낌이 들 때 우리는 마음이 힘들어진다. 하지만 여호사밧 왕과 그 백성들은 당면한 상황을 솔직하게 인정한다. 나는 그 점이 좋다. 그들은 무엇을 해야 할지는 몰랐지만, **누구**에게 의지해야 하는지는 알았다. 그래서 하나님께 시선을 고정했다. 나 역시 어찌해야 할지 도무지 모르겠을 때 여러 차례 이 말씀의 진리에 매달렸다.

몇 년 전, 내가 강연을 맡은 콘퍼런스가 막바지에 접어든 어느 날이었다. 그때 나는 우리 팀 사람들과 함께 느긋한 저녁 식사를 즐기려는 꿈에 부풀어 있었다. 그렇게 친구 베스와 어느 식당에 갈지를 두고 이야기하고 있는데, 콘퍼런스 스태프 한 명이 무척 흥분한 채 우리에게 다가와 응급 사태가 발생했으니 지금 곧 움직여야 할 것 같다고 했다. 콘퍼런스에 참석한 어느 여성이 그날 화재로 두 손자를 잃었다는 소식을 들었다는 것이다. 몇 분 후 그곳에 도착해보니 그 여성은 바닥에 누워 있고, 주변에는 그의 친구들이 모여 숨을 잘 못 쉬고 있는 그녀를 보며 흐느끼고 있었다.

각각 여덟 살과 네 살이던 이 여성의 손자들은 최근 할머니와 여름방학을 보냈다고 했다. 며칠 전만 해도 보듬고 어르고 머리를 빗기고 얼굴 여기저기에 뽀뽀를 해주던 아이들을 잃은 것이다. 아이들이 이렇게 갑자기 사라지다니! 받아들이기 힘든 비보를 듣고 쓰러진 것이다.

그녀가 숨을 쉴 수 있도록 도와주던 응급의료팀이 자리를 비켜준 덕분에 우리는 그녀의 손을 붙잡고 기도할 수 있었다. 나는 주님께 최고로 친절한 자비를 이 상황 위에 내려달라고 더듬거리며 간구했다. 아울러 위로와 함께 그 소중한 아이들이 지금 이 순간 예수님의 손에 안겨 있음을 우리가 확신할 수 있게 해 달라고 기도했다. 힘든 일이었다. 나 역시 한 사람의 엄마로서 그 여인의 아픔이 공감되면서 마음이 아려왔다. 눈물을 참을 수 없었다.

그런데 내 친구 베스가 기도하기 시작하자 한 가지 기적이 내 눈에 보였다. 베스가 "예수님"이라고 말할 때마다 이 여성의 몸이 진정되면서 울음소리가 느려지고 호흡이 조금씩 안정을 되찾았다. 그래서 내 기도 차례가 다시 왔을 때는 예수님 이름만 반복해서 불렀다. 그러자 이 다정한 할머니도 나와 함께 말하기 시작했다. "예수님, 예수님, 예수님."

예수님의 이름을 반복해서 말하자 우리 힘으로는 결코 만들어낼 수 없는 능력이 생겨났다. 성경은 주님의 이름에 능력과 보전함이 있다고 가르친다(요 17:11). 그 능력을 나는 보고 또 경험했다. 나는 한동안 그 사건을 잊지 못할 것이다.

인간의 영혼은 예수님의 잔잔한 확신을 인지하고 그에 반응하도록 만들어졌다. 이성을 잃을 듯할 때, 우리는 그분의 이름을 부르는 것만으로도 내 것이 아닌 그분의 능력을 덧입을 수 있다. 무엇을 해야 할지 몰라도 된다. 모든 답을 갖고 있을 필요도 없다. 지난주 성경 공부 시간에 배운 것들을 다 기억하지 못해도 좋다. 그저 한 가지만, 이름 하나만 기억하면 된다. 예수님이라는 이름 말이다.

• • • 이성을 잃을 듯할 때, 우리는 그분의 이름을 부르는 것만으로도 내 것이 아닌 그분의 능력을 덧입을 수 있다.

이것은 비단 인생의 비극적인 사건에만 적용되는 이야기가 아니다. 이것은 모든 일상생활에도 적용된다. 나는 우리 모두가 언젠가 좋은 사람들이 되고 거룩한 행동을 하게 되리라고 확신하면서 아침에 아이들을 학교에 데려다줄 것이다. 머리는 산발이 되어 있을지 몰라도 마음만은 헌신하는 자세로 아이들을 통학시킨다. 하지만 그 순간 모든 사람이 한꺼번에 달려와 쾅 하면서 내 행복을 깨뜨릴 것이다. 그러면 나는 헌신은커녕 고함을 지르고 싶은 기분에 빠져들 것이다.

이제 나는 그런 순간이 다가오면 운전대를 꼭 붙잡고 큰 소리로 "예수님, 예수님… "이라고 외쳐야 한다는 것을 안다. 등교를 돕는 내 작은 차 안으로 그분의 능력을 초청하는 것이다! 그러면 우리 아이들은 흥분해서 길길이 날뛰겠지. 아이들은 "엄마, 학교 앞에 차 세울 때는 제발 창문 열지 마세요, 네?" 같은 말밖에 안 할 테고.

그렇다. 내 눈과 입을 예수님께 집중시키는 것이 이성을 잃을 위기에 처했을 때 우리가 취해야 할 절차 매뉴얼 가운데 가장 중요한 부분이다.

3단계: 나의 일이 아니라 하나님의 일임을 기억하라

> …온 유다와 예루살렘 주민과 여호사밧 왕이여 들을지어다 여호와께서 이같이 너희에게 말씀하시기를 너희는 이 큰 무리로 말미암아 두려워하거나 놀라지 말라 이 전쟁은 너희에게 속한 것이 아니요 하나님께 속한 것이니라(대하 20:15).

어떻게 해야 할지를 알아내려 애쓰다가 완전히 지치는 때가 있다. 선택지들을 생각하면 할수록 더 이성을 잃을 것만 같다. 좌절감을 안기는 자리에 있어본 적이 있는가? 어쩌면 지금 이 순간 그 자리에 있는지도 모르겠다. 그렇기 때문에 이 말씀이 우리에게 그토록 큰 힘이 되는 것이다. 이 말씀은 지금 우리 앞에 놓인 싸움에서의 승리가 궁극적으로 우리의 책임이 아니라고 말하고 있다. 그 모든 것을 알아내는 것은 우리의 책임이 아니다. **우리가 할 일**은 그저 당면한 상황 속에서 하나님께 순종하는 것이다. 결과가 어떻게 나오는지는 **하나님께서 하실 일**이다. 순종을 통해 우리는 하나님의 능력의 흐름 위에 서서, 하나님의 방법을 거스르지 않고 그것과 발맞추어 일하게 된다.

돈 문제 때문에 사면초가의 어려움에 빠졌는가? 돈에 대한 성경 말씀을 찾아보고 그 말씀들을 당신의 은행계좌와 청구서에 적용시켜보라. 문제들이 단번에 변하지는 않을지 몰라도, 시간이 지남에 따라 당신의 마음이 변화할 것이다. 하나님은 하나님을 존중하는 마음을 존중하신다.

결혼 생활에 문제가 있는가? 남편과 아내에 대해 이야기하고 있는 성경적 진리를 찾아보고 적용하라. 하나님께서 부르신 모습 그대로의 배우자가 되기로 결심하라. 어려운 일이라는 걸 안다. 그러나 내가 아는 또 하나의 사실은, 그 같은 노력이 기적을 낳아 우리를 하나님의 능력의 흐름에 몸을 맡기도록 도와준다는 것이다.

친구 관계에서 어려움을 겪고 있는가? 마찬가지다. 성경에서 관련 구절을 찾아보면서 '말'에 대한 가르침, 그 '말'을 다른 사람들과의 관계에서 어떻게 사용해야 하는지에 대한 가르침을 자신에게 적용시켜보라. 언제나 하나님의 진리에 따라 말함으로써 하나님의 능력의 흐름에 몸을 맡기는 연습을 하라. 다시 말한다. 결코 쉬운 일은 아니나, 실제로 이를 행한다면 확실한 변화가 생길 것이다.

지난여름, 나는 어느 가족 수양회에 갔다가 흐름에 몸을 맡기는 것과 관련해 한 가지 엄청난 교훈을 얻었다. 뉴욕의 애디론댁 산맥의 어느 외진 곳에 자리한 우즈 수양관은 멋진 휴가지였다. 텔레비전은 없었고, 매일 아침마다 은혜로운 예배와 설교가 있었다. 수정같이 맑은 호수와 캠프파이어 시설, 낚시터, 미니 골프장, 상상을 초월할 정도로 다양한 게임 시설이 구비되어 있었다. 또한 이곳은 아주 아름다운 지역에 위치해 전망이 뛰어나고, 걷기 좋은 길도 여러 개 있었다. 운동을 좋아하는 친구 몇 명이 가족 단위로 가볍게 등산을 다녀오자고 제안했을 때, 우리는 정말 좋은 생각이라며 승낙했다.

그런데 정작 출발하고 보니, '가볍게'라는 말을 정의하기 위한 그들의 사전과 내 사전이 완전히 달랐다. 실제로 그것은, 정말이지 솔직하게 말해, 전혀 다른 행성의 것이었다. 진심으로, 그건 절대 '가벼운' 등산이 아니었다!

나는 산들바람이 부는 살짝 경사진 길을 상상했다. 하지만 그날 우리가 경험한 것은 암석과 식물 뿌리로만 덮인 절벽을 기어오르는 것에 가까웠다. 농담이 아니다.

상당히 높은 고도에 다다르자 허파 두 개가 서로 딱 달라붙는 듯한 느낌이 들면서 극소량의 공기밖에 마실 수 없었다. 어찌나 힘이 들던지 나는 어떤 대화도 할 수 없었다. 거칠게 숨을 쉬면서 그 사이사이에 몇 마디 신음 소리를 내는 것이 내가 할 수 있는 전부였다.

우리는 위로, 더 위로 올라갔다. 그때 위에서 내려오던 무리가 우리 곁을 지나면서 활기차게 말했다. "절반은 오셨어요!" 나는 그만두고 싶어졌다. **절반이라고**? 이제 고작 절반밖에 못 왔다고? 말도 안 돼!

나는 밀리고, 끌리고, 이를 악물고, 헉헉거렸다. 어쩌면 몇 분간은 뿌루퉁한 채 있었는지도 모른다. 하지만 결국 정상에 도달했다. 나는 옆구리를 잡으며 허리를 구부렸다. 일평생을 날마다 6.5킬로미터씩 뛰어온 내가 이렇게 비실거릴 수 있는지 의아했다.

중력을 거스르며 산을 오르는 것은 힘든 일이었다. 엄청, 엄청 힘든 일이었다. 그런데 정상에서 아래로 내려오는 것은 올라가는 것과 전혀 다른 경험이었다. 이번에는 거의 아무런 스트레스도 받지 않으면서 아까 보았던 암석들과 식물 뿌리들을 살펴볼 수 있었다. 그 여정이 즐겁게 느껴졌다. 아름다운 주변 환경을 아까보다 훨씬 더 많이 볼 수 있었고, 내려오는 내내 말을 할 정도로 호흡도 충분했다.

••• 하나님의 능력의 흐름 안에서 움직이는 것이, 그 흐름을 역행해 움직이는 것보다 훨씬 낫다.

그 길을 절반쯤 내려왔을 때, 이 등산의 경험과 그리스도인의 여정이 매우 유사하다는 생각이 들었다. 산 정상에서 시작해 중력과 **함께** 움직이는 것은, 산 아래에서 시작해 중력을 **역행**해 움직이는 것보다 훨씬 더 쉬웠다. 똑같은 길을 지나는 것임에도 중력의 흐름 안에서 움직이는 것이 훨씬 나았던 것이다.

인생에서 어려운 문제를 만날 때도 이와 같다. 하나님의 능력의 **흐름 안에서** 움직이는 것이, 그 **흐름을 역행해** 움직이는 것보다 훨씬 낫다. 현재 어떤 상황을 만났든 간에 하나님께 순종하려 애쓴다면, 우리가 하나님의 능력의 흐름 안에서 움직이기 시작했다는 뜻이다. 앞으로 나는 계속해서 내가 처한 상황의 현실을 향해해가겠지만, 나는 그 일을 내 힘으로 하지 않을 것이다. 내가 할 일은 그저 하나님께 순종하고, 그분의 말씀을 적용하고, 세상의 제안이 아닌 그분의 길을 따라 걷는 것이다. 나는 나 자신의 반항적인 태도와 불안함 속에서 뒹굴기보다는 하나님의 신성한 성품에 참여하고 싶다. 그렇게 하면 내 힘으로 모든 것을 알아내려고 애쓰느라 헉헉거리고 뿌루퉁해져 있을 필요가 없다. 나는 그 흐름 안에 머물고, 하나님은 그분의 시간에 그분의 방법대로 그 모든 일을 해결하실 것이다.

이것이 바로 여호사밧 왕에게 일어난 일이었다. 만약 자신의 제한적인 힘과 사람 수만으로 그 전쟁에서 승리하는 방법을 알아내려 했다면 그는 분명 패했을 것이다. 유다 왕국은 수적으로 열세였다. 의심의 여지가 없었다. 그러나 그 왕과 군대는 자신들의 머릿수를 세는 대신, 하나님을 그 셈에 넣어 그분이 명하시는 그대로 행하기로 결정했다. 그 명령이 아무리 터무니없게 들릴지라도 말이다.

4단계: 하나님께 감사하고 찬양을 올려드리라

> 백성과 더불어 의논하고 노래하는 자들을 택하여 거룩한 예복을 입히고 군대 앞에서 행진하며 여호와를 찬송하여 이르기를 여호와께 감사하세 그의 인자하심이 영원하도다 하게 하였더니(대하 20:21).

당신은 어떨지 모르겠지만, 적어도 나는 비적(匪賊)들 손에 죽게 생겼을 때 성가대원들을 최전선에 세워 내보내지는 않을 것 같다.

혹시 내가 환경의 지배를 받아 투덜거리는 사람이 아니라 찬양으로 가득 찬 감사의 마음을 가진 사람이라면 모르겠지만. 문제는 행복한 순간에 각종 문제들이 닥쳐와 부딪힐 때 내게는 그렇게 감사한 마음이 생기지 않는다는 것이다. 그럴 때면 도무지 찬송을 부를 기분이 들지 않는다. 나도 그러고 싶지만, 어쨌든 현실에서는 그렇게 하지 못하고 있다.

어떻게 하면 이성을 잃을 듯한 순간에 푸념하는 사람이 아닌 감사하는 사람이 될 수 있을까? 내게는 관점을 재조정해 더 나은 것을 보게 해줄 자세한 대본이 필요하다. 그런데 이미 내게는 그것이 있다. 그럴 때면 큰 소리로 스스로에게 이렇게 말하는 것이다. "이것이 오늘 내게 일어날 일 가운데 최악의 사건이라면, 오늘은 꽤 괜찮은 날이야."

친구가 내 감정에 상처를 주었다. 이 일이 오늘 내게 일어날 일 가운데 최악의 사건이라면, 오늘은 꽤 괜찮은 날이다. 찬양합니다, 하나님.

남편이 늦게까지 야근을 하고 있어 나 혼자 아이들을 돌보면서 원래 참석하려던 여자들끼리의 재미난 야간 외출을 그리워하고 있다. 이 일이 오늘 내게 일어날 일 가운데 최악의 사건이라면, 오늘은 꽤 괜찮은 날이다. 찬양합니다, 하나님.

성경 공부 모임 리더가 방금 스테이시에게 자신을 대신해서 다음 주에 리더 역할을 해달라고 부탁했다. 내가 그렇게 자주 "저도 가끔씩 리더 역할을 하고 싶어요"라고 얘기했는데도 말이다. 이 일이 오늘 내게 일어날 일 가운데 최악의 사건이라면, 오늘은 꽤 괜찮은 날이다. 찬양합니다, 하나님.

잘못되거나 악한 모든 일에 대해 하나님을 진심으로 찬양하기는 불가능하지만, 그럴 때 여전히 진리로 남아 있는 것으로 관심의 초점을 옮겨 하나님을 찬양하는 것은 가능하다. 여호사밧 왕의 이야기만 봐도, 그가 관점을 바꿔 불리하게 돌아가는 상황 대신 변함없는 진리를 보고 하나님을 찬양할 때 기적이 일어났다.

유다 왕국의 최전선에서 들려오는 찬양의 합창 소리가 적군의 귀에 들렸을 때, 그들은 너무나 당황하여 유다를 향해 진격하는 대신 자기들끼리 싸우기 시작했다. 그리고 그 결과는 이러했다. "유다 사람이 들 망대에 이르러 그 무리를 본즉 땅에 엎드러진 시체들뿐이요 한 사람도 피한 자가 없는지라"(대하 20:24). 놀랍다! 그야말로 놀라운 일이 일어났다.

푸념이 아닌 감사를 하면서 그 현장의 중심에서 하나님을 찬양할 때 얼마나 큰 역사가 일어나는지 보라! 이렇게 한다고 우리의 환경이 즉각 바뀌지 않을지는 몰라도, 그 환경을 바라보는 나의 관점만은 확실히 변한다. 나는 이제 눈을 감지 않고 똑바로 뜬 채 모든 진리를 바라보며 하나님을 찬양할 수많은 이유들을 더 발견할 것이다. 이렇게 마음이 찬양으로 가득 차면 내 감정 또한 이성을 잃을 위험에서 점점 멀어질 것이다.

5단계: 나의 반응이 주변에까지 영향을 끼친다는 사실을 기억하라

> 이방 모든 나라가 여호와께서 이스라엘의 적군을 치셨다 함을 듣고 하나님을 두려워하므로 여호사밧의 나라가 태평하였으니 이는 그의 하나님이 사방에서 그들에게 평강을 주셨음이더라(대하 20:29-30).

여호사밧은 어떻게 평화를 찾았는가? 그가 사방에서 평강을 누릴 수 있었던 이유는 무엇이었나? 그리고 무엇보다, 여호사밧의 승리 소식을 들은 모든 나라가 하나님을 두려워하게 된 이유는? 여호사밧이 그 모든 현장 한가운데서 자신의 행동과 반응으로 하나님께 영광을 돌렸기 때문이다.

두려웠음에도 불구하고 그가 하나님께 여쭙기로 결심했었다는 사실을 기억하라.

그는 두려워서 결심했다. 하나님께 집중했다. 하나님의 말씀에 순종함으로써 그분의 능력의 흐름 안으로 들어갔다. 또한 쉽지 않았음에도 푸념 대신 감사의 훈련을 했다. 이 같은 그의 반응은 주변에 있던 모든 사람에게 긍정적인 영향을 미쳤다. 그 왕국에 속한 백성들뿐 아니라, 주변 나라의 백성들까지 모두가 그 영향을 받았다. 이것이 바로 내가 따르고 싶고, 되고 싶은 리더의 모습이다. 내가 하나의 왕국을 이끌고 있는 것은 아니지만, 나 역시 주위 사람들에게 영향을 끼치고 있기 때문이다. 자녀들과 남편, 친구들과 이웃, 교회 사람들, 심지어 동네 슈퍼마켓 계산대 직원들에 이르기까지, 다양한 사람들과의 소통이 하나같이 다 중요하다. 그들에게 보이는 나의 반응이 예수님과 내가 어떤 관계를 맺고 있는지, 그분이 내 마음에 어떤 영향을 미치고 계신지를 증언한다. 결국 성경은 마음에서 넘쳐흐르는 것이 말이 되어 밖으로 나온다고 내게 일러주고 있다. 행복한 순간 앞에 장애물이 튀어나와 부딪혀올 때, 진짜 내 마음에 있던 것이 표출된다. 그 순간에 나는 예수님에 대한 내 사랑의 진정성을 더해 보일 수도, 혹은 슬프게도 그분의 존재를 부인할 수도 있다.

그렇다. 내가 어떻게 반응하느냐가 주변에 영향을 끼친다. 그렇기 때문에 나는 마음을 훈련하여 크게 이성을 잃을 듯할 때 여호사밧이 취한 단계와 진리와 선택을 기억하고 싶다. 그리고 이 각각의 사항을 실천할 용기를 갖기 위한 마음의 훈련도 하고 싶다.

아래는 내가 미리 정해둔 성경적 절차 매뉴얼을 짧게 정리해 본 것이다.

1. 내가 누구인지를 기억한다.
2. 예수님, 예수님, 예수님!
3. 그 흐름 안에 들어간다. 내가 할 일은 순종이며, 결과는 하나님께 달려 있다.
4. 푸념이 아닌 감사를.
5. 나의 반응이 주변에 영향을 끼친다는 사실을 기억한다.

나는 이성을 잃게 만드는 현실을 회피하는 대신, 정면에서 그것과 맞서 싸울 것이다. 날것의 감정들이 난무하는 상황 속에서 현명한 선택을 내릴 수만 있다면, 가능성이 아주 희박하다 해도 나는 언제든 나 자신을 내던지고 싶다. 그리고 미리 계획을 세워둔다면 실제 상황이 닥쳤을 때 매우 유용한 도구가 될 것이다. 나와 함께하겠는가? 나와 똑같은 계획을 세우라는 말이 아니다. 이 아이디어를 자유롭게 취해 자신만의 계획을 세워보라. 당신은 당신에게 딱 맞는 최선의 계획을 세우고 이를 따라야 할 것이다.

우리가 얼굴을 마주보고 대화할 수 있다면 나는 당신의 계획도 들어보고 싶다. 우리는 분명 서로의 불완전한 진전에 대한 이야기를 나누며 즐거운 시간을 보낼 것이다. 우리 집을 방문한 당신을 위해 적당한 변기 시트를 준비해놓겠다고 약속할 수는 없지만, 누군가 우리더러 산에 같이 가자고 할 때 사진을 먼저 보여달라고 요구하겠다는 것만은 분명히 약속할 수 있다. 이만하면 괜찮지 않은가?

어린이용 식탁 매트에 집착하지 마라

●

이성을 잃고서 보이는 반응의 문제를 처리하는 데 내가 세운 목표는, 내 감정의 추가 극단을 오가며 흔들리는 것을 막아 세워 그 진폭을 온화한(gentle) 중간치로 유지하는 것이다. 감정의 폭발과 억누름 사이의 그 온화한 중간치를 찾는 일은 상당히 어렵지만, 하나님께서 나를 위해 일해주고 계시니 가능하다. 당신의 경우는 어떤가?

누가 뭐래도 자신의 성향을 파악하는 것이 가장 좋은 출발점이다. 그리고 방금 살펴본 두 장에서 말했듯이 감정을 억누르거나 폭발시키지 않고 잘 다루어 분산시키기 위한 전략을 세우는 것이 중요하다. 하지만 다음 단계로 넘어가기 전에 한 가지 덧붙여 생각해봐야 할 층이 있다. '관점' 말이다.

관점은 다른 어디에서도 찾기 힘든 온화함을 가져다준다. 이와 관련해 최근 계속해서 접하고 있는 성경 구절이 있다. "너희 관용(gentleness, 온화함이라고도 번역할 수 있다—옮긴이)을 모든 사람에게 알게 하라"(빌 4:5). 여러 번 예상치 못한 장소에서 이 말씀을 접하면서, 나는 하나님께서 지금 이 말씀에 집중하라고 일러주고 계심을 알 수 있었다. 대체 왜일까? 1969년 7월 하나님께서 온화함의 유전자를 나눠주시던 날, 나는 분명 다른 줄에서 있었던 것 같다. 그날 빚어진 다른 많은 사람들은 그 온화함의 유전자를 다 받아 갔다. 나는 그 줄에 두 번이나 서서 온화함의 유전자를 두 배나 받은 사람도 몇 명 알고 있다. 나는 어떠냐고? 글쎄다.

나도 온화한 모습을 보이는 순간들이 있기는 하다. 그러니까 나도 온화한 행동을 할 수는 있다. 하지만 그 온화함은 내 정체성의 중심부에서 줄줄 흘러나오지 못하고 있다. 졸리거나 스트레스를 받을 때면 이 사실이 좀 더 명확히 드러난다. 솔직히 말해서 저녁 8시 30분 이후에 위험을 무릅쓰고 내 침실에 들어오는 사람들을 위하여 방문 앞에 이런 경고 문구를 붙여둬야 할 것만 같다. "위험! 지금은 성령께서 이제 막 잠에서 깬, 지구 반대편에 사는 이 방 주인의 여동생을 돕기 위해 잠시 자리를 비우셨으니 이 점에 유의해주십시오."

물론 신학적으로 말도 안 되는 이야기다. 단지 내 상황을 솔직히 표현하고 싶을 뿐이다. 내가 가진 미약한 온화함의 끈은 8시 30분을 기해 끊어진다. 완.전.히.

나는 스트레스를 받으면 이렇게 행동한다. 일반적으로 낮 동안에는 약간의 온화함을 짜내어 발휘하지만, 짧은 시간에 너무 많은 일이 마구 쏟아지는 스트레스 상황이 되면 그 온화한 태도를 곧바로 내던진다! 그때부터는 일 중심적으로 변해 스타카토 억양으로 주변인들에게 말하기 시작한다. 집 안팎에 쌓이는 일들을 얼른 해치우고 싶기 때문이다. "십 분. 안이. 아니라. 지금. 당장. 왜냐면. 지금은. 지금이니까!"

나는 우리 집 아이들이 나를 이런 모습으로 기억하지 않기를 바란다. 스타카토 엄마로 기억되는 건 싫다.

나 역시 나 자신을 이렇게 기억하고 싶지 않다.

그러니 나도 끈질기게 내 마음과 정신을 따라다니며 내 관용을 모든 사람에게 알게 하라고 말하는 이 빌립보서 말씀이 내게 꼭 필요하다는 것을 알고 있다. 생각할 때마다 조금씩 따끔거리기는 하지만 말이다.

나 자신을 가르치면서 전하는 짧은 설교 하나를 소개하겠다. "너희 관용을 모든 사람에게 알게 하라"라는 메시지다. 여기에 나온 "너희"(your)라는 문구를 보면, 내게도 그 관용이 조금은 있음을 알 수 있다. 처음에 내가 믿고 싶어 했던 것과는 달리, 하나님은 내게 온화함의 유전자를 나눠주시는 것을 빼먹지 않으셨으며 내 불같은 성격 또한 하나님께서 예외적인 경우로 만들어두신 것이 아니다. 엄청난 스트레스 상황에 처했다 하더라도 성령님이 내 안에 계시므로 나는 하나님의 온화함을 드러낼 수 있다. 아침 8시 30분처럼 쾌활할 때도, 저녁 8시 30분처럼 우울할 때도 성령님이 내 안에 계신다. 차분해져 있을 때도, 스트레스를 받을 때도 성령님이 내 안에 계신다. **내** 안에도 온화함이 있다!

나는 당연히 나의 것인 온화함을 되찾는 법을 배워야 한다. 그리고 나는 "너희 관용을 모든 사람에게 알게 하라"라는 말씀 바로 앞에 나온 단어 하나를 실천함으로써 이를 행할 수 있다. 바로 "기뻐"하는 것이다. "주 안에서 항상 기뻐하라 내가 다시 말하노니 기뻐하라"(빌 4:4). 내 마음이 감사와 기쁨으로 채워지면, 우울한 감정이 발붙일 공간은 점점 좁아진다.

••• 내 마음이 감사와 기쁨으로 채워지면, 우울한 감정이 발붙일 공간은 점점 좁아진다.

자녀들이 당신을 괴롭히는가? 그만한 에너지를 낼 만큼 건강하다는 의미이다. 이 기쁨의 기회를 놓치지 마라.

빨래가 천장까지 높게 쌓여 있는가? 그 옷들은 당신의 집에 있는 생명의 증거다. 이 기쁨의 기회를 놓치지 마라.

남편이 당신과 쇼핑을 할 때 그다지 로맨틱한 태도를 보이지 않는가? 인생을 크게 보고 말하라. 그게 뭐가 문제인가? 그는 좋은 남자다. 이 기쁨의 기회를 놓치지 마라.

스스로 정리정돈에 서툴고, 모든 일에 뒤처지고, 느리다고 느끼는가? 규모를 줄이고, 비현실적인 기대를 날려보내고, 오늘의 행복한 순간들을 음미하라. 이 기쁨의 기회를 놓치지 마라.

기뻐하는 시간이 늘수록 더 많은 것들을 균형 잡힌 관점으로 보게 된다. 그리고 이렇게 될 때 우리는 더욱 온화해진다.

그러므로 우리는 관점을 확대해주는 기회들을 의도적으로 찾아다녀야 한다. 무료급식소에서 봉사하고, 어려운 형편에 있는 가정들에 선물을 가져다주며, 선교 여행을 떠나는 것이 그 예가 될 수 있겠다. 내 안에 있는 온화함을 표출시키고 싶다면, 판에 박힌 매일의 일상에서 도망쳐야 한다. 그리고 관점이 기다리고 있는 곳으로 가야 한다.

어린이용 식탁 매트 같은 내 인생을 재평가하다

딸들이 어렸을 때, 우리는 몇몇 패스트푸드 식당에서 아이들에게 갖고 놀라며 주는 식탁용 종이 매트와 애증의 관계를 맺고 있었다. 그 식탁 매트 위에 시선을 사로잡을 만큼 재미있는 그림을 그려 넣고, 공짜로 크레용을 나눠주는 것까지는 좋았다. 하지만 언제나 누군가가 다른 사람의 식탁 매트에 꼭 색칠을 했고, 그러면 꺄악 하고 비명을 지르는 소리가 식당 안에 울려 퍼졌다.

그럴 때면 나는 우리 집 아이들이 식탁 매트에다 색칠을 한 것 따위로 저렇게 야단법석을 떠는 사실을 믿을 수 없어 가만히 앉아 있곤 했다. 그건 곧 케첩과 주스로 뒤범벅되어 쓰레기통으로 직행할 식탁용 종이 쪼가리에 지나지 않았다. 그건 잠시 쓰고 버리는 물건, 전혀 중요하지 않은 물건이었다. 나는 우리 아이들이 그로부터 한 달은커녕 다음 날만 돼도 그 식탁 매트를 기억에서 완전히 지워버릴 것임을 알고 있었다. 하지만 오늘, 지금 이 순간만큼은 그 식탁 매트가 완전히 이성을 잃게 만들 정도로 그들에게 중요한 물건이 되어 있었다.

그런데 생각해보면 나 역시 이 아이들과 크게 다르지 않다. 내 이성을 잃게 만드는 몇 가지 사안들을 자세히 들여다보면, 솔직히 머리를 가로젓지 않을 수 없다. 나 자신이 부끄러워서가 아니라, 스스로 일깨워 마땅히 내 정신적 에너지를 쏟아부어야 할 정말 중요한 일들이 따로 있다는 사실을 자각하기 위해서다.

오늘 내가 마주하고 있는 이 상황이 정말 그중 하나일까?

최근에 나는 이 식탁 매트에 대한 생각을 많이 했다. 이번에도 타이밍이 아주 이상했다. 드림센터에서 자원봉사를 하려고 몇몇 친구들과 로스앤젤레스에 갔을 때의 일이다. 매튜 바넷 목사님과 그가 사역하는 교회가 운영하는 이곳은 놀랍게도 매달 120개의 사역 허브를 통해 4만 명이 넘는 사람들을 섬기고 있었다. 이 센터는 병원 건물을 개조해 700개의 침상을 노숙 가정을 위한 쉼터이자 약물 중독자 재활센터, 성매매 희생자 쉼터로 사용하고 있었다. 또한 교육 계발 프로그램을 제공하여 직업 훈련 참가자들을 훈련하고 노숙 가정과 개인들을 위한 생활 기술 상담도 진행하고 있었다.

우리 일행은 호텔 숙박을 포기하고 닷새간 노숙자 쉼터에서 지내면서 자원봉사를 하기로 했다. 나는 이 드림센터에서 경험한 일들을 통해 내 관점의 폭을 넓힐 수 있기를 기대했고, 그것은 곧 실현되었다.

첫째 날, 우리는 드림센터 무료급식소에서 음식을 나눠주었다. 절망적인 상황에 처한 사람들이 정말 많아 그 상황을 이해하기가 힘들 정도였다. 거기에는 성매매 여성들과 포주들, 알 수 없는 약에 취한 사람들, 쓰레기 더미를 침대로 삼는 사람들, 보도에 임시 천막을 지어놓고 사는 사람들이 있었다.

우리가 서 있는 자리에서 약간 떨어진 곳에서는 마약이 거래되었다. 공간이 탁 트여 있었지만 그 두 사람은 자신들의 행동을 비밀스럽게 할 생각이 전혀 없어 보였다. 그런데 거기서 말 그대로 모퉁이 하나만 돌면 경찰서가 있었다.

마약, 성적 유혹, 노숙, 오물. 그 어둠의 한가운데에 우리가 있었다. '대체 이 사람들은 왜 여기에 머물러 있는 것일까?'

드림센터는 일주일에 수차례씩 로스앤젤레스의 이 어두운 구석에 자신들이 가진 자원을 보내고 있었다. 그들은 이곳에 음식을 가져다주었으며 신체 기능 유지보다 훨씬 더 중요한 '희망'도 함께 배달했다. 더 많고 더 새로운 것에 대한 희망, 지금과는 다른 삶의 기회 말이다.

그런데 그 스키드로우 거리를 실제로 떠나는 사람은 거의 없었다. 그곳이 그들에겐 안전지대였다. 기억하기 바란다. 안전지대라고 해서 늘 안전할 필요는 없다. 익숙한 곳, 소속감을 느끼게 하는 곳이 곧 안전지대다. 우리는 자신이 소속되어 있다고 믿는 곳에 머문다.

그리고 그날 만난 재니스라는 여성을 통해 나는 스키드로우의 삶에서 벗어나기를 거부하는 슬픈 장면을 직접 목격했다. 우리는 재니스에게 드림센터 사람들이 당신을 도와 중독을 치료해줄 것이며, 안전히 머물 숙소를 마련해주고, 자립하게 도와줄 것이라고 약속했다. 나는 그녀가 우리의 말을 진짜로 믿었다고 생각했다.

우리는 재니스가 구호 차량에 탑승하도록 돕고, 그 차가 스키드로우 거리를 빠져나와 드림센터 재활건물에 들어서는 것을 확인하고 나서 안심하며 희망에 부풀어 있었다. 기꺼이 도움을 받으려는 그녀의 모습을 보니 행복했다.

그런데 바로 다음 날, 로스앤젤레스의 다른 지역에서 한창 봉사를 하고 있는데, 한 여성이 나와 내 친구 아만다에게로 다가와 돈을 요구했다. 낯익은 얼굴이라고 생각은 했지만 몇 초 머리를 굴린 다음에야 나는 그녀와 내가 어떻게 아는 사이인지를 기억해냈다. 충격이 몰려왔다. 그 사람은 스키드로우 출신의 내 친구 재니스였다. '어떻게 이 친구가 여기에 있는 거지?' 이 사람은 지금 여기 있으면 안 되었다. 그녀는 바로 전날 우리가 데려다준 드림센터에서 약물 중독 재활 프로그램에 참여하고 있어야 했다. 그런데 24시간도 안 되어 그곳에서 도망쳐 나온 것이다. 도움에서, 희망에서, 회복에서 도망쳐 나온 것이다.

그리고 지금 그녀는 스키드로우 거리로 되돌아갈 버스표를 사기 위해 여기서 구걸을 하고 있었다. 4백만 명이 사는 이 큰 도시에서 우리가 이렇게 다시 만나다니, 그 확률이 얼마나 될까? 그것은 분명 하나님께서 재니스를 많이 생각하신다는 증거였다.

나는 물었다. "오 재니스, 왜 드림센터를 떠났어요? 다시 데려다줄까요? 지금 바로 전화하면 드림센터 버스가 여기로 올 거예요. 제발, 제발, 스키드로우로 돌아가진 말아요."

하지만 재니스는 고개를 흔들며 작은 목소리로 말했다. "전 그곳으로 돌아가야 해요. 그곳에서라면 내 담요를 어디에 둬야 할지 알 수 있거든요. 다른 곳에 가면 담요를 어디에 둬야 할지 모르겠어요."

"스키드로우로 돌아간다고요?" 나는 재차 물었고 눈에서는 눈물이 흘러내렸다. 재니스는 고개를 끄덕였다. 그제야 나는 우리가 아무리 말해도 그녀가 드림센터로 돌아가지 않으리란 것을 깨달았다. 적어도 그날은 돌아가지 않을 터였다. 아니, 어쩌면 영원히 돌아가지 않을지도 몰랐다. 그녀를 억지로라도 구제하고 싶을 만큼 내 마음은 간절했지만, 재니스가 소유한 단 한 가지, 곧 그녀의 선택권을 빼앗을 수 없다는 사실을 나는 잘 알고 있었다. 그녀가 우리와 같이 가고 싶어 해야 했다. 하지만 그녀는 그것을 원하지 않았다.

내가 당신을 위해 기도해도 되겠느냐고 물으니 그녀가 동의했다. 우리는 둥그렇게 모여 기도했다. 그런 뒤 그녀가 저 멀리로 걸어가 다른 사람에게 돈을 구걸하는 것을 우리는 가만히 지켜보았다. 그녀는 또 다른 사람에게 다가갔다. 대부분의 사람들에게 거절을 당했지만 그녀는 그렇게 천천히 우리로부터 멀리, 더 멀리 사라져갔다.

바로 그 순간, 이상하게 아이들이 서로 가지려고 싸우던 그 아무것도 아닌 식탁 매트가 생각났다. 그리고 내 안에서 분노가 끓어올랐다. 우리 아이들에 대한 것이 아니라, 나 자신에 대한, 그리고 나로 하여금 취해 비틀거리게 만드는 그 모든 바보 같은 것들에 대한 분노였다. 때로는 한 번 쓰고 버리는 종이 식탁 매트를 두고 서로 싸우는 우리 집 아이들만큼이나 나 자신이 유치해질 때가 있다. 이런 내가 어찌 감히 지금 이 상황이 논리적이지 않다며 화를 낼 수 있겠

• • • 때로는 한 번 쓰고 버리는 종이 식탁 매트를 두고 서로 싸우는 우리 집 아이들만큼이나 나 자신이 유치해질 때가 있다.

는가. "하나님, 저를 용서해주세요."

물론 **반드시** 화를 내야 하는 상황도 있다. 재니스가 자신의 담요를 어디든 안전한 곳에 둘 수 있다는 사실을 평생 모르고 살았다는 것을 생각할 때처럼 말이다. 그리고 지금 그녀는 스키드로우로 돌아가기를 반복하고 있다. 정확히 말하자면 스키드로우의 '헤로인 골목'이다. 포주들이 임시 천막을 쳐놓고 여자들에게 이루 말할 수 없이 끔찍한 일을 시키는 곳. 어린아이들이 더러운 주삿바늘을 갖고 놀고, 십대 아이들이 팔과 다리에는 자리가 없어 발가락에 주사를 놓고 기절하는 곳.

분명히 오늘날 우리에게는 화를 내야 할 정당한 이유들이 있다. 하지만 내 행복한 순간에 치고 들어오는 작은 사건이라든지 사소한 불편 등은 그 이유가 될 수 없다. "하나님 저를, 어린이용 식탁 매트 같은 제 인생을 도우소서."

드림센터에는 정말 새로운 관점이 있었다. 나는 사역을 돕는 사람으로 그곳에 갔다. 그곳의 필요를 충족해주기 위해 갔다. 하지만 나는 그곳에 도착하자마자 깨달았다. 오히려 내가 도움을 필요로 하는 사람으로서 그 자리에 있음을. 나는 새롭게, 또 무겁게, 아주 가까이에서, 실제적으로, 바로 코앞에 있기에, 도무지 부인할 수 없을 만큼 하나님의 실재를 제대로 체험해야 할 사람이었다. 가끔씩 나는 하나님을 내 인생의 '정체성을 변화시키는 분'(identity changer)이 아니라 '정체성의 표지'(identity marker)로만 이야기하고 있었다.

정체성의 표지로 하나님을 본다는 것은 그분을 일개 꼬리표나 용어 혹은 생활양식으로 축소하는 것이다. 그러니까 그것은 그냥 "나는 그리스도인이라서 그렇게 말하고 그렇게 행동해요"라고 말하는 것과 같다. 반면, 정체성을 변화시키는 분으로 하나님을 모신다는 말에는 훨씬 더 많은 의미가 들어 있다. 이는 곧 "저는 더 이상 사소한 일에 이성을 잃곤 하던 예전의 그 사람이 아닙니다. 저는 불완전한 진전을 해나가고 있습니다. 진로를 바꿔 전에 있던 곳에서 달아나 좀 더 온전한 모습으로 다듬어지고 있습니다. 저는 저를 완전히 변화시키는 힘을 가진 분을 대면함으로써 진정한 변화를 경험하고 있는 여자입니다"라고 말하는 것이다.

나는 이 드림센터에서 수많은 사람들의 인생이라는 직물 속에 정체성을 변화시키는 하나님의 능력이 짜 넣어진 것을 보았다. 정말로 보았다. "오 하나님, 제가 그것을 보게 되다니요! 제가 얼마나 그것을 원해왔는지 모릅니다."

정체성을 변화시키는 하나님의 능력은 몸에 여덟 개 총상 구멍을 가진 갱 단원을 예수님을 사랑하는 종으로 변화시켰다. 그렇게 그는 매우 온화한 사람이 되었다.

아울러 그 능력은 성매매 여성을 길가에서 구출하여 매춘 생활에서 구출된 다른 여성들을 위한 상담사로 변화시켰다. 그렇게 그녀는 매우 순결한 사람이 되었다.

그리고 마약 중독자를, 그 아들에게 거룩한 리더가 되는 법을 가르쳐주는 사랑 많은 아버지로 변화시켰다. 그렇게 그는 매우 온전한 사람이 되었다.

그렇다면 나는 대체 무엇 때문에 변화되지 못하고 있는 것일까? 정말 궁금하다.

무엇 때문에 나는 하나님의 능력이 나도 변화시키실 수 있음을 깨닫지 못하고 있는 것일까?

나는 알아야 했다. 거의 필사적으로 간절히 그 이유를 알고 싶었다.

그래서 나는 매튜 목사님께 여쭈었다. "목사님도 가끔 겁나지 않으세요? 하나님의 능력을 의지하는 게 겁나지 않으시냐고요. 한 달에 50만 달러를 모금하는 기관을 운영하고 계시잖아요. 한 달에 50만 달러요! 그 부담감이 늘 목사님을 억누르지는 않나요?"

이에 대한 목사님의 대답은 내 마음을 완전히 쪼개어 열리게 했다.

"그렇지 않아요. 17년간 제가 하나님을 경험한 방식대로 자매님이 하나님을 경험한다면 두려움을 느끼지 않으실 거예요. 저는 수많은 기적들을 목격했답니다."

아! 눈물이 났다. 눈물이 찔끔 나오려 할 때면 눈을 깜빡거려 흘러넘치지 않게 만드는 나라는 여자의 영혼의 댐이 완전히 터져 눈물 홍수가 되었다.

"오. 하나님. 바로. 이거였군요."

어느 순간부터 나는 기적을 생각하지 않으며 살고 있었다.

이성을 잃게 되는 것과 관련해 고민을 하면서도, 하나님께서 내 안에서 기적적인 역사를 이루시리라는 기대를 하지 않고 있었다. 나는 이것이 관점의 폭을 넓히는 기회를 의도적으로 찾아 나설 때 주어지는 또 하나의 유익임을 깨달았다. 그런 상황 속에서만 하나님의 능력이 자명하게 드러나 나의 삶에서도 그 능력을 경험할 수 있다고 믿을 수 있기 때문이다. 어쩌면, 정말로 어쩌면, 나도 변화할 수 있을지 모르겠다.

그리고 또 어쩌면 내가 재니스와 크게 다른 사람이 아니라는 생각도 들었다. 드림센터에서 지낸 첫째 날에 줄곧 나를 괴롭혔던 질문, "대체 이 사람들은 왜 여기에 머물러 있는 것일까?"라는 질문을 기억해보라.

안전지대란 그런 것이다. 기억해보라. 말했다시피 안전지대라고 해서 늘 안전할 필요는 없다. 익숙한 곳, 소속감을 느끼게 해주는 곳이 곧 안전지대다. 우리는 자신이 소속되어 있다고 믿는 곳에 머문다. 재니스와 마찬가지로 나는 너무 긴 세월 동안 거짓말을 믿으며 살아왔다. 나는 그동안 쭉 내가 이성을 잃은 상태에 소속되어 있다고 믿어왔다. 내가 억눌러두거나 분출시킨 그 모든 날감정들을 믿었으며, 앞으로도 영원히 이런 상태로 살게 되리라는 거짓말을 믿었다.

하지만 실상 내가 언제까지나 이렇게 살아야 할 이유는 없었다. 그 노숙자 쉼터 한가운데서 내 영혼은 내가 다른 삶을 살 수도 있다는 선명한 현실 속으로 빠르게 젖어 들어갔다. 나는 정말 내 날감정들에 대해 사뭇 다른 반응을 보일 수 있다. 내가 보일 진전은 필시 불완전하겠지만, 그것 역시 기적

• • • 나는 하나님께서 내 안에서 기적적인 역사를 이루시리라는 기대를 하지 않고 있었다.

이다. 이렇게 생각하자 새로운 희망의 산들바람이 내 주위에 상쾌하게 퍼져 나갔다.

"나는 온화한 사람이 될 수 있다. 나는 인내하는 사람이 될 수 있다. 나는 평화로운 사람이 될 수 있다. 온화한 성격을 타고난 것은 아니지만 순종을 통해 온화해질 수 있고, 인내심을 타고난 것은 아니지만 순종을 통해 인내심 있는 사람이 될 수 있으며, 화평한 성격을 타고난 것은 아니지만 순종을 통해 화평하게 하는 사람이 될 수 있다. 나는 할 수 있고, 또 그렇게 할 것이다. 종종 이성을 잃는 성격을 타고났으나, 온화하고 인내하며 화평하게 하는 사람으로 만들어질 수 있다. 하나님, 저를 도와주세요. 하나님, 저를 용서해주세요."

나는 이 드림센터에서 관점의 폭이 순식간에 아주 건강하게 확장되는 경험을 했다. 그리고 그것은 내게 유익한 일이었다. 집으로 돌아가자마자 그 경험이 시험을 받았기 때문이다. 집에 도둑이 다녀간 것이다.

소중한 것이 사라지다

내겐 좋은 귀금속이 많지 않다. 나는 주로 결혼반지와 남편 아트가 결혼 15주년 기념일에 준 반지를 끼고 다닌다. 이 반지 두 개 말고는 오랜 세월에 걸쳐 여기저기서 받은 단출한 액세서리 몇 개가 전부다. 그 작은 장신구들은 비싼 것이 아니지만 많은 추억이 담겨 있기에 내게 무척 특별했다.

새아버지가 엄마에게 청혼하던 날, 내게 주셨던 어린이용 반지.

대학 졸업을 기념하며 샀던 반지.

몇 년 전 엄마가 크리스마스 선물로 주신 팔찌.

아트가 올해 밸런타인데이에 준 또 하나의 팔찌.

첫째 딸이 태어나던 날, 누군가에게 받은 기념반지.

대학 여학생클럽의 핀.

집을 나간 뒤 다시 돌아오지 않은 아빠의 이니셜이 희미하게 새겨진 아기 반지.

하나같이 소박하나 특별한 것들이었다.

드림센터에서 돌아온 다음 날 아침이 되어서야 나는 아트가 밸런타인데이 선물로 준 팔찌가 내가 놔뒀다고 생각한 자리에 없음을 눈치챘다. 이후 며칠 동안 나는 팔찌를 놔둔 곳을 찾아 헤맸다. 내가 물건을 잘못 둔 것이니 금방 찾을 수 있으리라 확신해 크게 걱정하지도 않았다.

사흘이 지나도 여전히 팔찌가 보이지 않자 다른 장신구들을 보관한 서랍에 그것을 놔뒀을지도 모른다는 생각이 들었다. 그리고 서랍을 열어본 순간, 내 마음은 쿵 하고 내려앉았다. 아무것도 없었다. 반지도, 팔찌도, 핀도 모두 사라지고 없었다. 이 세상에서 유일하게 나의 생물학적 아버지와 나를 연결해주던 물건까지 사라지고 없었다.

나는 평소 반지를 끼던 내 두 손가락을 꽉 쥐어보았다. 매우 다행스럽게도 내 손가락에는 결혼반지와 기념반지가 끼워져 있었다. 그 반지 두 개는 안전했다. 하지만 다른 모든 액세서리는 사라지고 없었다.

나는 욕실에 있는 작은 의자에 앉아 의지력을 짜내어 감사의 이유들을 떠올렸다. 아니, 솔직히 이야기하겠다. 나는 완전히 이성을 잃고 공격적으로 문제를 분석하는 모드에 돌입하고만 싶었다. 하지만 나는 그 순간이야말로 드림센터에서 배운 관점을 찾기에 적절한 때임을 알았다. 아울러 그런 상황에서 내 태도를 전환시킬 수 있는 유일한 방도는 감사의 이유를 목록으로 만들어보는 것뿐임을 알았다.

정말이지 얼마나 많은 다른 목록들이 내 뇌의 지분을 차지하게 해달라고 매달렸는지 모른다. 용의자 목록과 그 물건들이 내게 얼마나 소중한 가치를 지니고 있는지를 말해주는 다양한 추억 목록, 이 절도사건이 언제 어떻게 일어났을지를 추측하는 목록, 분실되었을 가능성이 있는 다른 물건들의 목록 등.

그러나 때로는 이성을 잃은 행동을 하지 않겠다고 거부하는 것이, 다른 종류의 반응을 보이는 게 가능함을 스스로 증명하는 유일한 방법이 되기도 한다. 즉, 과거에 하나님의 능력이 내 안에 임했던 때 내가 가졌던 것을 기억하며 반응해보는 것이다. 그러면 실제로 하나님의 능력이 내게 임한다. 나는 그저 내 마음을 그 자리에 가져다두기만 하면 된다. 내 마음을 하나님의 능력에 가까이 갖다놓는 최선의 방법은 감사다. 감사를 하면 한 곳에 집중되었던 생각이 분산된다. 이 방법을 통해 나는 의지적으로 다른 목록들을 옆으로 치울 수 있었다. 그리고 무엇보다 나는 이미 너무 많은 것을 빼앗긴 상태였다. 내 마음까지 자유롭게 넘겨줄 수는 없었다. 그래서 나는 다음과 같은 감사의 목록을 만들기 시작했다.

“여기 있는 우리 아이들까지 데려가지 않으셔서 감사합니다.

차가운 내 발을 다리 밑에 따뜻하게 품어줄 남편을 주셔서 감사합니다.

빛나는 오늘의 태양과 밤의 그림자와 함께 춤추는 빛을 내는 달을 주셔서 감사합니다.

생각 한번 따로 하지 않는데도 매일 꾸준히 수천 번씩 숨 쉴 수 있게 해주셔서 감사합니다.

마음만 먹으면 뇌리 속에 떠올려 기억할 수 있는 추억들을 주셔서 감사합니다.

이 추억들을 여전히 떠올릴 수 있는 능력을 주셔서 감사합니다.”

이런 식으로 나는 목록을 길게 늘여갔다. 그러고는 그 작은 의자에서 일어나 조용히 서랍을 닫고 하나님께 단 한 가지를 간구했다. 아니, 한 가지가 아니라 두 가지를 간구했다.

“하나님, 이 물건들을 훔쳐간 사람들에게 소망을 부어주시고, 또 다른 길을 보여주세요. 그 사람들은 지금 정말 잘못된 길에 들어서 있습니다. 그 사람들에게 가까이 다가가 주세요. 그리고 가능하다면 훔쳐간 물건 하나만 되돌려주는 건 어떻게 안 될까요? 하나님, 그 하나가 뭘 가리키는지는 하나님도 아실 거예요. 가능하다면 말이에요…. 하지만 불가능하다면… 그래도 감사해요. 천 번도 더 감사해요. 비록 물건은 잃어버렸으나 큰 선물을 받았으니까요. 여전히 내게 남아 있는 모든 것들을 기억할 수 있다는 것이 바로 그 선물입니다."

관점. 관점이 모든 것을 변화시킨다.

• • • 의욕이 떨어지는 상황이 닥쳐올 때도 하나님의 능력이 가까이 다가와 역사하신다.

드림센터 방문과 같이 관점의 폭을 넓히는 기회를 갖는 것은 내 마음에 매우 유익한 일이다. 그것은 내 영혼에도 유익하다. 여러분은 드림센터를 방문하거나 지금 살고 있는 지역의 노숙자 쉼터에서 몇 주간 생활하기가 어려울 수도 있겠다. 하지만 괜찮다. 우리 주변에는 관점의 폭을 넓혀줄 다른 기회들이 언제나 널려 있으니 말이다. 지역의 양로원이나 소아암 병동, 무료급식소, 가난한 마을의 학교에서 봉사활동을 해보는 것은 어떨까? 개인 교습과 읽기와 관련해 도움을 바라는 아이들이 많은 동네의 초등학교에서 자원봉사를 하거나 교회의 구제 프로그램에 참여하는 것도 좋겠다.

이런 것들을 경험하기로 선택했다면, 구체적으로 어디를 갈지는 그리 중요치 않다. 모든 것이 불가능해 보이는 상황 속으로 스스로 걸어 들어갈 때, 우리는 하나님의 손이 역사하시는 것을 보게 된다. 의지할 것이라고는 하나님의 능력밖에 없을 때, 우리는 그분을 새로운 시각으로 보고 그분의 능력을 새롭게 믿게 된다.

그렇게 많은 예산이 들고 시급하며 손이 많이 가는 사역임에도 불구하고, 매튜 바넷 목사님과 그 팀 사람들은 그 일이 어떻게 굴러갈지에 대해 별다른 답이 없었다. 그들에게 있는 유일한 답은 하나님의 능력이 그 일을 이루시리라는 것에 대한 절대적인 확신이었다. 인간의 돈과 전략과 프로그램이 모자랄지라도 하나님의 능력이 그 간극을 채우신다. 의욕이 떨어지는 상황이 닥쳐올 때도 하나님의 능력이 가까이 다가와 역사하신다. 프로그램에 참여했던 사람들이 중도에 포기하고, 드림센터팀이 그들이 섬기는 사람들 가운데 변화되는 이가 있을까 싶어 의심할지라도, 하나님의 능력이 역사하여 좀처럼 변할 것 같지 않던 사람의 인생을 변화시키는 기적을 만들어낸다.

그들은 하나님을 본다. 나도 거기서 하나님을 보았다.

내가 받은 선물은 관점이었다. 내가 얼마나 큰 복을 받은 사람이며, 내 문제들이 실제로는 얼마나 사소한 것인지를 볼 수 있는 관점 말이다. 동시에 나는 그곳에서 하나님의 능력과 더불어 일하는 신선한 경험도 할 수 있었다. 그것은 진짜 경험이었다. 드림센터에서 일하는 사람들에게도, 스키드로우 거리에 사는 사람들에게도, 그리고 자주 이성을 잃는, 어린이용 식탁 매트 같은 한 여자에게도 진짜 경험이었다.

질투하는 사람,
베푸는 사람

●

나는 신랄한 대화와 제멋대로 굴러가는 감정을 동반하며 떠들썩하게 이성을 잃을 때도 있지만, 경우에 따라서는 '그녀에게는 있는데 나는 갖고 있지 못한 어떤 것'에 대한 생각이 마구 엉키면서 이성을 잃기도 한다. 여기서 말하는 '그녀'는 누구라도 될 수 있다. 친구나 이웃이 될 수도 있고, 잡지 속 사진의 주인공도 될 수 있다. 거울 앞에 앉아 그 안을 들여다보면 어딘가 한참 부족해 보이는 한 인간이 보일 뿐이다. 내가 아닌 것, 내가 갖지 못한 것, 내가 할 수 없는 것들.

그러면서 나는 그녀에 대해 생각한다. 그녀인 것, 그녀가 가진 것, 그녀가 할 수 있는 것들을 생각한다. 그런 생각들은 씨를 뿌리기 위해 땅에 고랑을 만드는 쟁기처럼 내 마음을 완전히 갈라놓는다. 성경은 이런 생각이 어디로 이어지는지 경고하고 있다. "스스로 속이지 말라 하나님은 업신여김을 받지 아니하시나니 사람이 무엇으로 심든지 그대로 거두리라 자기의 육체를 위하여 심는 자는 육체로부터 썩어질 것을 거두고 성령을 위하여 심는 자는 성령으로부터 영생을 거두리라"(갈 6:7-8).

나도 이 말씀을 알고 있다. 그런데도 여전히 내 영혼의 고랑에 비교의 씨앗을 뿌리고 있다. 그리고 그 씨앗은 탐심이라는 열매로 자라나고, 그 길고 가시 돋친 질투라는 덩굴은 나에게서 기쁨을 모조리 앗아간다. 실제로 이런 일이 일어나면, 나는 거울 앞에 앉아 내 뇌가 어느 한 장소에 도착하도록 그냥 내버려 둔다. 모든 것이 뒤엉켜 있는 곳, 비교하는 생각들이 자리 잡고 앉아 주인을 기다리고 있는 곳이 바로 거기다.

• • • 비교하면 비교할수록 내 마음은 공허해진다.

비교하면 비교할수록 내 마음은 공허해진다. 이루 말할 수 없이 공허해진다. 공허한 여자여, 우리가 어쩌다 이렇게 이성을 잃게 된 것일까.

특히 우리 영혼의 한 부분에 충족되지 못한 욕망이 있어 갈피를 못 잡고 기회를 기다리고 있는데, 그 위에 공허함이 자리 잡을 때 이런 일이 일어난다. 그리고 그 어두운 길모퉁이에서는 우리가 될 수도 있었으나 실제로 되지 못한 어떤 것, 우리가 원하나 아직 갖지 못한 어떤 것을 바라는 절박감이 마구 활개를 치며 다닌다.

우리는 무엇을 그리 간절히 바라고 있을까? 로맨틱하고 배려 많은 짝을 바라고, 진실하고 믿을 만한 친구를 바란다. 마찬가지로 나를 돋보이게 만들어줄 아이를 바란다. 배려해주는 부모를 바라고, 특정한 재능을 바라며, 기회를, 물건을, 감정을, 인정을, 끝내주는 몸매를, 금전적 여유를, 아름다운 집을 바란다. 이 목록에는 끝이 없다.

우리는 '그것'을 바라며, '그것'만 가지면 확실히 얻게 될 것 같은 만족감을 바란다. 그러다가 주변의 누군가가 '그것'을 얻으면 우리는 짐짓 그들에게 잘된 일이라는 듯 행동한다. 각자 안에 있는 착한 소녀에게 행복한 척하는 연기를 시킨다. 물론 진심이 섞여 있을 수도 있다. 하지만 아닐 수도 있다. 그 경우 우리가 조용한 욕실에 앉아 있자면 살짝살짝 신경을 갉아먹고 있던 어떤 것이 갈라진 발이 되어 드러난다. 오, 그것이 얼마나 심하게 우리의 마음을 캐내고 잘라내고 파내고 있는지….

질투라는 녀석

나는 질투 때문에 자주 고민하는 스타일은 아니다. 하지만 일단 질투가 마음속에 슬그머니 들어왔다면 그때부터 내 기분은 아주 끔찍해진다. 동의가 되는가? 연구에 따르면, 질투를 느끼게 만드는 조건들 중 최악의 조합이 있다고 한다. 예일대학의 연구진은 사회적 비교로 인해 생기는 질투는 다음 세 가지 조건이 선행될 때 일어난다고 밝혔다. (1) 자신이 중요하다고 여기는 삶의 영역에서 (2) 누군가로부터 자신의 인격에 대해 부정적인 피드백을 받았을 때 (3) 그리고 부정적 피드백을 해준 상대가 그 영역에서 성공적인 활동을 벌이고 있다고 판단될 때 질투가 생긴다고 한다. 이 연구진은 사회적 비교로 인한 질투를 경험하는 사람들은 상대방을 폄하하게 되고, 우울감과 불안감을 경험하게 된다고 말한다.[6)]

지금껏 살아오면서 내게도 갖고 싶은 '그것'들이 참 많았다. 그 각각의 것들은 위에서 말한 세 가지 조건도 충족시키고 있었다. 나는 스스로 중요하다고 생각한 영역에서 아릿한 거절감을 느끼거나 부정적인 피드백을 받았지만, 다른 사람들은 별다른 노력 없이 그것들을 가진 듯 보였다.

아빠라는 '그것': 아빠가 내 곁에 머물러주셨다면…. 나는 나를 환영받지 못한 존재로 느꼈다.

남자친구라는 '그것': 함께 춤출 데이트 상대만 있었더라면…. 나는 내가 못생겼다고 느꼈다.

친구라는 '그것': 저 아이와 친구가 될 수 있다면…. 나는 소외감을 느꼈다.

인생관리라는 '그것': 저 일을 깔끔히 해낼 수만 있다면…. 나는 스스로 무능하다고 느꼈다.

행실이 좀 더 방정한 자녀들이라는 '그것': 내가 더 좋은 엄마가 될 수만 있다면…. 나는 나 자신을 부족한 엄마라고 느꼈다.

기회라는 '그것': 출판사가 내게 기회를 준다면…. 나는 무시당하고 있다고 느꼈다.

환영받지 못한다는 느낌, 못생겼다는 느낌, 소외되고 있다는 느낌, 무능하다는 느낌, 부족하다는 느낌, 무시당하고 있다는 느낌. 이것들이 내가 종합아울렛 'TJ 맥스' 마감 세일 때 산 내 작은 인조가죽 지갑과 어깨에 멘 토트백 안에 집어넣고 다니는 매혹적인 질투의 소재들이다.

나는 이 같은 비교들과 그로 인해 발생한 불안이 내 인간관계와 기분, 꿈을 추구해갈 때 필요한 내 자신감에 영향을 끼치는 것을 보고만 있었다. 이 말에는 비교가 기쁨을 앗아간다는 암울한 진실이 담겨 있다. 기쁨이 결여된 인생은 공허하다. 우리는 자신이 가진 장점을 기뻐하지 않고 다른 사람이 가진 장점을 부러워하며 매우 힘든 시간을 보내고 있다.

13년 전의 나도 앞에서 말한 그 질투의 소재가 담긴 작은 인조가죽 지갑을 들고 작가 콘퍼런스에 갔다가 이런 경험을 하고 말았다.

나는 그곳에 도착했을 때 펼쳐질 광경을 머릿속에 미리 그려 놓고 있었다. 나는 출판사 몇 곳이 내 글에서 출판할 가치가 있는 무엇인가를 발견할 것이라고, 이번에는 예전과 다른 그림이 펼쳐지리라고 기대했다. 이번에야말로 내가 그곳에서 환영받는 존재, 빛나고, 유능하며, 소속 출판사를 찾아 눈에 띄는 사람이 될 것 같다고 느끼며 집을 나섰다.

콘퍼런스를 마치면 친구 로라를 만나 저녁을 함께 먹을 생각인데, 그때까지 그 좋은 소식을 알리지 않고 어떻게 기다릴지 고민할 정도였다. 그날 모든 회의가 끝나고 나면 내게 몇 가지 좋은 소식이 생겨 있을 것이 확실했으니 말이다. 하지만 내가 맡아놓은 테이블 너머로 로라에게 손을 흔들던 저녁, 나는 나 자신의 연약함에 생살이 까지는 듯한 기분이 들었다. 로라가 의자에 털썩 주저앉아 숨을 가누면서 감격에 찬 인사를 건넸을 때 나는 그 앞에다 구역질을 하고 싶어졌다. 그 순간 나는 로라와 저녁 먹을 계획을 세웠다는 사실이 싫어졌고, 로라 때문에 구역질을 하고 싶어 했다는 사실은 더 역겹게 느껴졌다. 내가 이렇게 못난 사람이었다니!

나는 구역질하고 싶다는 생각을 마음 깊숙한 곳에 억누르고는, 재빨리 그 감정을 향해 "부끄러운 줄 알아"라는 식의 비난을 퍼부었다. 그러면서 겉으로는 미소를 지었다. 마음을 가다듬었다. 로라는 내가 좋아하는 사람이며, 그녀를 만나는 순간은 정말로 행복해야만 한다고 혼자 되뇌었다. 로라는 뛰어난 작가였다. 비범한 단어들을 한데 엮어 독자들의 마음을 사로잡고 감동을 주는 재능이 있었다. 콘퍼런스에서 진행된 그녀와 출판사들 간의 만남이 성공적으로 끝났다는 것은 그리 놀랄 일도 아니었다.

"세 군데야!" 로라는 호들갑을 떨며 말했다. "출판사 세 곳에서 내게 제안서를 달라고 했어. 믿어지니? 내 책을 자기네 출판사 출간 일정표에 적어두는 것을 **정말로** 긍정적으로 생각하고 있대."

출간 일정표라니. 한 작가의 꿈이 현실이 되어 반짝이느냐 쨍그랑 깨지느냐가 결정되는 바로 그 자리. 예스냐 노냐, 그 간단한 단어 하나에 얼마나 큰 힘이 담겨 있는지 모른다. 작가에게 이 두 단어 간의 차이는, 그 영혼을 달에 닿을 정도로 날아오르게 하거나 깊고깊은 나락으로 가라앉게 할 정도로 크다.

그녀는 날아오르고 있었고, 나는 가라앉고 있었다. 나와 출판사들과의 미팅은 짧고 무뚝뚝하게 끝났으며, 그 속에는 그 어떤 반짝이는 희망의 끈도 보이지 않았다. 전혀. 나는 그 자리를 피해 레스토랑 화장실로 가서 거울을 들여다보았다. 거울 속의 여자는 완전히 벌거벗겨져 무거운 공허함과 함께 비교 속으로 들어가 익사해가고 있었다.

자신을 남과 비교하며 그 속에 빠져들 때 우리는 공허함을 느낀다. "욕심이 잉태한즉 죄를 낳고 죄가 장성한즉 사망을 낳는다"는 야고보서 1장 15절 말씀처럼, 이런 마음에서는 그 어떤 선한 것도 자랄 수 없다. 질투 어린 생각이 생명을 낳는 일은 없다. 실제로 질투 어린 생각에 빠져들면 사망에 이르게 된다. 자족함이 죽고, 우정이 죽으며, 평화가 죽는다. 그리고 또 기쁨이 죽는다.

질투와 부러움은 우리의 정신을 점점 더 깊숙이 베어 결국 공허함이라는 피를 흘리게 한다. 우리가 이미 갖고 있는 것을 보지 못하게 하고, 우리가 갖지 못한 것만을 보게 한다. 이 정도 얘기까지 나오면 우리는 뒤로 기대어 앉으며 말하기 시작한다. "그래, 알겠어. 나도 그 말이 사실이란 걸 알아. 질투가 좋지 않다는 것도 안다고. 나는 그걸 즐기지도 않고, 질투라는 감정더러 내 뇌리에 계속 남아달라고 청한 적도 없어. 나는 그것이 내 인생에 들어와 있는 것도 절대 원치 않아. 하지만 이미 질투가 생겨버렸는데 그럴 땐 난 어떻게 해야 해? 누군가가 옆에서 '질투하지 마'라고 이야기해주는 건 내게 아무 도움이 안 돼. 해결 방법도 알려주지 않으면서 잘못만 지적하는 사람을 만나면 난 더 심하게 이성을 잃게 된다고."

아멘. 내가 아는 한, 이런 상황에서 최선의 해결책(이자 내가 아는 유익한 해결책)은 하나님의 말씀에서 순전한 진리를 가져오는 것이다.

뿌린 대로 거둔다고 이야기한 갈라디아서 말씀을 좀 더 넓게 문맥에 맞춰 살펴보면 몇 가지 흥미로운 가르침을 얻게 된다. 질투를 느껴 고민하고 있을 때 우리가 취할 수 있는 실행방안 두 단계가 바로 그것이다. 첫 번째는 자기의 짐을 지는 것이며(갈 6:4-5), 두 번째는 다른 사람들에게 사랑을 베푸는 것이다(갈 6:9-10).

• • • 질투 어린 생각이 생명을 낳는 일은 없다.

자기 짐을 지라

질투 어린 생각을 다루기 위한 첫 번째 단계는 자기 자신, 즉 자신의 책임과 행동에 집중하는 것이다. 그것에 집중하면 우리가 이미 받은 것들과 제대로 해내고 있는 것들을 기뻐할 이유가 찾아진다.

> 각각 자기의 일을 살피라 그리하면 자랑할 것이 자기에게는 있어도 남에게는 있지 아니하리니 각각 자기의 짐을 질 것이라(갈 6:4-5).

나는 나의 책《성경 공부 하는 착한 여자보다 더 나은 사람이 되려면》(*Becoming More Than a Good Bible Study Girl*)에서 질투의 감정이 마음에 찾아들 때 스스로 도전하며 되새기는 진리가 있다고 이야기했다. 그 진리란 "나는 그녀가 가진 요소들을 다룰 준비가 되지 않았다. 좋은 것이든 나쁜 것이든 다 마찬가지다. 그런데 그녀가 가진 요소에는 언제나 그 두 가지가 다 들어 있다"는 것이다. 다른 말로 표현하자면, 나는 내가 다룰 수 있는 만큼의 짐만을 부여받았다는 것이다. 나는 '내 짐'에 들어 있는 좋은 것과 나쁜 것들을 지고 살아야 한다. 우리는 다른 사람의 짐을 짊어지도록 설계되지 않았으며, 그 같은 임무를 부여받지도 않았다.

이 부분을 유진 피터슨의 《메시지》 성경으로 다시 한 번 읽어보자.

> 여러분 자신이 어떤 사람이며 여러분에게 맡겨진 일이 무엇인지 조심스럽게 살핀 다음에, 그 일에 몰두하십시오. 우쭐대지 마십시오. 남과 비교하지 마십시오. 여러분은 저마다 창조적으로 최선의 삶을 살아야 할 책임이 있습니다.

나는 여기서 "저마다 창조적으로 최선의 삶을 산다"라는 말이 마음에 든다. 다른 누군가의 삶을 살고 싶어 한다는 것은 곧 나 자신의 도전이나 기회와 직면하는 데 써야 할 한정된 삶의 에너지를 낭비한다는 의미다. 하나님은 나를 위한 아름다운 계획, 즉 내가 이 삶에서 완수할 수 있는 창조적인 최선의 계획을 세워두고 계시는데 말이다.

사탄이 나를 산만하게 만들어 그 일에 집중하지 못하게 하려고 질투라는 방법을 사용하는 것이 아닐까? 사탄은 훔치고 죽이고 파괴하는 거짓말쟁이다. 그는 하나님께서 다른 사람에게 맡기신 것을 내가 원하게 만듦으로써 내 관심을 훔치고, 나의 기쁨을 죽이며, 창조적인 내 최선의 삶을 파괴한다. 다시 말해 다른 누군가의 짐을 지면 더 행복하고 더 만족스럽겠다는 생각은 사탄이 직통으로 우리에게 속삭이는 거짓말이다. 이 말은 사실이 아니다. 사실일 것 같다는 느낌이 들지만, 느낌이라는 것은 교묘한 녀석이다. 내 친구 로라와의 저녁 식사를 기억해보라. 맞다, 그녀는 책 계약을 따냈고 승승장구했다.

반면, 그때 나는 계약을 하지 못했다. 그 이후 글 쓰는 기술을 더 배우고, 출판 계약이 주는 스트레스로 제정신이 아닌 엄마의 상태를 아이들이 이해해줄 수준에 도달하기까지 어린 자녀들을 좀 더 키우면서 몇 년을 기다려야 했다. 내가 로라와 같은 시기에 출판 계약을 했다면, 그것은 여러모로 내게 힘든 일이 되었을 것이다. 그때 작가 일선에 선 내 모습을 상상하면 그야말로 끔찍하다.

글을 쓰기 시작한 초기에 썼던 제안서 몇 개를 최근 다시 읽어봤는데, 나는 곧바로 주저앉아 이 글들이 전 세계에 공개적으로 읽히지 않게 해주신 하나님께 진심으로 감사의 기도를 드렸다. 당시의 나는 준비가 안 되었다. 지금은 그것을 안다. 이렇게 나를 보호해주신 하나님께 감사드린다.

과거를 돌아보며 나를 보호해주신 하나님께 감사를 드리게 되는 인생의 영역은 이뿐만이 아니다. 내게 데이트 신청을 하지 않았던 소년들에 대해서도 하나님께 감사하며, 내 딸의 고집 센 성격에 대해서도 지금은 감사한 마음이다. 결과적으로는 그 고집이 선교에 대한 열정적인 끈기를 낳았기 때문이다. 내가 갖지 못함으로써 나를 겸손한 사람이 되게 해준 지나간 기회들에 대해서도 감사드린다. 현재 내가 갖고 있는 모든 것과 갖지 못한 모든 것이 내게 맡겨진 고유한 짐을 이루고 있다.

결국 하나님께서 우리에게 각자의 짐을 지는 일에 집중하고, 비교하거나 다른 사람의 짐을 따라 지려고 노력하는 것을 거부하라고 하신 것은 이 때문이다. 즉, 우리를 보호하시는 것이 그분의 목표다. 지금은 안다. 이로써 나의 뇌에는, '저 여자가 가진 걸 나도 갖고 싶어' 같은 생각이 기쁨을 앗아가려고 할 때 머물 수 있는 더 좋은 장소가 생겼다. 그리고 나는 이제 공허함 대신에 가능성을 느낀다. 나는 나만이 가꿀 수 있는 창조적인 씨앗을 뿌리고 거기에서 목적이 있는 기다란 나뭇가지가 자라는 모습을 지켜본다.

다른 사람들에게 사랑을 베풀라

남의 짐이 아닌 나의 짐에 집중함으로써 질투심을 바로잡았다 해도, 거기서 끝이 아니다. '비교'를 다루는 두 번째 단계는 적극적으로 다른 사람들의 유익을 구하는 것이다. 갈라디아서 6장 9-10절에는 이 같은 가르침이 나온다.

> 우리가 선을 행하되 낙심하지 말지니 포기하지 아니하면 때가 이르매 거두리라 그러므로 우리는 기회 있는 대로 모든 이에게 착한 일을 하되 더욱 믿음의 가정들에게 할지니라

내 친구 사라는 타인에게 사랑을 베푸는 일과 관련해 내가 아는 한 가장 아름다운 예를 보여주었다. 공허한 여자가 되고 다른 사람을 질투하게 만드는 어떤 조건이 있다면, 사라가 처한 상황이 딱 그랬다. 하지만 그녀는 다른 길을 택했다. 사람을 공허하고 메마르게 하는 불치병이 그녀를 위협하는데도 이 젊은 여성은 풍요로운 마음을 지켜나갔다. 그녀는 자신의 짐을 졌다. 그러면서 다른 사람들에게 사랑을 베풀었다.

얼마 전에 나는 사라에게 문자 메시지를 보냈다. 나로서는 특히 작성하기 힘든 메시지였다. '전송'이라는 글자를 누르는 순간 내가 그녀에게 보내는 마지막 문자가 될 것임을 알았기 때문이다. 나는 그녀에게 작별의 인사말을 속삭였다. 그 말은 내가 갈 수 없는 곳에 가 닿았다. 바로 그날, 사라와 가까웠던 한 사람에게서 받은 메일을 통해 나는 사라가 곧 예수님의 품으로 가게 될 것임을 알았다.

"아름다운 사라…. 아, 내 친구. 넌 언제까지나 풍성한 은혜의 초상으로 내 마음속에 남아 있을 거야. '은혜'라는 단어를 볼 때마다 나는 네 생각을 할 거야. 얼마 안 있어 예수님의 손을 잡게 될 너의 모습이 얼마나 영광스러울지, 살짝이라도 볼 수 있다면 좋을 텐데. 너는 온전하고 건강하고 행복한 모습을 하고 있겠지. 하지만 나는 네가 몹시 그립구나."

사라는 생전에 블로그를 통해 자신의 사랑과 격려와 은혜의 이야기를 엮어냈다. 내가 그녀를 만나게 된 것도 블로그를 통해서였다. 언제부터인가 내 블로그에 '기츠'(Gitz)라는 닉네임으로 쓴 글이 많이 보였는데, 나는 그 이름이 재미있었다. 그녀가 쓴 글들은 언제나 나를 미소 짓게 했다. 그래서 결국 그녀의 블로그에 들어가보게 되었고, 그녀의 사연을 읽은 나는 울지 않을 수 없었다.

사라는 오랫동안 병을 앓고 있었다. 그녀는 자신의 사연을 이렇게 쓰고 있었다.

> 저는 스물아홉 살 때부터 이 아파트에서 지내고 있습니다. 몇 년 동안 이곳을 떠나지도, 밖으로 나가지도 못했습니다. 심지어 창문도 열 수 없습니다. 이곳이 지금 제가 머물고 있는 곳이자, 계속 머물게 될 곳입니다. 하지만 누군가가 '집'이라는 단어를 말할 때 저는 이곳을 떠올리지 않습니다. 사실 제가 떠올리는 것은 그 어떤 '장소'가 아닙니다. 저는 '누군가'를 떠올립니다. 저의 집은 사람들의 마음속에 있기 때문입니다.[7)]

사라는 격리된 채 고통 속에 살면서도 놀라운 격려의 글들을 써냈다. 그 글은 나에게, 그리고 수많은 네티즌에게 격려가 되었다. 그것은 은혜, 곧 풍성한 은혜였다.

은혜…. 내가 달리 수고하지 않고 얻는 아름다움…. 꼭 그러지 않아도 될 누군가가 건네주는 호의. 누구보다 더 많은 은혜와 아름다움과 호의를 받았어야 할 그녀는 도리어 그 자신이 타인에게 주고 또 주는 존재가 되었다.

그녀가 내게 보낸 메일 가운데 이런 내용이 있었다. "실없는 웃음을 짓게 하면서 정말로 중요한 요점을 전달해내는 선생님의 방식이 저는 참 좋습니다." 나는 그녀가 한 글자 한 글자를 쓸 때 얼마나 많은 노력을 기울여야 하는지 알고 있었다. 그야말로 엄청난 노력이 필요한 작업이었다. 사라는 대문자를 쓰지 않았으나 그럼에도 언제나 자신의 생각을 완전하게 글로 써냈다. 그녀의 생각은 타인을 격려했다. 앞으로 그 생각들을 내가 얼마나 그리워하게 될지 모르겠다.

그녀의 건강이 악화되기 몇 주 전에 나는 '용기(를 주는) 블로그'에 속한 몇몇 친구들과 함께 작가 수련회에 참석했다. 기독교 용품사 '데이스프링'이 제공하는 멋진 웹사이트에서 블로그를 운영하며 알게 된 여성들의 모임이었다. 사라는 이 그룹에서 아주 중요한 인물이었으나, 모임에는 참석하지 못했다. 적어도 직접 참석은 불가능했다. 그래서 우리는 인터넷전화를 통해 그녀를 모임에 참석시키기로 결정했다.

우리는 노트북 하나를 가운데 두고 옹기종기 동그랗게 모여 앉아 한 사람씩 차례로 컴퓨터 화면을 보면서, 마지막이 될 소중한 말과 웃음, 눈 맞춤을 나누었다. 내 차례가 돌아와 그녀에 대한 내 사랑을 전하려 했으나, 그녀가 도리어 나에 대한 사랑을 표현하느라 주어진 시간을 다 썼다. 이것이 사라의 방식이었다.

컴퓨터 화면을 향해 손을 내뻗자 내 눈에서 눈물이 솟아올랐다. 우리 가운데 여럿이 화면을 어루만졌다. 조금이라도 사라를 더 느끼고 싶어서였다. 우리는 컴퓨터를 돌려 사라에게 해변의 풍광을 보여주었다. 깊은 바다와 넓은 하늘, 환히 빛나는 태양.

다른 말은 필요치 않았다. 하나님의 창조세계가 모든 것을 말해주고 있었다. 그분은 바다처럼 깊고, 하늘처럼 넓으며, 태양처럼 멀리까지 그 존재를 드러내시는 분이다. 우리가 눈물을 흘릴 때조차 그분의 손길은 그녀를 결코 흘러내림 없이 붙들고 있으리라는 사실을 우리는 알았다. 아주 잘 알았기에 나는 "안녕, 사라"라는 말을 하지 않았다. 나는 그저 "그때까지, 내 친구… 그때까지"라고만 말했다.

그동안 나는 영혼으로 사라를 흠모하여 그 발밑에 앉아 배움을 얻고 있었다. 이 충만한 여인은 얼마든지 공허해지고 궁핍해질 수 있는 환경에 있었다. 유혹에 빠져 타인이 받은 축복을 탐하고 그 영혼의 그림자 속에 웅크리고 있는 온갖 비교를 해가며 살 수도 있었다. 그러나 사라는 그 어두운 길모퉁이에 주저앉아 자신이 갖지 못한 것들에 빠져 지내기를 거부했다.

그 대신 사라는 자신이 가진 것을 누렸다. 바로 그 자리에서 그녀는 생명의 씨앗을 뿌리고 깊고 희귀한 영혼의 만족이라는 열매를 거둬들였다. 숙소를 한 번도 떠난 적이 없는 그녀는 그 귀중한 자리에서 자신의 선량함을 전 세계에 퍼뜨렸다.

사라는 내가 이 장을 다 쓴 직후 예수님께로 갔다. 언제까지나 그녀는 사람들의 사랑과 그리움의 대상이 될 것이며, 사람들의 기억 속에 남아 있을 것이다. 그녀가 선택한 삶의 방식은 아주 오래도록 남을 교훈을 내게 가르쳐주었다. 그 교훈이 우리와도 함께하길 기원한다.

• • • 질투하는 영혼을 갖겠는가, 베푸는 영혼을 갖겠는가?

• • •

질투하는 영혼을 갖겠는가, 베푸는 영혼을 갖겠는가? 선택은 전적으로 우리 몫이다.

나는 공허한 여자가 되고 싶지 않다. 언제든 이성을 잃을 준비를 하고 사는 그런 여자가 되고 싶지는 않다는 말이다. 여러분도 마찬가지일 것이다. 때때로 남의 것과 바꾸고 싶은 나의 이 삶이 사실은 매우 많은 특권을 누리고 있는 인생이며, 나 같은 인생만 살 수 있다면 무엇이라도 내놓을 사람이 아주 많다는 사실을 깨닫는다면 우리의 관점은 어떻게 바뀔까?

그리고 우리가 나만의 짐을 지되, 오늘 하루 그 짐을 잘 진다면? 또한 오늘 하루 다른 사람들에게 사랑을 베풂으로써 내 영혼의 능력을 확장시킨다면? 오, 우리가 나만의 짐을 지고 다른 사람들에게 사랑을 베풀겠다는 선택을 하게 되기를. 신경을 갉아먹고 할퀴며 영혼을 위축시키는 길, 환상 속에나 존재하는 '그것'을 원하는 길이 아닌 이 길을 선택하라. 사람을 유인했다가 결국 가진 힘을 쏙 빼가고 마는 공허한 여자의 방식을 거부하라. 나는 기도한다. 아무리 삶이 힘들고 혼란스럽더라도 우리가 있는 그대로의 자신을 받아들이고, 지금 우리 앞에 놓인 모든 선한 현실로 영혼을 채워나가는 용기 있는 선택을 하게 해달라고.

있는 그대로의 나, 있는 그대로의 내 소유, 있는 그대로의 내 능력.

나는 어떤 경우에 '그녀'와 그녀의 존재, 그녀가 갖고 있는 것과 그녀가 할 수 있는 것에 대해 생각하게 되는가? 그리고 씨를 뿌리기 위해 땅에 고랑을 만드는 쟁기처럼 어떤 때 그것이 내 마음을 갈라놓는가? 그 씨앗이 '그녀'를 위해서는 진정한 축하로, '나'를 위해서는 온전한 평화로 자라 추수하게 되기를 바란다. 나라는 여자는 한때 매우 공허하며 이성을 잃고서 살았으나 점차 배우고 성장하면서 더 많은 성취를 수확해가고 있다.

10

내면의 부정적인 속삭임에 속지 마라

●

이제는 내면의 부정적인 속삭임, 그러니까 너무 쉽게 우리 인식 속으로 들어와 곧바로 위험한 현실로 드러나는 그릇된 생각에 대해 따져보고자 한다. 그런데 진리가 아니라 제멋대로인 감정에 기초한 현실의 종착지는 언제나 같다. '불안'이 곧 그것이다.

'넌 지금 사랑받지 못하고 있어.'

'그걸 할 수 있다고 생각하다니, 정말이야?'

'왜 그런 말을 했어? 사람들이 다 널 짜증 나는 사람이라고 생각할 거야.'

'네 자녀들이 방금 엄마인 네게 어떤 점이 부족한지를 다 보여줬구나.'

'넌 눈에 띄지도 않아.'

이런 생각들에게 비웃음을 당해본 적이 있는가? 나는 있다. 왜 우리는 이 파괴적인 말들이 영혼을 무겁게 내리누르도록 놔두는 것일까? 이 같은 유독한 생각들이 위험한 것은, 우리 안에 그 어떤 진리도 발붙이지 못하게 하기 때문이다. 그리고 진리가 발붙이지 못한 그 빈자리에는 거짓말이 똬리를 틀게 되어 있다.

어느 날 남편과 무언가에 대해 논의하던 중 내 입에서 이런 말이 튀어나왔다. "당신이 이 문제에 대해 내가 짜증스럽고 과잉보호하는 입장을 갖고 있다고 생각하는 걸 나도 잘 알아. 하지만…."

그러자 남편이 내 말을 끊으면서 이렇게 말했다. "내 생각을 당신이 어떻게 알아? 당신 생각에 대해서까지 내게 책임지라고 말하진 말아줘."

와우, 남편의 이 같은 도전에 나는 멍해졌다. 내 안에서 무언가가 우리 부부 사이에 대해 "리사, 아트는 너를 짜증스러운 존재라고 생각하고 있어"라고 속삭이고 있었음을 깨달은 것이다. 맨 처음 그런 생각이 들었을 때 내가 곧바로 의문을 제기하지 않았기 때문에 그 생각은 마구 활개를 치고 다니다가 결국 확고한 인식이 되고 만 것이다. 그 인식은 이후 우리 부부가 나눈 모든 대화에서 일종의 필터로 작용했고, 나는 그가 나를 짜증스러운 존재라고 여기는 증거를 더 많이 찾으려는 사냥꾼이 된 듯한 마음으로 남편과 대화를 했다. 이렇게 왜곡된 확신을 켜켜이 쌓아가다 보니 '나는 짜증스러운 사람'이라는 생각이 내 현실이 되어 있었다. 하지만 실제는 그렇지 않았다. 잘못된 생각이 잘못된 인식을 낳고, 그것이 곧 잘못된 현실이 되어버린 상황이었다.

아트가 중간에 대화를 끊고 내 말에서 엉클어진 부분을 풀려 한 것은 매우 잘한 일이었다. 실제로 그가 내게 그런 말을 한 적은 없었다. 그저 내가 지레짐작으로 그가 그런 생각을 하고 있다고 판단하여, 마치 유독한 생각이 그에게서 나온 듯 전제하고 관계를 이어왔다. 그의 마음에 축복이 임하길.

우리 여자들은 너무 자주 이런 식으로 행동하는 것 같다. 유독한 생각들이 차곡차곡 쌓여 우리 내면의 부정적인 면을 증가시킨다. 부정적인 면이 커질수록 감정을 폭발(분출)시키거나 내파(억누름)시킬 가능성도 덩달아 높아진다. 감정을 분출하든 억누르든, 그 순간 우리의 염려 지수가 급상승하여 우리의 마음은 물론 영혼과 몸에까지 영향을 미친다. 그 구체적인 과정이 궁금하지 않은가?

지금부터 나는 몇 가지 중요한 조사 결과를 인용하려 한다. 이것은 특히 생리학과 하나님께서 우리의 몸을 어떻게 설계하셨는지에 관심이 있는 사람들에게 유용할 것 같다. 조금 복잡한 내용이니 중간에 길을 잃지 않도록 유념하면서, 아주 똑똑한 사람들이 말한 매우 놀라운 사실 몇 줄을 읽어주기 바란다.

> 우리 몸이 정보를 얻어 어떤 태도(정신 상태)를 활성화시킬 때, 그것은 삶에 대한 우리의 반응에 영향을 미치게 되어 있다. 그렇게 활성화된 태도는, 그것이 긍정적인 것이든 부정적인 것이든 간에 모두 (우리 뇌의 모든 생각에 대하여 항공 교통 관제사의 역할을 하는) 시상에서 나와 시상하부로 전달된다.[8)]

아몬드와 비슷한 크기의 기관인 시상하부는 우리 뇌에서 소형 화학 공장 역할을 한다. 우리의 생각이 형성되는 과정이 그 안에서 일어난다. 그리고 그보다 더 큰(달걀 크기) 시상으로부터 우리의 생각에 대한 반응을 준비하라는 신호를 받은 시상하부는 어떤 종류의 화학물질을 얼마만큼 보낼지를 결정해 몸으로 흘려보냄으로써 우리의 감정적·지적 기능 방식에 지대한 영향을 미친다.[9)]

예를 들어 우리가 무언가를 염려하거나 불안감을 느낄 때, 시상하부는 그 불안에 대해 스트레스성 화학물질을 한가득 보내는 것으로 반응한다. 이 화학물질은 내분비계 주분비선인 뇌하수체에 영향을 끼치며, 이 내분비계는 또다시 몸 안의 세포 수조 개를 조직하는 역할을 맡은 호르몬을 분비하여 임박한 위협에 맞서게 한다. 부정적인 생각은 우리 몸의 내분비계에 변화를 일으켜 그것이 몸을 보호하는 일에만 집중하게 함으로써 지혜로운 생각을 하거나 건강한 생각을 발전시키는 능력을 제한한다.

반면에 우리가 태도를 바꾸고 염려하지 말라고 하신 하나님의 탁월한 조언을 삶에 적용하기로 결심한다면, 시상하부는 평화의 감정을 생성시키는 화학물질을 분비하며, 뇌의 나머지 부분 역시 정확한 '공식'에 따라 반응하여 신경전달물질을 분비함으로써 우리가 명확한 사고를 할 수 있게 한다.[10)]

간단히 말해 하나님은 우리를 창조하실 때 몸이 우리의 생각에 반응하도록 설계하셨다. 부정적인 생각을 하면 몸이 위기대응체제에 들어간다. 신체는 활성화되지만 사고능력은 방해받는다. 반면, 긍정적인 생각을 하면 상황을 정확히 파악하고 건강한 방식의 대응을 할 수 있게 된다.

이 진리를 생각하면 좀 더 높은 기준에 맞춰 생각해야겠다는 도전의식이 생긴다. 제멋대로인 생각들로 인해 그처럼 엄청난 정신적·신체적 피해가 생기는 것을 어찌 보고만 있겠는가! 그 생각들이 마치 자기들이 진실인 양 거리를 행진하며 우리 안에 근심을 키우고, 우리를 조종해 불안감을 조성하며, 스스로 부족한 존재라 여기고 오해하게 만드는 것을 어찌 그냥 내버려두느냔 말이다. 아, 그동안 잘못된 전제를 갖고 사느라 우리가 얼마나 많은 문제들을 스스로 초래하며 살아왔는지….

우리의 몸과 감정과 호르몬, 그리고 그 안에 들어 있는 화학반응을 만드신 분이 하나님이기에, 그분의 말씀 속에는 이 모든 것을 다루는 방법에 대한 지혜까지 다 들어 있다. 아래는 그 지혜 가운데 핵심이 되는, 사도 바울의 글이다.

> 아무것도 염려하지 말고 다만 모든 일에 기도와 간구로, 너희 구할 것을 감사함으로 하나님께 아뢰라 그리하면 모든 지각에 뛰어난 하나님의 평강이 그리스도 예수 안에서 너희 마음과 생각을 지키시리라 끝으로 형제들아 무엇에든지 참되며 무엇에든지 경건하며 무엇에든지 옳으며 무엇에든지 정결하며 무엇에든지 사랑받을 만하며 무엇에든지 칭찬받을 만하며 무슨 덕이 있든지 무슨 기림이 있든지 이것들을 생각하라 너희는 내게 배우고 받고 듣고 본 바를 행하라 그리하면 평강의 하나님이 너희와 함께 계시리라(빌 4:6-9).

여러분도 읽어본 말씀일 것이다. 하지만 방금 우리가 이야기한 정신의 작용 과정에 대한 과학의 측면에서 이 말씀을 적용해

본 적이 있는가? 하나님은 우리의 마음을 감사 위에 심고 그분의 능력을 우리 삶에 초청함으로써, 염려로부터 마음을 지키는 것의 중요성을 잘 알고 계셨다. 그분의 평화는 영적인 축복일 뿐 아니라 육체적인 축복이기도 하다. 재미있지 않은가?

• • • 생기를 앗아가는 생각이 아닌 생기를 불어넣는 생각 위에 우리 마음을 두어야 한다.

파괴적인 생각이 아닌 건설적인 생각 위에 우리의 마음을 두고 생각하며 숙고해야 한다. 우리를 무너뜨리는 생각이 아닌 우리를 세워주는 생각, 우리에게서 생기를 앗아가는 생각이 아닌 생기를 불어넣는 생각, 염려가 아닌 평안으로 우리를 이끌어가는 생각 말이다.

세 가지 질문

이제 제멋대로인 우리의 생각과 가정과 오해를 억제시키려 할 때 사용할 수 있는 세 가지 질문을 살펴보려 한다. 다른 사람이 우리에 대해 이렇게 생각할 거라고 지레짐작하여 우리를 우울하게 만들 때, 스스로 이 질문들을 해보면 도움이 될 것이다.

첫 번째 질문: 그 사람이 정말 그 말을 했는가, 아니면 내가 지레짐작한 것인가?

사람들은 우리가 생각하고 있는 것만큼 우리에 대해 그렇게 많은 생각을 하고 있지 않다. 그들이 우리에 대해 실제로 부정적인 생각을 갖고 있다 할지라도, 진상을 파악하고 난 뒤에 직접 대응에 들어가야 한다. 다른 사람의 생각을 지레짐작하는 것은 상대방 입장에서 볼 때 부당한 일이며, 나 자신도 불필요한 상처를 입는 일이다. 걱정만 하고 있기보다는 나가서 그 사람에게 확실히 질문해 사실을 알아내고, 그때 들은 내용에 대해 올바른 반응을 하도록 도와달라고 하나님께 간구해야 한다.

빌립보서 4장 6절은 모든 상황에서 염려가 아닌 기도를 택하라고 청하고 있다. 짐작이나 절망 속에 빠져들어 생각이 우리를 현혹하도록 내버려두는 대신, 그분의 진리를 그 상황 속에 비춰 보여달라고 하나님께 간구하는 길도 있다. "아무것도 염려하지 말고 다만 모든 일에 기도와 간구로, 너희 구할 것을 감사함으로 하나님께 아뢰라."

두 번째 질문: 나는 적극적으로 진리에 몰두하고 있는가?

하나님의 진리의 말씀을 읽고 그 진리로 마음을 채울수록 진리가 아닌 것을 두고 묵상하는 시간이 줄어든다. 제멋대로인 생각, 걱정스러운 생각을 한다는 것은 곧 염려를 초청해 불러들이는 것과 같다. 반면, 진리에 대한 생각을 하면 우리가 처한 상황에 좌지우지되지 않는 평화가 우리의 마음을 감싸준다. 과학이 밝혀낸 사실들을 기억해보라. 걱정을 하면 그 "부정적인 생각은 우리 몸의 내분비계에 변화를 일으켜 그것

• • • 제멋대로인 생각, 걱정스러운 생각을 한다는 것은 곧 염려를 초청해 불러들이는 것과 같다.

이 몸을 보호하는 일에만 집중하게 함으로써 지혜로운 생각을 하거나 건강한 생각을 발전시키는 능력을 제한한다".

우리의 마음과 정신이 진리의 인도를 받기를 원한다면, 진리에 철저히 몰두해야 한다. 곧 하나님의 말씀이 든 책을 펼치고, 그 말씀이 우리 마음을 열게 하라는 말이다. 이로써 우리의 마음가짐은 새로워진다.

빌립보서 4장 7절 말씀에는 우리가 하나님을 의지하여 그분의 진리로 나를 채울 때 일어날 일에 대한 약속이 담겨 있다. 하나님의 평강이 우리의 마음을 보호해주신다는 것이 바로 그 약속이다. "그리하면 모든 지각에 뛰어난 하나님의 평강이 그리스도 예수 안에서 너희 마음과 생각을 지키시리라."

세 번째 질문: 내 불안을 가중시키는 상황이나 인간관계가 있는가?

마지막으로, 어떤 상황이나 인간관계가 우리의 불안을 가중시키고 있다면, 잠시 그것을 벗어나 있는 시간이 필요할 수 있다.

언젠가 슈퍼마켓에 갔다가 왠지 나를 불안하게 만드는 친구를 우연히 만났다. 그 친구는 돌아오는 주말에 있을 학교 기금 마련 행사에 참석할 것인지 물었다. 나는 기부는 하겠지만 강의 약속이 있어 직접 참석하기는 힘들겠다고 답했다.

그러자 그 친구의 대답이 단검처럼 똑바로 날아와 내 마음에 날카롭게 꽂혔다. "어떻게 아이들만 남겨두고 돌아다닐 수 있는지 모르겠다. 나 같으면 절대 그렇게 못할 거야."

그녀가 자신의 의견을 마저 개진하는 동안 나는 그녀와 눈을 맞추지 않기 위해 카트에 있던 물건들을 조용히 정리하는 척했다. 나는 "방금 한 그 말이 무슨 뜻인지 알려주면 좋겠구나"라고 말하면서 자신감 있고 냉철하게, 예수님이 내 마음에 정리해주신 답을 그녀에게 들려줄 수도 있었다. 하지만 나는 그러는 대신, 할 수 있는 한 최대로 서둘러 그 대화를 끝내고 쇼핑도 하다말고 차로 돌아가 울음을 터뜨렸다. 그러면서 내가 좋은 엄마인지 아닌지 자문했다. 그리고 학교 기금마련 행사에 가지 않기로 한 내 판단이 옳았는지 의심했다. 나를 비난한 저 사람의 완벽해 보이는 일상과 나의 불완전한 모습을 비교하니 나 자신이 말도 안 되게 부족한 사람같이 느껴졌다.

나중에 나는 이 친구와 대화하면서 그 발언에 대해 이야기해보려고도 했다. 하지만 그녀가 가정 밖에서도 사역하기로 한 내 결정을 지지해줄 수 없는 사람이라는 뼈아픈 사실만이 명확해질 뿐이었다. 쏘는 듯 가슴 아픈 말을 몇 마디 더 들은 다음, 마침내 나는 우리의 관계가 나 못지않게 그녀에게도 성가신 것이었음을 깨닫게 되었다. 우리는 서로가 상대방의 생각에 동의하지 못한다는 것을 확인했고, 결국 우리의 우정은 끝나고 말았다. 그 우정은 존중과 격려, 사랑을 특징으로 삼는 우정이 아니라 우리 두 사람 모두에게 유익하지 못한 관계였던 것이다.

그 슈퍼마켓에서 나는 비난의 도미노 효과를 일으키는 반응을 보일 수도 있었다. 하지만 나는 하나님께서 내 인생 가운데 지금 시기에 바라는, 그분의 뜻이라고 보여주셨던 것을 생각하기로 택했다. 하나님께 순종하는 일에 대해 **그 친구**의 허락을 받을 필요는 전혀 없다. **하나님**의 허락만으로 충분했다. 나는 빌립보서 4장 8절의 가르침을 내 마음에 두었다.

> 끝으로 형제들아 무엇에든지 참되며 무엇에든지 경건하며 무엇에든지 옳으며 무엇에든지 정결하며 무엇에든지 사랑받을 만하며 무엇에든지 칭찬받을 만하며 무슨 덕이 있든지 무슨 기림이 있든지 이것들을 생각하라.

내면의 속삭임을 잠잠케 하라

우리의 우정이 존중과 격려, 사랑을 그 특징으로 삼게 되기를 바란다면, 우리는 모든 인간관계 속에서 이 같은 특징들을 발전시켜야만 한다. 이를 실현하기 위한 방법들 중 하나는 내면의 속삭임과 관련이 있다.

예전에 했던 대화를 사후에 지나치게 분석하는 경우, 내면의 속삭임이라는 것이 우리를 사로잡는다. 다음과 같은 소리들이 머리 앞뒤에서 울려대는 것이다.

'내가 이 말을 했을 때, 그녀는 이런 생각을 했을 거야.'

'지금쯤 그녀는 이런 생각을 하고 있겠지.'

'그걸 바로잡는 말을 해야 할 것 같은데, 그러면 나를 지나치게 확대해석하는 여자라고 생각하겠지.'

'맙소사. 왜 내가 그런 말을 했을까?'

지금 내가 한 말이 무슨 뜻인지 모르겠다면 지금 당장 손을 위로 들고 내면의 속삭임이라는 악령과 싸우지 않게 해주신 하나님을 찬양하라. 하지만 내 말이 무슨 뜻인지 알 것 같다면 당신은 혼자가 아니니 안도의 한숨을 내쉬기 바란다.

안도의 한숨을 내쉬었다면, 이제는 새로운 가능성의 호흡을 들이마시라. 친구들에게 우리 내면의 속삭임을 잠잠하게 만들 권한을 부여함으로써 우리가 바라는 존중과 격려와 사랑을 발전시킬 수도 있다는 가능성 말이다. 이것이 구체적으로 어떤 행동을 뜻할까? 그저 전화를 걸어 이렇게 말하는 것도 그 행동이 될 수 있다. "아까 우리가 대화를 나눴잖아. 하지만 넌 내가 앞으로 너에 대한 모든 것을 어떻게 분석할지 걱정할 필요가 없어. 나는 네가 정신 나갔다거나 신경을 많이 써야 하는 친구라거나 괴짜라는 생각은 하지 않았으니까. 알겠지? 나는 널 사랑해. 무언가 설명해야 할 일이 있다면 나는 곧장 네게 전화를 걸어 너와 함께 그 일을 해결할 거야."

최근에 나눈 당신과의 대화로 인해 골머리를 앓는 한 친구에게 이런 전화 한 통이 얼마나 큰 선물이 되는지 아는가?

내면의 속삭임에 휘둘리는 것은 정말이지 미친 짓이다. 지난주 나는 한 친구와 재미있는 대화를 나눴다. 같이 커피를 마시는데, 그 친구가 전날 나와 통화를 하면서 자신이 한 말 때문에 내면의 속삭임을 듣고 있다며 고백해온 것이다. 그 친구는 스스로 바보 같은 말을 했다는 생각에 자책하며 내가 자신을 별난 사람으로 생각할 거라고 확신한 채 잠자리에 들었다고 했다.

하지만 그날 잠자리에 들 때 내 머릿속에는 그런 생각이 눈곱

만큼도 들어 있지 않았다. 오히려 정반대였다. 나는 그 친구가 내가 아는 사람들 가운데 가장 귀엽고 괜찮은 사람이라고 생각했다.

• • • 타인에게 사랑과 기쁨을 쏟을수록 자신의 삶 속에서 그것들을 더 많이 경험하게 된다.

우정이란 성장을 위해 깨끗하게 갈아놓은 밭과 같다. 우리는 심은 대로 거둔다. 확신과 축복과 사랑을 심으면 안정이라는 열매를 풍성하게 거두지만, 반대로 험담과 의문과 의심을 심으면 불안정이라는 열매를 거두게 된다.

오늘은 친구에게 전화를 걸어 "사랑해. 그게 너에 대한 내 생각의 전부야. 이상 끝"이라고 말하기에 참으로 좋은 날이다.

나는 타인에게 사랑과 기쁨을 쏟을수록 자신의 삶 속에서 그것들을 더 많이 경험하게 된다는 사실을 알게 되었다. 다만 그처럼 넘쳐흐르는 기쁨, 곧 엄청나게 풍성한 기쁨은 하나님의 진리와 말씀에 집중할 때만 얻을 수 있다. 시편 126편 2-3절은 우리 삶의 사운드트랙이 되기에 적절한 사랑스러운 노래다.

> 그때에 우리 입에는 웃음이 가득하고 우리 혀에는 찬양이 찼었도다 그때에 뭇 나라 가운데에서 말하기를 여호와께서 그들을 위하여 큰일을 행하셨다 하였도다 여호와께서 우리를 위하여 큰일을 행하셨으니 우리는 기쁘도다

모든 것이 늘 좋을 수만은 없다. 후유! 나도 이것이 어려운 일임을 안다. 위에서 말한 세 개의 간단한 질문을 던져도 해결되지 않는 좀 더 복잡한 문제가 있을 수 있음도 안다. 그러나 우리의

생각을 책임 있게 붙잡는 것이 좋은 시작점이 될 것이다.

내면의 속삭임이라는 문제를 잘 다룰 때 우리는 자유에 한 발 한 발 더 가까이 다가가게 된다. 의심과 불안, 혼란과 불신이라는 부정적인 것에서 벗어나는 수동적인 자유만이 아니라, 다른 사람들에게 사랑을 베풀고, 명료한 생각을 하며, 다른 사람이 어떻게 생각하든 삶 속에서 하나님의 부르심에 순종하는 능동적인 자유 말이다. 생각이 정말 중요하다.

결국 우리의 사고방식은 생활방식과 직결된다.

이 말을 한 번 더 읊어야 할 것 같다. 우리의 사고방식은 생활방식과 직결된다. 진리로 생각하고, 진리를 살아내게 되기를. 오늘 하루도 오직 진리로.

내 영혼도 숨 쉴 틈이 필요하다

●

얼마 전, 십대인 아들과 단둘이 부엌에 있을 기회가 있었다. 나는 우편물을 살펴보는 중이었고, 아들은 쌀이 든 냄비를 젓고 있었다. 다른 아이들이 외출한 덕분에 우리 집에서 보기 드문 조용한 시간이 이어졌다. 나는 이때다 싶어 아들과 대화 시간을 가져보려 했다.

"마크, 무슨 생각 하고 있니?"

"아무 생각 안 해요."

마크가 유순한 말투로 아주 천천히 말하는 것으로 보아, 내 말을 완전히 무시해서 그런 대답을 한 것은 아니었다. 하지만 어떻게 아무 생각도 안 하고 있을 수가 있단 말인가? 나는 알아야 했다.

"네가 아무 생각도 안 한다고 한 말, 진심이야? 엄마한테 이야기하고 싶지 않은 무언가를 생각하고 있었던 건 아니고?"

"그런 거 없어요. 지금은 정말 아무 생각도 안 하고 있다는 말이었어요."

"그게 어떻게 가능해? 걱정되는 것도 하나 없고, 곱씹게 되는 지난날의 대화도 없고, 마음속으로 생각하고 있는 이런저런 목록도 없다는 말이야?"

마크는 머리를 갸우뚱하더니, 마치 거대한, 다듬지 않은 눈썹이라도 보듯 나를 보며 말했다. "네…."

• • • 휴식이 부족할 때 엄청난 스트레스가 쌓인다.

놀라웠다. 정말로 놀라웠다. 그리고 도전이 되었다. 감정적 여백에 대한 것만큼은 마크에게 배워야 할 것 같다.

마크는 실제로 휴식할 수 있는 뇌를 가지고 있다. 와우, 휴식이라니. 참 좋은 말이지만 나 같은 여자한테는 대단히 어려운 일이다. 내 경우, 몸은 휴식을 취할지라도 마음까지 휴식을 취하는 때는 거의 없다. 당신은 어떤가?

나는 언제나 뇌로 저글링을 하고 있는 듯하다. 아이들에게 해줘야 할 것, 처리해야 할 집안일, 각종 업무 등 해야 할 일 목록이 끝이 없다.

하지만 성경은 아주 분명한 어조로 휴식을 추구하라고 말한다. 문자 그대로 일주일에 한 번은 반드시 생활의 일시정지 버튼을 누르고 휴식 시간을 사수해야 한다. 치열하게, 목적성을 갖고 그것을 사수하라. 일정표가 아무리 그것을 지키지 못하게 유혹하더라도.

확실히 휴식은 내 전공 분야가 아니다. 나는 이 부문에서 영웅적인 본보기가 될 수 없다. 나는 그저 불완전한 진전을 이뤄나가려고 노력하는 메신저일 뿐이다. 다만 나는 휴식이 부족할 때 엄청난 스트레스가 쌓인다는 것을 알고 있다. 그리고 이렇게 스트레스가 쌓일 때 이성을 잃을 확률이 엄청나게 높다는 것도.

쉬지 않고 활동해 스트레스 지수를 높이면 이것이 강력한 기폭장치 역할을 해 이성을 잃게 한다. 이쯤은 나도 안다. 그래서 요즘 나는 이와 관련해 하나님께서 주신 조언을 따라 행하려 노력하고 있다.

숨을 내쉴 시간

안식은 언제나 자기 백성을 위한 하나님의 계획의 일부로 존재해왔다.

> 만일 안식일에 네 발을 금하여 내 성일에 오락을 행하지 아니하고 안식일을 일컬어 즐거운 날이라, 여호와의 성일을 존귀한 날이라 하여 이를 존귀하게 여기고 네 길로 행하지 아니하며 네 오락을 구하지 아니하며 사사로운 말을 하지 아니하면 네가 여호와 안에서 즐거움을 얻을 것이라 내가 너를 땅의 높은 곳에 올리고 네 조상 야곱의 기업으로 기르리라 여호와의 입의 말씀이니라(사 58:13-14).

사바스(Sabbath, 안식일). 나는 이 단어를 발음할 때 나는 소리가 좋다. 이 단어는 내 안에서 깊게 울려 퍼진다. 나는 내게 안식이 필요하다는 것을 안다.

안식일은 내 영혼의 호흡, 곧 진정한 호흡을 위해 확보된 시간이다. 현재 내 일상생활은 너무 많은 부분이 숨을 들이마시는 시간으로만 채워져 있다. 들이마시고, 들이마시고, 또 들이마신다. 그렇게 숨을 들이마신 다음에는 그 모든 것을 스스로 감당할 수 있기를 바라면서 숨을 참고 있다. 하지만 숨을 들이마시기만 하는 것은 불가능하다. 반드시 내쉬기도 해야 한다. 하나님 앞에 그 모든 것을 내려놓고 일상을 위해 좀 더 건강한 리듬을 만들어야 한다는 말이다.

• • • 우리는 물리적으로 속도를 늦춰야 한다. 멈춤. 일시정지. 그렇다. 나는 휴식하라는 부름을 받았다.

나도 잘 못 지키는 영역이지만, 하나님께서 우리의 휴식을 바라신다는 사실이 나는 참 좋다. 하나님께서 우리가 일하는 데만 관심을 두고 계신 것이 아니라, 그것들로 인해 지쳐 떨어지지 않도록 배려하고 계시다는 뜻이니 말이다. 그분은 우리에게 안식일을 상기시킴으로써 우리가 매일의 삶에서 새로운 리듬을 가질 수 있게 하신다. 우리가 가진 평소의 리듬을 무너뜨리는 24시간, 이 하루의 시간을 통해 우리는 **여호와 안에서 즐거움을 발견**할 자세를 갖춘다.

당신의 경우는 어떨지 모르겠지만, 내 경우 이성을 잃으면 즐거움까지 잃게 된다. 그러므로 즐거움을 찾게 도와주는 무언가, 특히 영혼을 가득 채우는 "여호와 안에서의 즐거움"을 찾게 해주는 무언가가 있다고 하면 아주 반갑다. 그럴 때 내 영혼은 길게 "네!"라고 화답하며 숨을 내쉰다.

내가 진정으로 여호와 안에서 즐거움을 찾기 원한다면, '휴식'이 그 핵심임을 성경은 분명히 밝힌다.

우리는 물리적으로 속도를 늦춰야 한다. 멈춤. 일시정지. 그렇다. 나는 휴식하라는 부름을 받았다.

그러면서 동시에 묵상하라는 부름도 받았다. 하나님의 거룩한 날을 기념하려 한다면, 우리는 다음 세 가지 행위로부터 멀리 떨어져 휴식을 취해야 한다.

- 자기 길로 행하기
- 나를 기쁘게 하기
- 사사로운 말 하기

이것을 구체적으로 행하는 당신의 모습은 나의 모습과 다를 수 있다. 하지만 내가 확실히 아는 한 가지는 하나님은 안식일에 우리의 몸이 행하는 실제 행동보다 우리 마음의 태도에 훨씬 큰 관심을 두고 계시다는 사실이다. 우리는 하나님을 진정으로 따라야 한다는 안식일의 핵심을 놓친 채, 규칙만을 따르며 그런 자신을 자랑스러워하는 율법주의의 심각한 폐해를 경계해야 한다. 사도 바울은 다음과 같은 말로 우리를 깨우친다.

> 그러므로 먹고 마시는 것과 절기나 초하루나 **안식일**을 이유로 누구든지 너희를 비판하지 못하게 하라 이것들은 장래 일의 그림자이나 몸은 그리스도의 것이니라(골 2:16-17, 강조체는 저자가 추가).

진정한 안식일은 그리스도 안에서 발견된다는 점을 상기해주어서 나는 이 말씀이 좋다. 우리는 그분 안에서 은혜의 초상을 본다. 그리고 그 은혜 안에서 우리의 마음은 부드러워져 나 자신**에 대하여** 온전히 솔직해질 수 있다.

온전한 솔직함.

안식일을 지켜야 할 솔직하고도 개인적인 이유들은 사람마다 각기 다르다. 하나님과 나눠야 할 대화와 사적인 묵상 내용, 인생의 일시정지 버튼을 누르고 비장한 마음으로 하나님과 마주 앉아 무언가를 보여주십사 간구해야 할 절박한 사연들은 각기 다르다는 말이다.

"나는 지금 어떤 영역에서 '자기 길'로 행하고 있는가?"

"삶의 어떤 부분에서 나는 하나님을 기쁘게 하는 일이 아닌 나 자신을 기쁘게 하는 일을 하고 있는가?"

"내 마음속에서 걷잡을 수 없이 자라나고 있거나 내 입술에서 쏟아져 나오지 않도록 제어해야 할 사사로운 말에는 무엇이 있는가?"

이사야 58장을 염두에 두고 이 질문들을 보다가 한 가지 심오한 사실을 깨달았다. 안식일은 그저 준수해야(observe) 할 시간이 아니라, 보존(preserve)해야 할 시간이라는 것이다.

준수하는 자는 휴식하기 위해 기억한다.

보존하는 자는 기억하기 위해 휴식한다. 이 모든 것의 중심에 하나님께서 계심을 기억하기 위해서 말이다.

또한 보존하는 자는 일시정지하는 것의 중대함을 기억하고, 우리 일상의 산만한 리듬을 벗어나 하나님과 관계 맺는 것이 중요함을 기억하기 위해 휴식한다. 그로써 우리는 하나님으로부

• • • 준수하는 자는 휴식하기 위해 기억한다. 보존하는 자는 기억하기 위해 휴식한다. 이 모든 것의 중심에 하나님께서 계심을 기억하기 위해서 말이다.

터 좀 더 나은 리듬을 부여받는다. 그리고 그 리듬을 가질 때 우리는 우리에게 있는 최선의 것을 보존하는 한편, 우리가 어떤 영역에서 정도를 벗어나 있고 어떤 영역이 불필요한 잡동사니로 채워져 있는지 볼 수 있게 된다.

일단 우리가 어느 영역에서 자기 길로 행하고, 하나님의 기쁨보다 나의 기쁨을 구하며, 억제했어야 할 사사로운 말을 내뱉고 있는지 그 잡동사니를 발견해야 치우든 말든 할 수 있지 않겠는가. 안식일이 이를 가능케 한다.

어떤 면에서 나는 이 하루를 영혼을 청소하는 날로 이해하고 있다. 이날이 있기에 나는 나머지 엿새 동안 내 영혼이 그토록 절박하게 바라는 호흡의 자유를 누리며 살 수 있다.

호흡의 자유. 호흡의 공간. 하나님께서 설정하신 느긋한 리듬으로 숨을 들이쉬고 내쉬는 것. 이것은 내 아들 마크의 장기다. 마크의 뇌는 단순히 쉬면서 아무 생각도 하지 않는 것이 아니었다. 그 아이는 자기 영혼의 호흡을 위한 공간을 만들어내는 방법을 제대로 안 것이다.

그런데 또 한 가지 놀라운 점이 무엇인지 아는가? 나는 마크가 이성을 잃은 걸 본 적이 없다. 단 한 번도. 좋은 성품을 타고난 이유도 있겠으나, 그리스도 안에서, 은혜 안에서, 안식일 안에서 즐거움을 발견한다는 것이 무슨 뜻인지 그 아이는 알고 있었다. 언젠가 마크에게 이렇게 물은 적이 있다. "네 형이 귀찮게 하는데도 어쩌면 넌 그렇게 화를 안 낼 수 있니?" 마크는 이렇게 답했다. "간단해요. 형이 제 신경을 건드리면 그러지 말라고 말하면 되니까요. 그래도 계속하면 제가 다른 데로 가면 되고요." 마크는 그 문제를 들이마신 후, 은혜로 그것을 내쉰다.

• • • 내 인생이 너무 복잡해져, 상업적인 존재로만 남게 되는 건 정말로 싫다.

이제 알 것 같다. 이렇게 하면 괜히 화를 내서 복잡해지거나 과잉 분석을 할 필요가 없어진다. 충분히 휴식해 침착함을 유지할 수 있는 영혼은 진솔한 평가만을 하게 될 것이다. 즐거움과 휴식과 은혜. 그렇다. 나는 이 안식일에서 더 많은 것을 얻고 싶다.

내 친구 보니 그레이는 이 과정을 "영적 여백 찾기"라고 표현했다. 시각예술 영역에서 '여백'이란 아무런 표시 없이 남겨진 부분을 가리킨다. 보니는 이렇게 말한다. "그래픽디자인에서 여백은 작품의 미학적 수준을 결정짓는 핵심 요소야. 훌륭한 예술 작품일수록 여백이 많아. 반면, 상업적인 목적이 커질수록 그 안에 텍스트나 이미지가 더 많이 들어가 복잡해지기 마련이지. 그것의 목적은 아름다움이 아니라 상품성이니까."[11]

나는 내 인생이 너무 복잡해져, 상업적인 존재로만 남게 되는 건 정말로 싫다. 가끔 그런 느낌을 받을 때도 있지만 그건 내가 원하는 바가 아니다. 나는 예술 작품이 되고 싶다. 앞서 이야기한 다비드상처럼. 나는 오랜 시간에 걸쳐 완성된 작품이고 싶다.

태초부터 안식일의 모델이셨던 분과의 시간. 허울 아래 내 마음 깊은 곳, 내가 이성을 잃게 되는 표면적 이유 이면의 심오한 이유를 보시는 분과의 시간.

진짜를 보시고 진짜를 아시는 분과 갖는 시간의 공간 속에서,

나는 휴식하고 묵상할 것이다.

안식일에 대한 세 가지 질문

묵상을 하다 보면 나도 이사야 선지자가 제기한 세 가지 질문을 대담하게 묻게 된다.

첫 번째 질문: 지금 나는 어떤 영역에서 '자기 길'로 행하고 있는가?

자신이 지금 어떤 영역에서 하나님께서 정해주신 길이 아니라 나만의 길을 걷고 있는지 분간하기란 매우 어렵다. 솔직히 타깃 매장으로 달려가거나, 자동차에 가스를 넣거나, 시간에 맞춰 아이들을 급히 학교에 데려다주는 동안에는 이런 생각에 집중하기가 힘들다. 그러나 안식일에는 이에 대해 좀 더 깊이 생각해볼 수 있으며, 그렇게 해야 한다. 그날에는 급한 일들을 멈춤으로써 기도하고 생각할 시간이 생기기 때문이다. 진실로 기도하고 생각할 시간 말이다. 이는 단기적인 생존(survival)이 아닌 지속적인 영혼의 부흥(revival)을 위해 필요한 시간이다.

그렇게 하면 우리가 '자기 길'로 행할 때, 그 사실을 깨닫고 멈출 수 있다.

하나님의 길은 사랑과 희락과 화평과 오래 참음과 자비와 양선과 충성과 온유와 절제다(갈 5:22-23).

반면, 나의 길은 하나님의 길과 상당히 차이가 있어 보인다. 오래 참지 못하고 급하고 극단적인 모든 자질을 꾸러미 안에 담는다고 생각해보라. 그건 예쁘지도 않고 내가 원하는 바도 아니다. 나는 하나님의 길을 원한다. 맹세코 이게 내 진심이다.

그러나 내 영혼의 리듬이 부흥이 아닌 생존에 맞춰질 때, 나는 이성을 잃고 만다.

작년에 나는 안식일을 지키지 않는 나쁜 습관에 젖어 있었다. 그러자 날감정들이 꼴사납게 표현되어 나왔다. 다른 사람들에게는 이 감정들을 잘 숨기고 살았다. 문제는 내가 가장 사랑하는 사람들에게 그것을 토해냈다는 것이다.

하루는 딸이 새 운동화가 필요하다고 하여 동네 신발 가게에 같이 갔다. 나는 마땅히 그 시간을 우리 두 사람의 관계를 돈독히 다지는 멋진 기회로 활용했어야 하나, 그러기는커녕 금세 마음이 굳고 말았다. 맨 처음 나를 자극한 것은 비싼 신발 가격이었다. 스포츠용품 회사들은 지금 우리가 경제 불황 상태라는 걸 모른단 말인가?

내 감정을 살짝만 건드려도 폭발할 것 같은 상황으로 몰아간 두 번째 사건은, 이것이 한 가지 운동을 하는 데만 필요한 신발이라는 점이었다. 그 신발은 야외에서 신을 수 없었다. 결론적으로 체육 시간용 신발을 한 켤레 더 사야 했다. '안녕 반가워, 마카로니 치즈야. 이번 주는 날마다 너를 저녁으로 먹겠구나! 네 덕분에 우리 딸 발은 중학교 체육 시간에 누릴 수 있는 모든 호사를 누리게 되었구나.'

이러고 있는데 이번에는 딸아이가 양말을 신고 신발을 신어봐야겠다고 말했다. 하지만 그때 우리에겐 양말이 없었다. 그 신발 가게에도 우리에게 빌려줄 양말 같은 건 없었다. 이젠 양말까지 한 켤레 사야 했다. 안 그래도 많은 돈을 내야 하는데 무려 8달러짜리 양말까지.

으으으으으…. 그렇게 양말까지 사서 신발을 신어보았는데 딸아이가 착용감에 난색을 표하는 것 아닌가! 그래서 다른 신발을 신어보았다. 그리고 또 다른 신발, 또 다른 신발…. 오, 세상에. 그냥 아무거나 고르면 안 되겠니?

갑자기 신경이 곤두섰다. 마치 내 몸의 모든 신경이 피부 표면 위로 올라와 지금 당장 집으로 돌아가자고, 그러지 않으면 요정 가루 입자처럼 머리가 폭발해버릴 것 같다고 말하는 듯했다.

그 순간의 내게는 그 어떤 사랑과 희락과 화평과 오래 참음과 온유가 없었다. "이 여자는 예수님을 사랑하고 예수님을 섬기며 예수님과 동행하며 살고 있습니다"라고 말할 근거를 전혀 찾아볼 수 없었다. 나는 내 날것의 감정들을 있는 그대로 놔둠으로써 '나의 길'로 행했다.

당신은 어떤가? 당신도 신발 가게에서 이런 경험을 한 적이 있는가?

이쯤에서 생각해보기에 적합한 말씀이 있다.

> 그러므로 사랑을 받는 자녀같이 너희는 하나님을 본받는 자가 되고 그리스도께서 너희를 사랑하신 것같이 너희도 사랑 가운데서 행하라 그는 우리를 위하여 자신을 버리사 향기로운 제물과 희생 제물로 하나님께 드리셨느니라(엡 5:1-2).

《메시지》 성경은 이 구절을 다음과 같이 번역했다.

> 자녀가 부모에게서 바른 행동을 배우고 익히듯이, 여러분은 하나님께서 하시는 일을 살펴서 그대로 행하십시오. 하나님께서 하시는 일 대부분은 여러분을 사랑하시는 것입니다. 그분과의 사귐을 지속하고, 사랑의 삶을 익히십시오.

아… 그분과의 사귐을 지속하십시오. 안식일. 사랑의 삶을 익히십시오. 안식일.

안식일의 리듬이 우리에게 이것을 보여준다. 나도 사랑과 희락과 화평과 오래 참음과 자비와 그 외 모든 하나님의 덕목들을 배울 수 있다. 일주일에 단 한 차례 모든 것을 일시정지해 나의 길을 하나님의 길과 맞출 때, 내 영혼은 숨을 내쉬게 될 것이다. 참으로 좋은 일이다. 내 영혼은 안식일을 간절히 필요로 한다!

두 번째 질문: 삶의 어떤 부분에서 하나님의 기쁨이 아닌 나의 기쁨을 구하고 있는가?

> 나의 반석이시요 나의 구속자이신 여호와여 내 입의 말과 마음의 묵상이 주님 앞에 열납되기를 원하나이다(시 19:14).

우리는 때때로 개인의 권리가 정의추구보다 우위를 차지하는 시간과 장소에서 살고 있다. 즉, 하나님보다 자기 자신을 찾는 분위기에 휘말려들고 있다.

그래서 우리는 일이 마음먹은 대로 딱딱 흘러가지 않으면 곧바로 불평을 한다.

그리고 일이 잘 흘러갈 때면 "감사합니다"라고 말해야 한다는 사실을 잊고 만다.

나는 이러한 현실의 도전을 받고 있다.

내 남편은 치킨샌드위치 전문점 '칙필에이'를 운영하고 있다. 남편은 정말이지 진심으로 손님을 대하려 애쓰는 사람이다. 남편에게 그 일은 단순히 맛있는 치킨샌드위치를 서빙(serving)하면 끝나는 문제가 아니다. 그에게 그 일은 한 사람의 인생을 섬기는(serve) 일이다. 그는 그 일을 손님에게 미소와 친절한 말, 그리고 '(오 리가 아닌) 십 리를 함께 걸을 듯한 몸짓'으로 샌드위치를 전해줄 기회로 여긴다. 그래서 그 짧은 순간을 통해 손님들의 하루를 아주 조금은 더 밝고 좋은 날로 만들어준다.

이 같은 친절을 베풀 때 그는 대상을 가리지 않는다.

다소 성격이 나쁜 손님에게도 좋은 성격을 가진 손님을 대할 때와 똑같은 친절을 베푼다.

이런 그는 내게 영감을 준다. 그는 자신의 직업에서 하나님을 찾고 있다. 자기를 찾는 사람은 손님 한 명을 그저 하나의 거래처로 보지만, 하나님을 찾는 사람은 각 손님을 진정한 필요를 가진 인격체로 인식한다. 그런 사람은 다른 곳에서는 쉽게 들을 수 없는 귀한 말과 격려와 축복을 언제나 손님들에게 전한다.

내 남편 말고도 이런 식으로 손님들을 바라보는 사람들이 있다. 이런 태도는 칙필에이사의 근본 가치로 자리 잡혀 있다. 이 회사 임원들이 모이는 자리에 참석한 적이 있는데, 그때 나는 하나님을 찾는 것이 이 기업의 전 영역에서 기본이 되고 있음을 확인할 수 있었다. 칙필에이 외에도 미국에서 여전히 안식일을 지키는 소매업체가 몇 군데 더 있다. 이들은 일요일에 문을 닫는다. 이날을 안식의 날이자, 묵상의 날, 모든 것을 재정비하고 하나님과 가족에게 집중하는 날로 삼고 있는 것이다.

나는 칙필에이가 엿새만 영업을 해도 이레치에 해당하는 수익을 내는 복을 받고 있다고 진심으로 믿고 있다.

나도 나 자신보다 하나님을 찾는 안식일의 여자가 될 수 있을까? 쉽게 접하기 어려운 귀한 친절의 언어를 베푸는 여인이 될 수 있을까?

그리고 내 입의 말과 마음의 묵상으로 친절을 베푸는 대담한 사람이 될 수 있을까?

쉽지 않다. 하지만 좋은 일이다.

따라서 나는 다음과 같은 말로 나 자신에게 도전하고 있다. '안식일에는 나의 일상생활 속에서 어떤 좋은 것이 있는지 찾아보자.'

어떤 상황에서 누구를 만나든지 매일매일 좋은 것을 알아채는 사람이 되라. 하나님을 구하는 사람들이 하는 일이 바로 이것이다. 그들은 좋은 것을 알아챈다. 실제 상황 속에는 좋은 것이 하나도 없고, 다만 하나님께서 그 상황을 통해 우리에게 주시는 가르침만이 좋은 것일지라도 그 좋은 것을 찾아내라. 그 좋은 것 안에서 우리의 영혼은 '사바스'라는 말을 내뱉으며 숨을 내쉴 것이다.

세 번째 질문: 내 마음속에서 걷잡을 수 없이 자라나고 있거나 내 입술에서 쏟아져 나오지 않도록 제어해야 할 사사로운 말에는 어떤 것이 있는가?

《NASB》(*New American Standard Bible*)는 이사야 58장 13절에 나오는 "사사로운 말"(idle words)이라는 표현을 "너 혼자만의 말을 하는 것"(speaking your own word)이라고 옮겼다. 우리 마음을 객관적인 **진리**가 아닌 **짐작** 위에 올려놓아 그것을 사사롭게 만들 때, 우리는 어려움에 봉착하고 만다. 이것은 정말이지 위험한 행동이다!

내 생각에 이것은 하나님께서 보존을 위한 날인 안식일을 통해 우리를 보호하시려 할 때 우리를 위협하는 또 하나의 위험요소다.

결혼 초기에 나는 '좋은 아내'가 되고 싶은 간절한 마음에, 어떻게 하면 좋은 아내가 될 수 있는지 알아보기로 했다. 그래서 '좋은 아내'가 할 만한 일들을 머릿속으로 정리해보았다.

- 미트로프를 요리해준다.
- 청소기를 매일 돌려 카펫 위에 청결함을 과시하는 줄이 보이게 만든다.

- 남편의 서류 가방에 사랑을 담은 메모지를 붙여둔다.
- 란제리를 사서 입는다.
- 란제리를 즐겨 입되 일주일에 두어 번은 꼭 입는다.
- 남편이 퇴근해 집에 오면 그만의 시간을 준다.
- 남편이 들어올 때면 다른 사람과의 통화를 멈춘다.
- 미식축구에 대해 배우고 남편과 경기를 본다.
- 남편을 위해 매일 기도한다.

이 목록은 날이 갈수록 길어졌다.

그러다가 결국 좋은 아내 목록은 나를 울고 싶게 만들 정도로 부담스러운 것이 되고 말았다. 나는 나에게 자격이 없다고 느꼈고, 모든 노력에서 손을 놓기 시작했다. 그리고 이성을 잃을 듯한 느낌에 끊임없이 시달렸다.

나는 내 머릿속의 그 목록이 남편 머릿속에도 똑같이 들어 있으리라고 가정했다.

나는 점점 더 비참해졌다. 그리고 완전히 지쳐버린 순간, 이렇게 소리 질렀다. "당신은 내게 말도 안 되는 것들을 기대하고 있어!"

그러자 남편이 말했다. "무슨 기대?"

"그 목록 말이야…. 좋은 아내가 되기 위해 해야 할 수백 가지 목록." 나는 눈물과 콧물을 쏟으며 말했다.

멍한 눈으로 나를 빤히 바라보는 그를 보자 말문이 막혔다. 남편에게는 그런 목록이 없었던 것이다.

그것은 나만의 생각이었다. 그토록 오랫동안 나는 그 사사로운 말을 진리와 혼동해 그것이 내 마음속에서 확고하게 자리 잡도록 그냥 내버려두고 있었던 것이다. 고린도전서 13장의 진리는 사랑은 오래 참고 온유하며, 시기하지 아니하며, 자랑하지 아니하며, 악한 것을 생각하지 아니한다고 말하고 있었으나, 나는 쓸데없이 스스로 해야 할 일의 범위를 넓혀놓음으로써 그저 남편을 사랑하려 했던 내 비전의 가치를 떨어뜨리고 있었다.

더 적게 행하고, 더 큰 존재가 되라. 사사로운 말이라는 잡동사니를 깨끗이 치우라. 여백을 찾으라. 하나님께 영광을 돌리라.

이때 내가 안식일을 규칙적으로 지키고 있었다면 안식일마다 이 문제를 놓고 하나님께 구했을 것이고, 그랬다면 결혼 생활 초기 몇 년간 그렇게 이성을 잃는 일도 없었을 것이다. 내가 자그마치 몇 년을 그러고 살았는지….

마침내 나는 남편에게로 갔다. "자기야." 마구 엉클어진 기대들을 거머쥐었던 손이 느슨해지는 듯했다. "다른 좋은 아내들이 하고 있는 그 일들을 내가 다 할 수는 없어. 하지만 세 가지쯤은 할 수 있을 것 같아. 그러니 당신이 가장 원하는 것 세 가지만 말해봐. 그 세 가지는 어떻게든 잘해볼게."

• • • 내 결혼 생활 앞에는 두 갈림길이 있었다. 완전히 지쳐 괴로워하면서 백 가지 일을 어설프게 해내는 데 결혼 생활을 몽땅 바치는 길과, 미소 띤 얼굴과 사랑 담긴 마음으로 전심을 다해 세 가지 일에 집중하는 길.

생각해보면 내 결혼 생활 앞에는 두 갈림길이 있었다. 완전히 지쳐 괴로워하면서 백 가지 일을 어설프게 해내는 데 결혼 생활을 몽땅 바치는 길과, 미소 띤 얼굴과 사랑 담긴 마음으로 전심을 다해 세 가지 일에 집중하는 길.

남편이 말한 세 가지는 간단했다. 아이들에 대하여 감정적·영적으로 헌신적인 엄마가 되는 것, 내 몸과 마음을 잘 돌보는 것, 그리고 집을 '깔끔하게' 정돈하는 것(그가 '깔끔하게'라고 말한 점을 눈여겨 봐주기 바란다. 그가 원한 것은 티끌 하나 없이 깨끗한 집이 아니었다). 이게 다였다.

남편은 꼭 집에서 만든 음식을 먹어야 한다고 주장하는 사람이 아니다. 내가 다른 사람을 고용해 카펫 청소를 맡겨도 아무 말 하지 않는다. 그리고 본인이 무슨무슨 '맨'이니 '컵'이니 하는 경기를 보는 동안, 내가 〈48시간〉을 보아도 전혀 불만스러워하지 않는다.

남편은 란제리에 대한 말도 하지 않았다. 그것이 내 몸을 잘 돌봐야 한다고 한 항목에 포함되는 사항이라고 주장할 수는 있겠다. 문제는 내가 트레이닝복을 사랑하는 여자라는 사실이지만. 빅토리아에게는 작은 비밀이 있다는데(속옷 브랜드 '빅토리아 시크릿'을 가지고 한 말장난—옮긴이), 나는 그 비밀이 무엇인지 아직 감을 못 잡겠다. 하지만 한때는 그 비밀이 내게 가장 중요한 주제였다.

그러나 이제 나는 관심 범위를 세 가지로 줄였고, 그렇게 범위를 줄이고 나니 위대한 결혼에 대한 내 비전은 도리어 더 넓어졌다.

나는 세 가지만 하는 아내다. 간단하다. 하지만 간단한 것이 좋은 것이다. 그리고 좀 더 중요한 것은, 사사로운 말을 멈춤으로써 내 결혼을 파괴하는 일도 그만둘 수 있었다는 사실이다.

이 사실이 여러분에게는 어떤 도움을 줄 수 있을까? 이것이 여러분의 인간관계를 향상시키는 데 어떤 역할을 하게 될까?

당신의 영혼을 숨 쉬게 하라

나의 길을 하나님의 길과 맞추든, 하나님을 찾는 사람이 되든, 사사로운 말을 멈추는 것이든 간에 안식일의 변화는 하루아침에 일어나지 않는다. 하지만 우리가 목적성을 갖고 안식일을 지켜나간다면, 안식일의 리듬이 점점 더 우리에게 자연스러워질 것이다. 들이쉬기와 내쉬기. 이것이 숨을 쉬며 살아가는 영혼의 리듬이며, 생존(survive)을 넘어서 번성(thrive)하는 영혼의 리듬이다!

그런 의미에서 지금까지 논의한 내용들을 어떤 식으로든 실행해보라고 권하고 싶다. 당장 필기도구를 들고 일정표에 한 주의 일을 반성하고 휴식할 안식의 날을 표시하는 건 어떨까? 일요일도 좋고, 일요일이 아닌 다른 날도 좋다.

앞서 말한 바대로 안식일은 준수하는 것으로 그치는 것이 아니라, 보존해야 할 시간이다. 준수하는 자는 휴식하기 위해 기억하지만, 보존하는 자는 기억하기 위해 휴식한다. 기억하라. 이 모든 것의 중심은 하나님이다. 안식일이라는 시간을 붙잡으라. 그리고 다음 주, 그다음 주

• • • 우리가 목적성을 갖고 안식일을 지켜나간다면, 안식일의 리듬이 점점 더 우리에게 자연스러워질 것이다.

에도 이날을 지키라. 쉽사리 이성을 잃고 마는 나 같은 여자도 안식일을 자신의 불완전한 진전에서 가장 중요한 부분 중 하나로 삼겠다고 결심했다.

12

이성을 잃어도 괜찮아!

●

나도 안다. 날것의 감정을 분출시키든 억누르든, 이성을 잃는 것은 좋지 않다는 것을. 그 때문에 우리 마음은 상처를 입고 인간관계는 훼손된다. 그 상처는 깊고 오래간다. 어떤 식으로든 그 사실을 부인할 생각은 없다. 하지만 나는 이성을 잃는 것이 전적으로 나쁘기만 한 것은 아니라고 말하고 싶다. 이 장을 다 읽고 난 다음에는 여러분도 나와 같은 말을 하게 되기를 기도한다.

당신과 내가 우리 집의 끈적끈적한 긴 나무탁자에 마주 보고 앉아 이 모든 일에 대해 이야기하고 있다고 상상해보자. 내 앞에는 당신에게 보여줄 마음으로 모아놓은 아이템을 담은 파일첩이 하나 있다. 그 안에는 제니라는 친구가 블로그에 올린 글 한 편과 샤론이 보내온 메모, 그리고 사만다와 애비가 주고받은 몇 개의 메일이 들어 있다. 이 종이들 위 여기저기에 기름얼룩이 묻어 있는 게 보이는가? 내가 손가락에 침을 묻혀 문질렀지만 말끔히 지워지지 않고 남은 소스 얼룩 한두 개까지 다 보았을 수 있겠다. 어찌 됐든 우리는 이것들을 앞에 두고 대화를 나눈다. 먼저 최근에 신경 쓰지 못했던 우리 영혼의 깊숙한 곳을 솔직하게 들여다보는 것을 주제로 이야기해보자.

영혼 깊숙한 곳을 솔직하게 들여다보다

나는 20년간 한 집에서 살고 있다. 결혼 이후 한 번도 이사한 적이 없다. 남편과 나는 수리와 정리와 리모델링이 필요한 우리 집 구석구석에 대해 멋들어진 계획을 갖고 있다. 우리는 한 팀이 되어… 전문가들에게 전화 거는 활동을 한다. 진짜다. 우리 부부에게는 다양한 은사와 재능이 있지만, 목공과 배선, 배관 같은 일은 우리 전공이 아니다. 이런 일들은 다른 사람들에게 맡겨야 한다.

반면, 내 친구 제니와 제니 남편은 우리와 다르다. 그들은 집을 멋지게 수리하는 리모델링 프로젝트를 어떻게 진행할지 잘 알고 있다. 내 입장에서 보자면 좌절감이 들 정도로 완벽한 수준이다. 새고 있는 수도 배관을 고치고 타일 공사를 하고 건식 벽체를 보수하는 것도 그들에게는 큰일이 아니다.

그런 제니가 최근 블로그에 올린 글 하나가 내 마음을 사로잡았다. 그 부부는 자기 집을 갖고 무척이나 인상적인 작업을 진행하고 있었는데, 그 작업과 우리의 깊은 내면을 들여다봐야 할 필요성을 연결 짓는 그녀의 글이 내게 많은 영감을 주었다. 제니는 그 깊은 내면을 우리의 '취약부'(underbelly, 공격에 취약한 부분이나 약점, 혹은 동물의 아랫배를 가리키는 표현—옮긴이)라고 칭하고 있었다. 제니가 쓴 글을 읽어보자.

우리 집 리모델링 작업이 얼마나 진전되었는지 확인하려고 친구들이 오는 날이면 나는 당황한다. 별다른 진전이 없어 보일까 봐 두려운 것이다.

나 역시 빨리 집을 꾸며 방마다 친구들을 초대하고 싶다. 그러려면 멍과 흠과 티를 감출 수밖에 없는데, 감추면 결국 겉으로 드러나게 되어 있다. 반면, 취약부를 보수하는 그 지난한 작업을 꾸준히 해나간다면, 언젠가는 그에 걸맞은 보상이 주어진다. 그리고 그날에 나는 아름답게 장식한다는 말은 무언가를 감추는 게 아니라, 그 건물을 강화시키는 것이라는 사실을 알게 된다.

내 인생의 취약부도 이와 똑같다.

인격적 발전이나 영적 생활 영역에서 우리가 하고 있는 일도 이와 같지 않은가? 우리도 그처럼 모든 것이 잘 정돈된 양 서둘러 아름다운 '장식'을 몸에 걸쳐 남들에게 좋게 보이려 하지만, 우리의 취약부에 대해서는 충분한 주의를 기울이지 못할 때가 허다하다. 이것은 분명 힘든 일이다. 어떤 날은 내가 해놓은 일이 아무것도 없는 듯 느껴지기도 한다….

나는 지금도 누군가가 나의 실패를 암시하는 듯한 질문을 해올 때면 여전히 상처를 받는다. 그리고 누군가가 내게 상처를 주면 앙갚음을 하고 싶고, 편안한 느낌이 들지 않으면 불안하며, 내가 꿈꿔오던 것을 다른 사람이 이뤘을 때는 질투를 한다.

취약부를 보수하는 일은 즉각적으로 눈에 보이지 않더라도 언제나 지난한 노력을 필요로 한다. 그러나 그것이야말로 우리 건강의 기초다. 감정적 건강과 영적 건강의 기초 말이다.[12)]

맞아, 제니. 네 말이 옳아. 하지만 제니와 그 남편이 개조가 필요한 오래된 집에 대해 진행하고 있는 이 작업을 직접 해보지 않는 한, 우리는 결코 우리 자신의 취약부에서 수리와 청소가 필요한 지점이 어디인지를 볼 수 없을 것이다. 그들은 직접 작업을 함으로써 그것을 볼 수 있었다.

우리는 우리의 취약부, 즉 우리의 깊은 내면을 들여다보는 일이 거의 없다. 바빠서 그럴 수도 있고, 그것을 보는 법을 모르기 때문일 수도 있다. 그런데 말이다, 나는 그것을 볼 수 있는 지점을 하나 발견한 것 같다. 우리가 이성을 잃게 되는 지점이 바로 그곳이다.

이성을 잃게 되는 지점이 바로 우리 영혼의 내면을 솔직하게 들여다보게 하는 창유리 아닐까? 그러니까 그것을 통해 우리가 우리 내면에서 실제로 일어나고 있는 일을 볼 수 있을지도 모른다는 말이다. 이는 제니와 제니 남편이 자신들의 오래된 집을 리모델링하는 과정에서 적용했던 원리와 똑같다. 그들은 벽에 그림을 걸고 가구를 배치하기 전에 배선 문제와 같은 취약부의 문제를 먼저 해결해야 한다는 것을 알았다. 이들은 무엇보다 먼저 기초적인 부분을 고쳐야 했다.

우리도 마찬가지다. 바로 앞 장에서 우리는 일주일에 한 차례 모든 것을 일시정지하여 우리의 영혼이 안식을 통해 숨을 내쉬게 해야 한다는 이야기를 했다. 그것은 좋은 일이며, 또 필요한 일이다. 하지만 나머지 6일은 어떻게 해야 할까? 정신없는 매일의 일상생활 속에서 '흔들림 없는' 여성이 되겠다는 간절한 마음을 가진 우리는 어떻게 해야 침착함을 유지하면서 숨을 내쉴 수 있을까?

'흔들림 없는' 여성의 이미지를 추구할 경우, 우리는 많은 일들을 해내야 한다. 수많은 단체에서 자원봉사 활동을 해야 하며, 딸아이들에게 상황에 맞는 옷을 갖춰 입히고 인사법을 가르쳐야 한다. 그리고 어딜 가든지 제시간에 도착해야 하며, 눈썹을 가지런히 정리하고, 다리털을 깎고, 차는 깨끗하고, 집 현관에는 절기에 맞춰 장식용 화환을 걸어둬야 한다. 그렇게 해야만 우리는 자신을 칭찬하며 '아… 나는 흔들림 없는 여자야. 멋진 것들로 내 인생을 장식해두었으니까'라고 생각하게 될 것이다. 그러나 닫힌 문 뒤로 남편에게 감정을 퍼붓거나 침묵의 시위를 하는 순간, 그 장식품들은 모두 무의미해진다.

꾸며진 인생은 그가 흔들림 없는 사람임을 증명하는 표지가 될 수 없다. 일시적으로는 멋져 보일 수 있다. 하지만 길게 생각해보자. 그 기초가 무너져 있다면 그 벽에 아무리 예쁜 그림을 많이 걸어도 그것은 아무 의미가 없다. 기초가 무너지면 집 전체가 무너져 내릴 테니 말이다.

이런 이유에서 이성을 잃는 것이 완전히 나쁘기만 한 것은 아니라고 말했었다. 스위치를 올렸는데도 불이 들어오지 않으면 전기 배선에 문제가 있음을 알 수 있듯이, 이성을 잃는다는 것은 곧 우리 내면의 배선에 문제가 생겼음을 알려주는 표지다. 외적으로 드러난 것이 내면의 상황을 알려준다. 외적으로 이성 잃은 행동이 나타나는 것은 내면에 상한 부분이 있다는 의미다.

그 존재를 인식하게 되는 일이 없다면, 어디에 상처가 있는지도 알 수 없을 것이다.

• • • 외적으로 드러난 것이 내면의 상황을 알려준다.

그 상처 난 자리들에 이름을 붙이는 일이 고통스럽지만, 그만큼 자기 자신을 바라보는 것, 그러니까 진정으로, 깊이 있게, 솔직하게 자신을 들여다보는 것은 매우 좋은 일이다.

이성을 잃고 보이는 반응이라는 창을 통할 때, 우리는 스스로 인정하기 싫은 교만과 오랫동안 묵혀온 용서하지 못한 감정, 뿌리 깊은 비통함, 당장에라도 폭발할 것 같은 분노, 기쁨을 앗아가는 질투, 자책하는 수치심, 도무지 잊히지 않는 후회, 나를 옭아매고 있는 거절감 등을 발견할 수 있다. 혹은 자신이 너무 빡빡한 일정을 소화하고 있다는 사실을 인지하게 되면서, 다른 사람들이 그것을 아주 당연한 듯 받아들이며 당신을 충분히 인정하지 않는 것처럼 느껴진다는 것을 자인하게 될 수도 있다. 또 어쩌면 그 창을 통해 끊임없는 스트레스가 초래해온 진정한 위험을 마침내 인지하게 될 수도 있다. 즉, 내가 내 인생을 사랑하는 동시에 혐오하기도 한다는 사실을 인지하게 된다. 나는 내가 그렇게 느끼고 있다는 사실을 참을 수 없다. 내가 왜 그런 식으로 느껴야 하는가?

일이 잘 풀릴 때도 우리는 이성을 잃고 반응하도록 부추기는 자신의 취약부를 인식하고 있어야 한다. 물론 그렇게 함으로써 직시하게 되는 것이 우리 마음에 들지는 않겠지만, 이로써 우리는 적어도 내가 무엇을 상대하고 있는지는 알 수 있게 된다. 있는 그대로의 현실을 목도함으로써 하나님께 도움을 구할 수 있게 된다는 말이다.

“하나님, 저 피곤해요. 어떻게 해야 할까요?
하나님, 저 외로워요. 어떻게 해야 할까요?
하나님, 저 너무 화가 나요. 어떻게 해야 할까요?
하나님, 저 불안해요. 어떻게 해야 할까요?
하나님, 저 좌절했어요. 어떻게 해야 할까요?”

나는 무얼 해야 할지 하나님께 충분히 자주 묻지 않고 있다. 당신도 지금 내가 하고 있는 말이 진실임을 깨달았는가? 자신의 취약부를 밝은 눈으로 보는 것이 우리를 하나님께 더 많이, 더 자주, 더 진정성을 갖고, 더 겸손하게 나아가도록 도울 것이다.

그러니 이제 대답해보라. 이성을 잃는 것이 완전히 나쁘기만 한 것은 아니라고 한 내 말에 동의가 되는가? 그것을 통해 우리가 하나님께 나아갈 수 있을 것 같은가? 그것이 우리를 조금씩 갉아먹고 있는 그 어둠 속에 빛을 비춰준다는 말이 믿어지는가? 그 상처의 최종 결과가 우리를 거룩함으로 인도해줄 경우, 이성을 잃는 것은 심지어 영예로운 일이 될 수도 있다는 말에 동의할 수 있겠는가?

나의 취약부를 들여다보다

사소한 일을 정말 심각한 일로 느껴본 적이 있는가? 누군가가 슬쩍 나를 바라봤을 뿐인데 갑자기 그 사람이 나를 정말 싫어하고 있다고 생각되고, 친구가 내 전화에 회신을 하지 않았을 뿐인데 내가 그 친구에게 중요하지 않은 사람이라는 증거처럼 느껴진다. 자녀가 어떤 친구의 엄마가 멋지다는 이야기를 했을 뿐인데 나에 대한 실망을 직접적으로 드러낸 말처럼 느껴지기도 한다.

••• 이성을 잃는 것이 완전히 나쁘기만 한 것은 아니다.

대체로 이런 생각은 사실이 아니다. 그가 당신을 본 것은 별다른 의미 없이 그야말로 그냥 본 것이다. 친구가 내게 회신하지 않은 것은 해야 할 일이 많아 깜빡했기 때문이다. 그리고 아이의 그 말은… 글쎄, 이건 어쩌면 정말 나를 비꼰 말일 수도 있겠다. 하지만 비난할 생각은 전혀 없이 단순히 다른 엄마를 칭찬한 말일 수도 있다. 우리가 정신을 똑바로 차리지 않으면 이 같은 오해의 감정들은 금세 우리를 심란하고 낙담하게 만들며, 과거의 고통까지 끌고 들어와 조롱한다.

작년 추수감사절 바로 다음 날 내게 이런 일이 일어났다. 새벽 3시쯤 일어나 여동생 앤지와 30분 후 어떤 소매점 앞에 줄을 섰다. 나도 안다. 인정한다. 그건 미친 짓이었다. 하지만 당시에는 먹이를 쫓는 사냥꾼처럼 무언가를 찾고 있었다. 그즈음 우리 집 세탁기에 작은 문제가 생겼다. 아니, 우리 집 '불(不)'탁기라고 말하는 게 더 정확하겠다. 아무튼 우리 집 십대 아이들이 자기들이 입었던 더러운 옷들을 세탁기에 집어넣었는데 세탁기가 옷에 물만 묻혀놓고 더러운 상태 그대로 토해냈던 것이다. 식구들이 옷을 **한 번만 입고** 빨래 바구니에 던져두는 것을 좋아한다면 이는 문제가 되는 상황임에 틀림없다.

사실 내게는 이 상황이 큰 문제로 느껴지지 않았다. 나는 입은 옷 또 입기의 여왕이다. 내가 청바지를 몇 번이나 입고 나서 빠는지 이야기하면 당신은 깜짝 놀랄 것이다. 이상하게 보일 수도 있겠지만 어찌 됐든 내게는 별 불편함이 없었다. 하지만 우리 집 아이들은 나와 다르다. 그 아이들은 '깨끗함'이라는 말의 의미를 과장해서 해석하는 경향이 있다. 내 여동생도 이 아이들처럼 청결도에 예민한 편이다. 우리 엄마는 이를 두고 'AC/DC'(교류/직류)라고 한다. (근데 엄마, 그건 록밴드 이름이고요, 이런 상황에서는 OCD, 즉 강박장애라는 말을 써야 해요.) 어쨌든.

그리하여 우리가 새벽 3시 30분에 그렇게 줄은 서 있었던 것이다. 나는 원 플러스 원 세탁기 겸용 건조기를 사려 했고, 앤지는 반값 컴퓨터를 살 생각이었다. 그리고 5시, 마침내 가게 문이 열렸을 때, 우리 두 사람은 모두 원하는 바를 얻었다. 행복감이 몰려왔다. 우리는 잠시 자리를 옮겨 아침을 먹고 와서 쇼핑을 계속하기로 했다. 그러나 이때부터 행복감이 사라졌다.

패스트푸드점 자동차 전용 판매 창구에서 신용카드를 쓰려고 했더니 "승인이 되지 않습니다"라고 했다.

분명히 말하지만, 5분 전 그 소매점에서 비싼 것들을 살 때는 카드 승인에 아무 문제가 없었다. 그런데 고작 2달러짜리 달걀, 치즈, 캐나다산 베이컨이 들어간 영국식 머핀 세트를 사려고 하는데 갑자기 승인이 안 된다고?

승인되지 **않는다.**

승인되지 않는다.

이런.

여동생은 조금도 당황하지 않고 급히 현금을 꺼내어 내 아침 식사값까지 지불했고, 우리는 미리 정해둔 다음 가게로 향했다. 하지만 "승인이 되지 않습니다"라는 그 말이 먹장구름처럼 내 머리 위에 드리워졌다. 그 말이 내 안에 소동을 일으켰다. 일종의 기술적인 문제 때문에 생긴 일임을 알면서도 좀처럼 기분이 나아지지 않았다.

그 여직원이 자동차 전용 판매 창구에 기댄 채 낮은 목소리로 "죄송합니다만 손님 신용카드는 승인이 안 되는 것으로 계속 나오네요"라고 말했을 때, 나는 그 말이 나 자신에게 하는 말처럼 들렸다. 카드가 아닌 내게 하는 말.

갑자기 과거의 상처와 현재의 당혹감이 내 머릿속 입을 통해 마구 떠들기 시작했다. '넌 아무것도 아니야. 넌 패배자야. 널 원하는 사람은 아무도 없어. 널 사랑하는 사람도 없다고. 넌 체계적이지 못한 사람이고, 가난해. 넌 용납받지 못해. 승인도 되지 않지.'

사소한 사건 하나가 어떻게 갑자기 심각한 것이 되는지 알겠는가? 감정이 어떻게 미묘하게 변하고 있는지 보이는가? 승인되지 않는 신용카드 문제가 승인되지 않는 **나**라는 생각으로까지 확대된 것이다. 이 지점이다. 이 지점에서 이성을 잃은 감정이 강하게 올라왔다. 내면의 부정적인 속삭임이 어떻게 강력한 위험 신호기가 되는지 앞에서 나누었던 이야기를 떠올려보라. 그 속삭임을 신호로 우리는 내면에 있던 것들을 바깥으로, 즉 날것의 반응으로 드러낼 준비를 갖추게 된다!

나는 자동차 전용 판매 창구의 여직원이나 신용카드 회사를 상대로 감정을 폭발시키지 않았다. 그러는 대신 그 끔찍한 감정들을 억눌렀다. 그러자 서서히 진행되는 영혼의 문둥병에라도 걸린 듯 그것은 내 영혼을 갉아먹기 시작했다.

나는 그것을 느낄 수 있었다.

이 감정은 그날 오후의 피곤함과 결합되어 위험할 정도로 고조되었다. 그리고 아이들 가운데 한 명이 앤지 이모가 엄마보다 이런저런 면에서 훨씬 낫다고 하는 몇 마디에 그 아슬아슬했던 감정의 댐은 가볍게 무너지고 말았다. 쿵! 결국 나는 참지 못하고 폭발했다.

나는 소리를 질렀다. 위협했으며, 입을 내밀고, 손가락질을 했다. 그러고 나니 나 자신이 미워졌다.

'그리스도인의 본보기'가 되어야 할 가정 안에서 내가 그 기회를 날려버린 것이다. 왜, 왜, 왜, 나는 그렇게 얼빠진 짓을 하고 말았을까? 대체 뭐가 문제일까? 머릿속에서는 또다시 자동차 전용 판매 창구의 여직원이 속삭이던 훈계의 말, "승인이 되지 않았습니다"라는 말이 울려 나왔다.

이 이야기 끝에 훈훈한 반전이 있어 결국은 모든 것이 좋게 끝났었다고 말할 수 있다면 좋겠지만, 그것은 사실이 아니다. 이 이야기는 멋있게 끝나지 못했다. 나는 기분이 최악인 상태로 잠자리에 들면서 생각했다. 하나님이 내려오셔서 "리사 터커스

• • • 우리 주님은 낮은 목소리로 정죄하는 말을 속삭이시는 분이 아니다.

트, 난 너의 미숙한 반응을 너무 많이 봐왔다. 나는 더 이상 널 성경 교사로 승인해줄 수 없구나. 너 자신을 봐라!" 하고 말씀하시면 어떡하지?

하지만 이것은 주님의 음성이 아니다. 우리 주님은 낮은 목소리로 정죄하는 말을 속삭이시는 분이 아니다. 그분은 확신을 주시는 분이지, 정죄하시는 분이 아니다.

나는 침대 속으로 기어들어 가 눈을 크게 뜨고 방을 감싸고 있는 어둠을 응시했다. "예수님, 당신의 음성을 들려주세요. 이 난리통을 벗어나 당신의 음성을 들어야겠습니다. 당신의 음성을 듣지 못한다면 이 어둠이 저를 산 채로 집어삼킬 것 같아 두렵습니다." 그러나 아무 변화도 없었다. 아무 소리도 들리지 않았다. 그때 내게는 선택지가 두 개 있었다. 그대로 누운 채 그날 하루 동안 벌어진 끔찍했던 사건들을 어둠 속에서 복기하거나, 불을 켜고 하나님의 말씀을 읽거나.

거짓말이 스멀스멀 다가와 피에 굶주린 모기 떼처럼 나를 공격해올 때, 내가 할 수 있는 최선의 행동은 하나님의 말씀을 펴고 그분의 진리 안에 침잠하는 것이다. 진리 앞에서 거짓말은 멀리 도망가기 마련이다.

방금 한 말 들었는가? 진리 앞에서 거짓말은 멀리 도망가기 마련이다. 그러니 우리는 전등 스위치를 켜서 어둠을 몰아내듯이, 진리를 활성화하여 거짓말을 몰아내야 한다. 우리는 마음에서 일어나는 생각을 온전히 품기 전에 그것을 먼저 단단히 사로잡아 진리 앞에 데려가서 말씀과 나란히 세워보아야 한다. 그때 나는 다음과 같이 대응했다.

생각: '나는 끔찍한 엄마야.'

말씀: "모든 생각을 사로잡아 그리스도에게 복종하게 하니"(고후 10:5).

진리: '나는 끔찍한 엄마가 아니다. 끔찍한 행동을 했을지는 모르지만, 그렇다고 해서 내가 끔찍한 엄마가 되는 것은 아니다.'

생각: '나는 좋은 엄마가 보일 법한 반응을 하지 않았어. 그건 그리스도인이 보일 반응도 분명 아니었어.'

말씀: "무엇에든지 참되며… 이것들을 생각하라"(빌 4:8).

진리: '나는 우리 아이들을 사랑해. 이것이 참된 진리야. 나는 하나님을 사랑해. 이것이 참된 진리야. 나는 피곤해. 이것이 참된 진리야. 나는 불안감을 느꼈고 그것이 내게 영향을 미쳤어. 이것이 참된 진리야. 하나님은 끊임없이 은혜를 주셔. 이것이 참된 진리야. 나는 용서를 간구하여 이 엉망인 상황을 복구할 수 있어. 이것이 참된 진리야. 진리 위에서 생각하면 거짓말은 잠잠해질 거야. 이것이 참된 진리야.'

생각: '이 상황은 절대 나아지지 않을 거야. 나는 언제나 날것의 감정 노예로 살게 되겠지.'

말씀: "…위의 것을 찾으라… 위의 것을 생각하고…"(골 3:1-2).

진리: '이젠 원수들의 목소리에 마음을 고정시키는 것에도 지쳤어.

거짓말 위에 내 마음과 정신을 고정시키는 것은 쓰레기 같은 채널에 주파수를 맞춰두는 것과 같아. 어디에 주파수를 맞추느냐에 따라 나는 변하게 돼. 그러니 주님, 여기 제 마음이 있습니다. 진리 위에, 오직 진리 위에 제 마음을 고정시키겠습니다. 제 정신도 여기에 있습니다. 진리 위에, 오직 진리 위에 제 정신을 고정시키겠습니다.'

나는 이 말씀들을 읽고 또 읽었다. 그 말씀들을 더 나은 생각의 양식으로 삼은 것이다. 나는 진리보다 거짓의 소리가 더 크게 들릴 때마다 그것이 바로 내 영혼이 하나님의 말씀에 굶주려 있다는 신호임을 알게 되었다. 그래서 나는 내 영혼에 진리만 먹이고, 내 안 깊숙이 들어와 나를 망치려 호시탐탐 기회를 노리는 거짓말은 먹이로 주지 않았다.

다음 날 나는 신용카드사에 곧장 전화를 걸어 내 카드가 불법적으로 사용된 적이 있는지 확인했다. 그 전날 새벽 5시에 세탁기 겸용 건조기 대금을 결제한 건밖에 없었다. 카드사는 사실관계를 확인한 뒤, 내 신용카드를 다시 승인해주었다. 이미 하나님의 진리를 확인한 다음에 받은 승인이었기에 '다시' 승인받았다는 느낌이 더 강하게 들었다.

그러고 난 뒤, 나는 내가 보인 끔찍한 반응 이후의 여파 속에서도 그리스도의 가르침을 실천할 수 있음을 보여줄 기회를 포착했다. 즉, 가족들에게 용서를 구한 것이다. 그 전날에 기회를 완전히 날려버렸다 해도 하나님의 은혜는 언제나 다시 한 번 기회를 주신다는 사실을 나는 깨달았다. 그때까지 머물러 있던 구덩이 안에서 뒹구는 대신, 거기서 빠져나와 불완전한 진전과 거룩함을 향한 길 위에 다시 올라선 것이다.

거룩함으로의 한 걸음

그것은 거룩함을 향해 내딛은 한 걸음이었다. 거룩함. 그게 나 같은 여자한테 가능할까? 가능해 보였다. 아니, 가능하다. 하나님께 가는 길도 가능하다. "그러므로 누구든지 이런 것에서 자기를 깨끗하게 하면 귀히 쓰는 그릇이 되어 거룩하고 주인의 쓰심에 합당하며 모든 선한 일에 준비함이 되리라"(딤후 2:21). 누구든지 이런 (천한) 것에서 자기를 깨끗하게 하기만 하면 된다. 이거다. 이것이야말로 내가 원하는 것이다. 하지만 볼 수 없는 것을 깨끗하게 할 수는 없는 노릇이다.

그래서 나는 행동을 촉구하는 부르심으로 내 날것의 감정들을 이해하기로 했다. 불완전한 진전 중에서도 지금 당장, 바로 여기에서 행해야 할 것들이 있다. 그렇다. 이성을 잃음으로써 내 취약부를 볼 수 있다면, 이는 그것에도 선하고 구원을 돕는 측면이 있다는 의미일 것이다. 그리고 그 모든 것은 궁극적으로 이사야가 "거룩한 길"이라고 일컬은 길로 나를 이끌 것이며, 이로써 내가 이성을 잃는 횟수는 점점 줄어들 것이다. 이것은 그저 좋은 일이 아닌, 황홀할 정도로 좋은 일이다.

거기에 대로가 있어 그 길을 거룩한 길이라 일컫는 바 되리니 깨

> 끗하지 못한 자는 지나가지 못하겠고 오직 구속함을 입은 자들을 위하여 있게 될 것이라 우매한 행인은 그 길로 다니지 못할 것이며 거기에는 사자가 없고 사나운 짐승이 그리로 올라가지 아니하므로 그것을 만나지 못하겠고 오직 구속함을 받은 자만 그리로 행할 것이며 여호와의 속량함을 받은 자들이 돌아오되 노래하며 시온에 이르러 그들의 머리 위에 영영한 희락을 띠고 기쁨과 즐거움을 얻으리니 슬픔과 탄식이 사라지리로다(사 35:8-10).

언젠가는 나도 휘몰아치는 듯한 후회의 슬픔을 잠재우게 되기를 바란다. 그래서 내 영혼이 기진맥진하여 탄식하는 일도 그치기를 바란다. 그로써 내 영혼이 '지금보다 나아질 리 없어'라는 생각을 더는 하지 않게 되길 바란다. 그럴 수 있을까? 이성을 잃게 되는 현상에 숨겨진 보물, 모든 불완전한 진전과 거룩함을 향한 이 어색한 발걸음으로 슬픔과 탄식이 아닌 기쁨과 즐거움을 경험하는 자리에 도달하는 것이 가능할까?

내 친구 샤론 슬로안이 오늘 아침 내게 보낸 메일에는, 이성을 잃은 순간에 숨겨진 보물을 발견한 자신의 경험이 적혀 있었다.

> 어젯밤 나는 부엌 바닥에 앉아 흐느껴 울고 있었어. 주변은 눈물로 흥건했고, 책가방과 교과서와 도시락 통이 어지러이 놓여 있었지. 이성을 잃었던 거야. 겉으로는 이성을 잃고, 안으로는 깨어져 있었어. 하나님 앞에서의 깨어짐. 아름다운 깨어짐이었지. 나는 그날 하루를 영화 〈드라이빙 미스 데이지〉를 찍으며 보냈어.

> 아니, 이번 경우는 만료된 운전면허증만 가진 사랑스런 우리 엄마의 이름을 따 '드라이빙 미스 에일린'이라고 말해야 할 거야. 아무튼 이날 나는 기진맥진해 있었어. 그런데도 나는 축구와 시험, 숙제 같은 아이들의 문제 그리고 남편…, 그러니까 사랑스런 내 남편과 관련된 일들을 처리해야 했어.
>
> 하지만 이성을 잃고 만 나의 못난 모습에서 나는 이성을 잃는 것의 축복을 깨달았단다…. 그러려고 마음만 먹는다면, 이성을 잃음으로써 우리는 더욱 겸손해져 주님 앞에서 아름답게 깨어질 수 있어. 나는 이제 깨어지는 횟수는 늘고 이성을 잃는 횟수는 줄게 해달라고 기도해. 하지만 이성을 잃음으로써 내가 깨어질 수만 있다면, 그에 대해서도 나는 감사할 거야.[13)]

오, 그래 맞아! 바로 이거야. 이것이 우리의 낮아짐에 따르는 높아짐의 요소다. 정말이지 이성을 잃는 것이 나쁜 것만은 아니다. 그로 인해 중요한 두 가지를 보게 되기 때문이다. 첫째로는 자기 자신, 곧 진정한 나를 보게 되며, 둘째로는 다른 사람들, 곧 진정한 그들의 모습을 보게 된다.

그리고 다른 사람들이 나를 대상으로 이성을 잃은 행동을 보일 때, 우리는 겉으로 분출되는 그 행동에 그 사람의 내면에 있는 무언가가 표현되고 있음을 기억해야 한다. 그런 행동 안에 깨어짐이 있다. 이성을 잃은 채 보이는 그들의 표현이나 반응에 대해서는 우리가 부드럽고 온화한 감정을 느낄 수 없을지라도, 그들의 깨어짐에 대해서는 그럴 수 있다.

그들에게도 취약부가 있다

'짜증 나.' 누군가가 나를 대상으로 이성을 잃은 행동을 할 때, 우리는 이 생각을 가장 먼저 한다. 이성을 잃어 흥분한 내용이 담긴 메일이나 문자를 보내오는 경우일 수도 있고, 수동적인 공격성을 드러내는 말을 던져 은근히 강한 충격을 안기는 경우일 수도 있으며, 늘 해오던 전화를 갑자기 걸어오지 않아 나를 피하고 있음을 확연히 드러내는 경우일 수도 있고, 뒤에서 나를 험담하는 경우일 수도 있다. 어떤 경우든 기분은 좋지 않다.

기본적으로 그들은 나에 대해 비판적인 태도를 보인다. 경우에 따라서는 정당한 비판도 있을 수 있다. 내가 실제로 일을 망친 경우, 그 비판을 듣고 내가 사안을 재고하는 것은 가능하다. 하지만 그 밖의 다른 비판은 썩은 토설물일 뿐이다. 그리고 그것은 우리를 짜증 나게 한다. 하지만 그 짜증 속에 갇힌다면 우리는 거기서 아무런 교훈도 얻지 못할 것이다.

가혹한 비판을 바라보는 또 다른 방법은 없을까? 받은 상처는 잊고 그 사람들에게 나의 이해가 필요한 취약부가 있지는 않은지 생각해보는 것은 어떨까?

어느 날 나는 '취약부'(underbelly)라는 단어를 검색하다가 아르마딜로 도마뱀에 대한 기사를 읽게 되었다. 딱딱하고 뾰족한 비늘이 있는 이 흥미로운 생물은 온몸 위에 "날 건드리지 마"라는 말을 써놓고 다닌다. 하지만 다른 모든 거친 생물들처럼 이 도마뱀에게도 취약부가 있다.

아르마딜로 도마뱀의 거친 가시는 등 쪽에만 분포되어 있으며, 취약부인 배 쪽은 부드럽다. 위협을 받을 때 이 도마뱀은 자기 꼬리를 말아 쥐고 비늘을 세워 위협적인 자세를 취해 다른 동물들을 쫓는다. 이때 이 도마뱀의 온몸이 집중하는 목표는 단 하나, 곧 자기 몸에서 가장 취약한 부분을 숨기고 보호하는 것이다.

그런데 이 신기한 사막 생물과 비판이 대체 무슨 관련이 있단 말일까?

애석하게도 우리는 자신의 취약부를 보호하기 위해 무언가로 자기 몸을 온통 뒤덮으면서도 비판자의 취약부는 종종 잊고 만다. 취약하기 때문에 가혹한 말과 가시 돋친 외형 뒤로 감추고 보호하고자 하는 부분이 상대방에게도 있다는 사실을 놓치고 마는 것이다. 그들이 결코 내게 보여주려 하지 않는 그 부분은 그들의 상처와 실망이 모인 저장고다. 거기에 그들의 의심과 분노의 근본 원인이 자리 잡고 있으며, 대체로 그 원인은 나와는 무관할 것이다. 기억하자. 사람은 "마음에 가득한 것을 입으로 말한다"(마 12:34, 후반부). 그들은 자신들의 취약부가 다 담아내지 못해 흘러넘치는 것들을 토해내는 것이다.

상대방에게 취약부가 있다는 사실을 잊어버릴 때 우리는 상처와 의심과 분노와 실망을 쌓아야겠다는 유혹에 빠진다. 반면, 그들의 취약부를 기억한다면 그 모든 것을 균형 있게 바라보는 기회를 훨씬 많이 누릴 수 있다.

비판이 그저 무의미하고 상처를 입히는 경험만이 아니라면 어떻겠는가? 내가 마음만 잘 먹으면 그 비판마저도 나를 위해 하나님께서 선하게 사용하신다면? 물론 그것이 쉽지 않은 일임을 나도 안다. 내가 가진 문제를 꼼꼼히 살펴보고 내게 비판적이고 상처를 주는 사람을 돕는 하나님의 도구가 되겠다고 나서는 것보다는, 차라리 선교 여행을 가서 집 짓는 사역을 돕는 게 훨씬 쉽다.

어려운 일이다. 하지만 거룩한 일이다. 우리는 어디를 가든지, 누구를 만나든지, 그리스도를 대신해(represent) 행동하도록 부름받았다. 따라서 우리는 누군가를 만날 때마다 그분을 다시 드러내야 한다(re-present). 자신을 잘 제어하기만 한다면 우리는 누가복음 21장 말씀을 기억함으로써 그 사람에 대해 예수님의 증인이 되어 보일 수 있다. "이 일이 도리어 너희에게 증거가 되리라 그러므로 너희는 변명할 것을 미리 궁리하지 않도록 명심하라 내가 너희의 모든 대적이 능히 대항하거나 변박할 수 없는 구변과 지혜를 너희에게 주리라"(13-15절).

미리 명심하라는 구절이 보이는가? 힘든 상황에 처하기 전부터 우리는 미리 명심하고 있어야 한다. 이것이 지금 우리가 이 장에서 자신의 취약부와 다른 사람들의 취약부를 이야기하면서 생각해야 할 부분이다. 우리는 걱정하지 않겠다고, 방어적인 태도를 취하지 않겠다고, 하나님의 말씀과 지혜를 모으겠다고 미리 결심하고 있어야 한다.

이 말씀을 키보드로 입력하는 일은 얼마나 쉬운지! 하지만 삶으로 살아내는 일은 얼마나 어려운지!

이 일을 일상생활에서 실행하는 것이 어떤 의미인지를 잘 보여주는 일화를 하나 소개하겠다.

최근에 나는 애비라는 여성에게서 메일을 받았다. 그녀는 기분이 많이 상해 있었다. 내가 대표로 있는 사역 단체가 자신과 같은 특정 상황에 처한 여성들을 충분히 격려하지 않는다고 생각했기 때문이다. 직장맘인 그녀는 자녀를 돌보면서 가정의 생계까지 책임지는 데 따르는 스트레스와 중압감으로 고생하고 있었다. 그녀는 우리가 진행하는 라디오 프로그램을 한동안 듣다가, 직장맘들을 격려하는 이야기가 부족한 점에 실망했다고 했다. 아래는 그녀가 우리에게 보내온 편지 내용이다.

> '잠언 31장 사역' 귀중
> 여러분의 라디오 프로그램 청취자들 가운데 직장인 엄마들이 포함되어 있다는 사실을 알고 계시나요? 저도 매우 보수적인 가정에서 자랐기 때문에 지금과 같은 형태의 가정생활이 낯설고 쉽지 않습니다. 하지만 저는 이런 상황에도 하나님께서 함께 계시다고 생각합니다. 그런데 불행하게도 귀 사역 단체는, 저 같은 직장인 엄마들을 격려하는 일과 관련해서는 최악의 단체가 아닌가 싶습니다.

이 메일에 담긴 비판이 아이러니하게 느껴졌던 것은 바로 나부터가 직장맘이기 때문이다. 물론 나는 대체로 집에서 일하고 있지만, 가정과 사역 단체를 동시에 감당할 때 오는 스트레스와 중압감에 대해서만은 확실히 알고 있었다. 이것을 읽을 때만 해도 나는 조리대 위에 빵 부스러기를 날리고 주스와 소스를 마구 튀기며 도시락을 싸고 있었다. 아이 둘은 집에 맛있는 과자가 없다고 불평하면서 하나 남은 종이 팩 주스를 서로 자기가 마시겠다며 다투고 있었고, 다른 한 아이는 절대 위험한 일이 없을 테니 이제 막 운전면허증을 딴 친구와 함께 드라이브를 가게 해 달라고 나를 설득하고 있었다.

이렇게 소란한 틈에 이 메일을 읽었을 때, "귀 사역 단체는 최악의 단체가 아닌가 싶습니다…. 최악, 최악!"이라는 문구가 네온사인처럼 내 앞에서 번쩍이는 듯했다. '최악'이라는 단어가 풀숲의 뱀처럼 내 마음속으로 슬그머니 들어왔다. "최악!" "최악의 엄마." "최악의 도시락 제조자." "최악의 사역 단체." "넌 최악이야!"

아니, 잠깐만…. 이건 내가 이미 올랐다가 내려온 산이잖아. 이제 다시는 그곳에 가지 않을 테야. 맞아. 그때 신용카드 사건 때 내게 도움을 준 말씀이 뭐였더라?

"하나님 아는 것을 대적하여 높아진 것을 다 무너뜨리고 모든 생각을 사로잡아 그리스도에게 복종하게 하니"(고후 10:5).

"…무엇에든지 참되며… 이것들을 생각하라"(빌 4:8).

"…위의 것을 찾으라… 위의 것을 생각하고…"(골 3:1-2).

나는 그 메일이 힘든 상황에 처한 한 여성이 어렵게 털어놓은 이야기였다는 점을 깨닫고 나서야 '최악'과 관련된 생각들에서 빠져나올 수 있었다. 그 메일은 나나 우리 사역 단체보다는 애비라는 여성 본인의 상처에 대해 더 많은 것을 이야기하고 있었다. 마침내 나는 취약부라는 개념을 기억해낸 것이다. 그 순간 종이 팩 주스나 아이들의 태도 등 내가 처리해야 할 다른 시급한 문제가 코앞에 쌓여 있다는 사실도 퍼뜩 생각이 났다. 그래서 나는 우리 사역 단체 동역자 가운데 한 명인 사만다에게 전화를 걸어 기도를 부탁하며 애비에게 조심스러운 답장을 보내달라고 청했다. 나는 사만다가 상처를 상처로 갚을 사람이 아니라는 것을 알고 있었다. 그녀 역시 애비에게서 상처의 증거를 발견했고, 그 상처를 부드럽게 어루만지는 답장을 보냈다.

사만다가 보낸 아름다운 답장 내용은 다음과 같다.

애비 자매님께

저희 단체에 관심을 보여주셔서 감사합니다. 저희는 저희 프로그램에 대한 청취자분들의 생각을 언제나 기쁘게 듣고 있습니다. 보내주신 모든 제안도 심사숙고하고 있습니다.

몇 회 방송을 들으셨는지 모르겠습니다. 어떤 회가 마음에 들지 않으셨는지 구체적인 회차를 알려주시면 큰 도움이 될 것 같습니다.

열심히 일하면서 직장과 남편, 자녀들, 가정을 모두 챙기느라 무척 버거우실 겁니다. 저희도 하루 종일 일하는 직장인 엄마들이 겪는 복잡함과 독특한 상황을 이해하고 있습니다. 사실 저희도 자매님과 똑같은 처지입니다! 저희 단체의 모든 직원도 가족과 친구관계, 교회와 '잠언 31장 사역'에서 각기 다른 역할을 감당하며 지내고 있습니다.

사랑하는 자매님, 저희도 자매님이 걷고 계신 길을 걸어보았으며 지금도 자매님 옆에서 그 길을 걷고 있다는 사실을 알아주시기 바랍니다! 저희의 모든 프로그램과 사역은 모든 분주한 여성들에게 하나님의 평화와 관점과 목적을 전해주겠다는 생각에 기초하고 있습니다. 즉, 저희의 목표는 각기 다른 삶의 단계와 영역 속에 있는 모든 여성이 그 내용을 적용할 수 있도록 해드리는 것입니다.

자매님과 함께 기도드려도 될까요?

"주님, 애비 씨를 알게 해주셔서 감사드립니다. 아울러 재정으로 당신을 영화롭게 하고자 하는 열정과, 가정과 직장을 돌보는 마음과 연민을 그녀에게 주셔서 감사합니다. 그녀는 은사가 있는, 매우 유능한 사람인 것 같습니다. 그 모든 힘든 일들 가운데서도 그녀에게 달콤한 휴식을 즐길 시간을 허락해주시기를 간구합니다. 그리고 애비 씨와 그녀의 가정이 속히 빚을 갚을 수 있는 방도를 알려주십시오. 충만한 당신의 진리와 평화와 기쁨으로 애비 씨에게 복 내려주십시오. 예수님의 이름으로 기도드립니다. 아멘."

저희 라디오 프로그램의 주제에 대해 직접 제안해주셔서 다시 한 번 감사드립니다.

주님께서 오늘 그분의 평화로 자매님께 복 내려주시길 기도드립니다.

사만다 드림

몇 시간 후 사만다는 애비의 답장을 받았다. 거기에는 쉽게 볼 수 없는 한 여자의 상처, 즉 취약부가 슬며시 드러나 있었다. 이에 내 마음도 녹아내렸다. 우리의 생각이 맞았다. 그러니까 그녀가 처음 보내온 메일에 담긴 뜻은 우리 단체에 대한 이야기가 아니었다. 사실 그런 종류의 메일이 대부분 그러하다. 발신자 내면의 깊은 데서 곪아 터지고 있는 무언가가 그렇게 표현되어 나오는 것이다. 애비가 다시 보내온 편지에는 다음과 같이 적혀 있었다.

사만다 님
사려 깊은 당신의 답장에 깊은 감동을 받았습니다. 미안합니다. 지금 와서 생각하니, 지난 수년간 '잠언 31장 사역'에 대해 여기저기서 들었던 말들을 투사해 그런 편지를 쓴 것 같습니다.

당신의 답장을 읽고 깨달았습니다. 저 역시 이와 관련해 도움을 구하는 기도를 드려왔지만 여전히 좀 더 적합한 방법으로 처리했어야 할 비통함과 분노, 억울함이 제 안에 남아 있다는 사실을요.

저를 위해 기도해주신 것도 참 고맙습니다. 제게 많은 의미가 있는 기도였습니다. 저도 당신의 사역 단체를 위해 기도하겠습니다. 하나님께서 허락하신다면, 저도 언젠가 좀 더 의미 있는 방식으로 다른 사람들을 섬길 수 있게 되겠지요.

귀한 자매여, 이는 쉽지 않은 일이나 분명 좋은 일이다. 이 일은 우리의 불완전한 진전에서도 매우 중요한 부분이다. 이 같은 상황을 만날 때마다 우리는 그것을 예수님이 우리 마음과 반응의 주인이심을 드러내는 기회로 삼아야 한다. 그렇기 때문에 우리는 "너희를 박해하는 자를 축복하라 축복하고 저주하지 말라"(롬 12:14)라는 예수님의 가르침을 반드시 기억해야 한다.

당신도 나처럼 이성을 잃음으로써 얻게 되는 진전을 좋은 것으로 받아들이겠는가? 그것이 우리 자신과 우리의 반응을 위해 긍정적으로 작용할 수 있으며, 나아가 우리 안에서 예수님을 보게 될 다른 사람들을 위해서도 그럴 수 있다고 단언하겠는가?

이를 위해서는 진정한 마음을 달라고 기도해야 한다. 비판적인 사람들을 자신의 친밀한 교우 관계 속으로 환영해 받아들이고 그들과 함께 일상생활을 영위하라는 말이 아니다. 다만 누군가가 사람들이 대체로 경멸하거나 무시할 만한 상황에 처했을 때 사랑을 베풀기로 선택하는 것이 충분히 진귀하고 아름다운 일임을 기억하라는 뜻이다.

하나님의 사랑을 넘쳐흐르도록 느끼게 해달라고 기도하라. 겉으로 보이는 그 사람의 못난 모습에 대한 사랑이 아니라, 하나님께서 창조하신 그 영혼에 대한 사랑 말이다. 그(녀)는 하나님께 속한 사람이다. 하나님이 그들을 사랑하신다. 그들이 승인받지 못할 행동을 할지라도 하나님은 그들을 귀하게 여기신다. 마찬가지로 우리가 승인받지 못할 행동을 할지라도 그분은 우리를 귀히 여기신다. 하나님께 감사하자!

이쯤에서 나는 궁금해진다. 자격 없는 사람이라고 생각할 수도 있었을 대상에게 사랑의 선물을 줄 경우, 우리는 새로운 관점에 눈을 뜨게 될까? 우리가 반드시 보아야 하는 무언가를, 그러니까 그들에 대하여, 우리 자신에 대하여, 우리 예수님에 대하여 반드시 보아야 할 것들을 볼 수 있게 될까? 그 순간에 우리의 감정보다 예수님의 다스림을 받는 선택을 하게 될까? "나는 너희에게 이르노니 너희 원수를 사랑하며 너희를 박해하는 자를 위하여 기도하라"(마 5:44).

누군가 나에 대해 안 좋은 말을 할 때, 나는 그 말의 근원을 생각하려 애쓴다. 이런 말이야 우리 모두가 한 번씩은 들어본 훌륭한 조언이다. 그런데 그 사람 역시 자기로서는 받을 자격이 없는 사랑의 선물을 나에게서 받은 후, 내게 있는 그 근원을 생각하게 된다면 어떨까? 그 또한 멋진 일 아닐까? 그러니까 그 사람이 내가 아닌, 내 안에서 나를 다스리시는 예수님을 보게 된다면 말이다. 곧 사도행전 4장 13절 말씀이 생활에서 재현되는 것이다. "그들[관리들과 장로들]이 베드로와 요한이 담대하게 말함을 보고 그들을 본래 학문 없는 범인으로 알았다가 이상히 여기며 또 전에 **예수와 함께 있던 줄**도 알고"(강조체는 저자가 추가).

아, 나의 생활 모습을 본 사람들도 이렇게 말하게 된다면 얼마나 좋을까! 나의 말과 나를 사랑하는 사람들에 대한 나의 사랑, 나아가 나를 사랑하지 않는 사람들에 대한 나의 사랑을 보고 사람들이 내가 예수님과 함께 있다는 것을 알게 된다면!

• • • 사람들이 대체로 경멸하거나 무시할 만한 상황에 처했을 때 사랑을 베풀기로 선택하는 것은 충분히 진귀하고 아름답다.

쉽사리 이성을 잃는 여자인 나는 용기를 내어 나의 취약부를 들여다봄으로써 아무나 볼 수 없는 몇 가지를 발견했다.

상처.

깨어진 부분.

가능성.

변화.

거룩함으로의 한 걸음.

불완전한 진전.

내게 상처를 주는 사람들이 가진 상처, 그들의 취약부.

은혜.

사랑.

이전보다 더 예수님을 닮아가는 나.

그리고 이 모든 것을 통해 알게 된, 이성을 잃는 것도 완전히 나쁘지만은 않다는 사실.

불완전한 진전으로의 초대장을 받아 들라

지난주 나는 부엌 싱크대 옆에 선 채, 은혜를 베풀면서 웃을지 완전히 이성을 잃고 행동할지를 결정해야 했다. 무엇을 선택할지는 분명하고 간단했다. 솔직히 지금껏 말한 모든 것은 이 하나의 문제로 귀결된다. 바로 '선택'의 문제다.

당신도 동감하는가? 당연히 그럴 것이다.

그날 문제가 된 것은 우리 집에서 만들어 보내야 할 졸업식 초대장이었다. 무엇보다 시간이 지체되었고 또… 상황이 내가 예상한 것과 다르게 진행되고 있었다. 먼저 초대장 서식을 아들이 집에 갖고 오지 않아 그것에 적합한 종이를 주문할 수 없었다. 그래서 출력을 하는 대신 손으로 이름을 휘갈기고, 가운과 사각모를 쓰고 찍은 사진 대신 8학년 때 찍은 사진을 살려서 일부를 잘라 넣었다. 그것을 받은 사람들이 사진 아래쪽에 적힌 2005년이라는 숫자 때문에 머리를 긁적이며 혼란스러워하는 일이 있으면 안 되니까.

그리고 초대장을 받은 사람들은 겉봉투를 열면 속봉투에 초대장이 들어 있으리라 예상하겠지만, 겉봉투를 망쳐 여분조차 없다면 어떻게 하겠는가? 여러분이 그 상황에 처했더라도 봉인을 위한 접착선이 붙어 있지 않은 속봉투를 이용할 수밖에 없었을 것이다. 그러니 이 비상사태를 무사히 넘기기 위해 사용한 분홍색 딱풀 흔적이 뒤에 좀 보이더라도 너그럽게 이해해주기 바란다.

싱크대 옆에 선 나는 마음을 좀 다독인 후 잠언 3장에 나온 진리의 인도를 받기로 결정했다.

> 인자와 진리가 네게서 떠나지 말게 하고 그것을 네 목에 매며 네 마음판에 새기라 그리하면 네가 하나님과 사람 앞에서 은총과 귀중히 여김을 받으리라(3-4절).

나는 인자와 진리가 내게서 떠나게 되기를 원치 않는다. 그것을 내 목에 매고 있는지는 확신할 수 없지만 내 마음판에 그것이 새겨져 있는 것만은 사실이다. 그래서 이 말씀을 외우고, 아니 적어도 이 말씀의 요지를 내 마음속에 담아두고 있었다. 그리고 그것이 내게 도움을 주었다.

우리가 만든 초대장이 좀 어수선해 보이긴 하지만, 그래도 사람들은 각각의 봉투 안에 담긴 사랑을 봐줄 수 있지 않을까? 아들이 매우 자랑스러워 초대장 외형이 어떻든지 신경 쓰지 않기로 한 엄마의 마음을 봐주지 않을까? 그 엄마가 말끔하게 완성된 초대장에 대한 욕구보다 그 상황이 주는 즐거움을 중시하기로 결정하였기에 각각의 봉투 안에 담길 수 있었던 웃음소리를 들어주지 않을까?

그러는 사이에 초대장을 말끔하게 만들어야 한다는 욕구가 확실히 누그러들었다. 날것의 감정도 마찬가지였다. 당신은 어떤가? 당신도 불완전한 진전을 하고 있는가? 여전히 '진전'하고 있다는 느낌보다는 '불완전'하다는 느낌이 더 많이 드는가? 나도 마찬가지다. 하지만 예전에는 이성을 잃고 행동했을 것이 분명한 상황에서 그러지 않는 나 자신을 보며 스스로 놀랄 때가 있다.

당신도 이런 내 마음을 이해할 것이다. 그렇기 때문에 내가 당신과 함께 이 책을 즐겁게 읽어 내려오지 않았겠는가?

이 책을 여러분과 함께 읽는 동안 내 삶에는 은혜를 위한 치유와 계시의 공간이 생겨났다. 여러분의 인생에도 이와 같은 일이 일어나기를 바란다. 이 공간이 멋지게 차려입을 필요 없이, 있는 모습 그대로 다가올 수 있는 장소가 되었으면 한다.

이 책을 읽으면서 우리는 분명 몇 차례 어처구니없는 상황을 만났다. 썩어버린 바다새우와 "부끄러운 줄 아세요"로 시작된 메일, 다이어트 콜라 때문에 벌어진 대참사, 비행기 안에서 '폭탄'을 외쳤던 여자, 그리고 방금 전의 엉망이 된 졸업식 초대장에 이르기까지.

장담하건대 여러분의 세계에서도 이런 상황이 몇 차례씩 일어났을 것이다. "예수님, 이게 지금 어떻게 돼가는 건가요? 왜 제 인생은 매일 조금씩 상처가 더해지는 것 같죠? 너무 절망스러워요. 이 상처에 대한 당신의 관점이 필요합니다…. 그게 아니라면 아예 이 상황에서 벗어나야 할 것 같아요" 하고 묻지 않을 수 없는 상황 말이다.

나 역시 이런 기도를 드려왔다. 사실 바로 어제도 그랬다.

새로운 임무

피곤한 마음을 안고 나는 다시 그 끈적끈적한 긴 나무탁자 쪽으로 다가가 낡고 닳은 내 진실의 책, 즉 성경을 펼쳤다. 그때 찾은 말씀 가운데는 그날 내게 딱 들어맞는 임무가 들어 있었다. 이는 당신에게 짧은 작별인사를 속삭이면서 알려주기에도 완벽한 구절일 듯하다. 하나님의 말씀을 들어보자.

> 너희가 자기를 위하여 공의를 심고 인애를 거두라 너희 묵은 땅을 기경하라 지금이 곧 여호와를 찾을 때니 마침내 여호와께서 오사 공의를 비처럼 너희에게 내리시리라(호 10:12).

자기를 위하여 공의를 심고. 즉 각자의 인생에 공의의 씨앗을 심으라는 말씀이다. 여기서 공의의 씨앗이란 하나님을 영화롭게 하는 올바른 선택을 가리킨다. 그러한 선택을 하라. 어떤 일이 있든 그 가운데서 하나님을 영화롭게 하는 길을 택하라. 머리가 부스스하다거나 의기소침해져 있다거나 치욕스런 일을 당했다 할지라도 하나님을 영화롭게 하라.

인애를 거두라. 하나님을 영화롭게 하는 선택을 하면 변함없는 하나님의 인애의 열매를 반드시 거두게 된다. 그 무엇도 우리를 하나님의 사랑에서 끊을 수 없다는 사실을 기억하라(롬 8:38-39). 그러나 사탄의 뛰어난 간계가 있다는 사실도 잊어선 안 된다. 사탄은 우리를 사소한 사건에 말려들게 하여 하나님의 변함없는 사랑을 잊게 하거나 아예 그 사랑을 의심하게 만들려 한다. 지금 당신 앞에 놓인 선택지들 중에서 하나님께 영광을 돌리는 쪽을 택함으로써 그 같은 일에 휘말려 정신을 잃는 일이 없도록 하라.

너희 묵은 땅을 기경하라. 상처가 가져다주는 축복, 즉 마음을 기경해주는 그 축복을 거부하지 마라. 우리 마음의 묵은 땅이 기경된다는 말은 곧 우리 안에서 새로운 인생과 새로운 성장, 새로운 성숙을 위한 준비가 갖춰지게 된다는 뜻이다.

곧 여호와를 찾을 때니. 이전보다 더 간절히 하나님을 찾으라. 하나님을 찾는다는 말에는 우리 삶에 은혜의 공간을 마련해둔다는 의미가 포함되어 있다. 우리 마음과 정신과 세계의 공간에 하나님의 은혜를 맞아들이라. 어떻게 하면 될까? 환경이 우리의 기운을 빼앗아 메마르게 할 때, 그 빈 공간을 기회로 인식하라. 공허한 상태로 곧바로 반응하는 대신, 그 빈 공간을 나를 성장시키는 은혜가 들어설 완벽한 지점으로 만들기로 선택하라.

마침내 여호와께서 오사 공의를 비처럼 너희에게 내리시리라. 은혜받을 자격 없는 사람들에게 우리가 은혜를 베풀 때, 은혜가 담긴 하늘의 병은 그 은혜를 도로 우리에게 아낌없이 부어주실 것이다.

그렇게 우리는 성장해가고, 하나님을 영화롭게 하는 올바른 선택을 더 많이 하며, 생활과 사람들, 나아가 짜증 나는 상황들까지도 이전과는 다른 눈으로 보기 시작할 것이다. 그리고 심지어 은혜의 공간이 필요한 상황이 반복해서 발생할 때마다 "감사합니다"라는 말을 읊조리게 될 것이다.

그러면 또 새로운 사건들이 닥쳐올 것이다. 졸업식 초대장을 망쳐놓은 그 사랑스러운 아이는 방금 내가 마음에 새긴 인자와 진리를 시험한 것도 모자라, 이제는 내 전자레인지를 녹임으로써 은혜의 공간을 한층 더 넓힐 수 있게 했다.

은혜의 공간을 넓히다

전자레인지를 녹여먹은 우리 아들의 이야기가 기억나는가? 음, 그 이야기의 전모를 밝혀야 할 것 같다. 전자레인지에 너무 오래 돌린 팝콘 냄새를 맡고 움찔해본 적이 있는가? 최악이다.

• • • 환경이 우리의 기운을 빼앗아 메마르게 할 때, 그 빈 공간을 나를 성장시키는 은혜가 들어설 완벽한 지점으로 만들기로 선택하라.

그런데 이 경우는 그보다 심한 냄새가 날 수도 있다. 은박지에 싼 비스킷을 전자레인지가 녹아내릴 정도로 오랫동안 그 안에 넣어두면 딱히 뭐라 설명할 수 없는 냄새가 난다. 끔찍한 냄새. 분명 어느 정도의 유독성도 있을 것이다. 특히 박하향 껌을 책가방 깊숙이 숨겨 집으로 가져온 경우에도 귀신같이 그 냄새를 맡아내는 엄마에게는 더더욱 그럴 것이다. 나는 박하를 좋아하지 않는다. 그래서 무언가를 만들 때면 언제나 계피를 넣는다. 아, 이건 지금 할 얘기가 아니지.

••• 그저 인내심을, 온화함을, 은혜를, 선택하기만 하면 된다.

어쨌든 그 녹아내린 전자레인지로 고열 조리한 비스킷이 그 같은 냄새를 풍기게 된 것은, 한 사내아이가 비스킷이란 자고로 전자레인지에 충분히 오랫동안 돌려야 한다는 신념을 가진 결과로 벌어진 일이었다. 내가 급히 부엌으로 들어가 대체 무엇 때문에 내 사무실 안에까지 그런 냄새가 풍기는지 확인했을 때, 그 아이는 어깨만 으쓱하더니 이렇게 말했다. "전자레인지가 제 비스킷이 별로 마음에 안 들었나 보네요."

그 순간 내 머릿속에서는 두 가지 생각이 서로 입 밖으로 나오겠다고 다투었다.

첫 번째 생각: 지금 이런 상황에서는 마구 심술을 부려도 괜찮을 것 같아. 이런 말도 안 되는 말을 하면서 말이야. "전자레인지에 은박지 넣으면 안 된다고 몇 번이나 말했어? 이제 다시는 전자레인지 못 쓰는 줄 알아. 하늘이 두 쪽 나도 안 돼. 예수님한테도 네가 전자레인지를 쓰지 못하게 해달라고 말씀드릴 거야." 내가 이 정도로 성숙한(?) 사람이다.

두 번째 생각: 바로 오늘 아침에 배운 은혜의 공간에 대한 교

훈을 기억해. 그저 의무적으로 하나님과의 경건의 시간을 채우려고 호세아 말씀을 읽은 것이 아니잖아. 하나님은 네게 어떤 일이 닥칠지 미리 아시고 널 준비시키기 위해 그걸 읽게 하셨던 거야. 그러니 이제는 그분의 진리가 네 안에서 역사하실 수 있도록 해드려.

하나님을 영화롭게 하는 올바른 선택을 내려봐.

널 하나님께서 마련해두신 최선의 것에서 멀어지게 하려는 사탄의 노림수에 넘어가선 안 돼.

네 마음을 기경한 결과가 새로운 성숙과 인내에 대한 신선한 관점과 행동하는 진리의 속삭임이라는 열매로 나타나게 해.

상황이 지금처럼 네 기운을 빼앗아 메마르게 할 때, 그 공간을 은혜로 채워. 하나님께서 너에게 그토록 아낌없이 반복해서 주신 은혜를 바깥으로 베풀어. 그렇게 하면 하나님은 그분의 자비로 채워진 창고를 열어 전보다 훨씬 풍성하게 나눠주실 거야. 그분의 은혜는 절대 고갈되는 법이 없어. 그분의 은혜는 언제나 차고 넘쳐.

이때 나는 첫 번째 생각에 따라 행동하고 싶은 마음이 굴뚝 같았지만, 의식적으로 두 번째 생각의 통제를 받기로 선택했다. 그리고 문제를 악화시키는 대신 그것을 생활의 교훈으로 활용했다. 아들은 그 지독한 냄새를 집 안에서 완전히 몰아내는 것이 얼마나 힘든 일인지를 배웠다. 당분간은 그 아이도 이런 실수를 반복하지 않을 것이다.

하지만 그 태워버린 비스킷 사건으로부터 무언가를 배운 사람은 그 아이만이 아니었다. 나 역시 배웠다. 내게도 은혜를 위한 마음의 공간을 확장시키는 능력이 있음을 알게 된 것이다. 내게는 불가능한 일이라 자주 의심해오던 그 일, 곧 인내심 있는 여자가 되는 것이 내게도 가능했던 것이다. 그저 인내심을, 온화함을, 은혜를, 선택하기만 하면 된다. 이것은 선택의 문제다.

아, 불완전한 진전… 영혼의 고결함… 은혜를 위한 더 넓은 공간.

내가 틀렸다

은혜로 시작한 이 여정은, 결국 마지막에도 은혜로 끝날 것이다.

하지만 나는 여기서 한 가지를 인정하고 넘어가야겠다. 하나님의 은혜에 대해 내가 잘못 생각한 것이 있었다. 우리 예수쟁이 여자들이 알고 또 삶으로 살아내야 할 중대한 무언가에 대해 내가 잘못 생각한 것이 하나 더 있었다.

수년간 나는 내가 하나님을 너무 심하게 몰아붙이는 건 아닐까 하는 두려움에 계속 시달려왔다. 나의 과한 행동들로 기왕에 받은 은혜를 다 써버려, 어느 순간 하나님의 은혜의 샘이 메마르게 될까 봐 두려웠다. 한때 흘러넘쳤던 달콤한 것이 갑자기 모두 사라져 잔 아래 남은 음료수가 딱딱하게 굳는 것처럼 될까 봐 두려웠다. 그러면 한때 그분의 은혜가 담겨 있던 잔을 아무리 기울여도 퀴퀴한 공기만이 나를 감싸게 되리라는 생각이 들었다.

나는 남들 앞에 보여주는 내 모습 뒤의 그림자 속에 사는 비밀스러운 나 때문에 언젠가는 이런 일이 일어나리라고 확신했다. 겉으로 드러나 있는 나는 상대적으로 착하고 친절하며 상당히 관대하다. 물론 완벽하진 않지만 대체로 침착하고 재미있으며, 느긋하고 큰 소리로 노래 부르는 것을 좋아한다. 노래의 원래 가사에 대해서는 크게 신경 쓰지 않지만. "폴리스 냅트 마이 대드"(Police nabbed my Dad)라는 말도 입에 착착 달라붙는데, 왜 꼭 "펠리스 나비다드"(Feliz Navidad)라고 불러야 하지?

겉으로 드러나 남들 앞에 보이는 나의 모습은 그리스도인의 전형 또는 내가 암송하는 성경 말씀들과 잘 맞아떨어진다. 나는 책을 읽는다. 조언을 해준 내용을 실천으로 옮긴다. 그리고 대체로 좋은 친구이자 아내이며, 자매이고, 엄마다. 다시 말하지만 완벽하지는 않다. 그렇다고 해서 완전히 나쁘지도 않다.

하지만 비밀스러운 내 존재가 아득한 기억 속으로 사라져갔다고 생각이라도 할 참이면, 그 녀석이 그림자 밖으로 슬그머니 걸어 나온다. 그러고는 소리를 지른다. 정신을 못 차린다. 혹은 감정을 억누르거나 바깥으로 분출한다. 녀석은 빙빙 도는 회오리바람처럼 통제불능이다. 그 녀석은 파괴적이고 무질서하며 비통함으로 썩어 들어간다. 회오리바람 같은 이 녀석이 내가 되고자 하는 온화하고 느긋하며 경쾌한 여성상의 자리를 비집고 들어온다고 생각하면 아주 끔찍하다.

숨이 턱까지 차올라 헉헉거리며 나는 바싹 말라붙은 내 마음

밭이 부드럽게 골라지기를 필사적으로 바라며 은혜의 잔 쪽으로 달려가곤 했다. 이번이 바로 **그 순간**이지 않을까 싶어 나는 시시때때로 두려웠다. 이번에야말로 은혜가 고갈되고 말 것 같았다. 이번에는 하나님께서 진절머리를 내며 이렇게 말씀하실 것만 같았다. "꺼져!"

나는 결국 언젠가는 하나님께서 이런 말씀을 하시리라 생각했다. 왜냐하면 우리의 아빠들도 가끔씩 그렇게 말하기 때문이다. 친구와 배우자, 그 밖에 우리가 사랑했던 사람들도 마찬가지다. 그들의 그 말은 진심이다. 그래서 그들은 우리 곁을 떠나거나, 우리가 그들을 떠나게 만든다. 그들이 떠나는 것은 겉으로 드러난 내 모습 때문이 아니다. 그들이 떠나는 것은 비밀스런 나의 실체를 눈치챘기 때문이며, 그 실체가 마음에 들지 않기 때문이다. 이런 그들을 어떻게 비난하겠는가? 나도 비밀스런 내가 싫은데. 그러니 하나님께서 그런 나를 사랑은커녕 좋아하기도 힘들 거라 생각하게 된다.

이런 생각이 문제다. 나는 두 사람이 아니다. 단일한 존재로서의 나만이 있을 뿐이다. 하나님께서 내 존재의 일부를 용납해주지 않는다고 믿기 시작할 때 우리는 하나님의 사랑이 내 행위에 따라 결정되는 조건적 사랑이라는 거짓말을 본질적으로 믿게 된다. 그러면 겉으로 드러난 나로 하여금 하나님의 사랑을 받고 그분의 은혜에 적합한 행위를 하게 하려고 끊임없이 노력하는 한편, 비밀스런 나를 침묵시키고 멀리 쫓아보내려 애쓰게 된다.

이 같은 분열이 이성을 잃은 여자가 경험하는 가장 핵심적인 고민이다. 선과 악, 두 부분으로 나눠진 여자. 자신감을 가진 쪽과 수치스러워하는 쪽으로 나뉜 여자. 그녀는 일상 가운데 대부분의 시간을 남에게 드러낼 수 있는 좋은 모습을 보이며 생활하면서도, 비밀스러운 자아가 아주 조금이라도 활동하려 들면 자기 존재의 모든 것이 망가졌다고 생각해버린다.

하지만 바로 이 부분에서 내가 잘못된 생각을 하고 있었다. 하나님의 은혜는 제한적으로 공급되는 것이 아니기 때문이다.

이 세상 경제는 제한적일지 몰라도, 하나님의 경제는 그렇지 않다.

그랬다. 내가 틀렸다. 그것도 완전히 틀렸다.

이때 진리를 볼 수 있도록 나를 도운 것은 성경에서 제일 처음에 등장하는 여자인 하와였다. 태초부터 하나님은 그분이 만든 소녀들을 다정하게 대하셨다. 하와는 이성을 잃는 여성의 완벽한 전형이었다. 선했지만 나빴다. 산들바람처럼 온화했으나 죄의 회오리바람 속으로 휩쓸려 들어갔다.

아담과 하와가 따 먹지 말았어야 할 열매를 먹고 에덴동산에서 쫓겨났을 때의 일을 기억하는가? 한동안 나는 이 이야기를 읽을 때마다 하나님께서 그들을 처벌하셨기 때문에 어쩔 수 없이 그들이 낙원을 떠나게 됐다고 생각했다. 하나님께서 그들에게 실망하신 나머지 그들에게 어울리는 곳으로 보내셨다고 생각한 것이다. 하지만 그것은 잘못된 생각이었다.

에덴동산에는 특별한 나무가 두 그루 있었다. 하나는 먹어서는 안 될 열매를 맺는 선악을 알게 하는 나무였고, 다른 하나는 생명나무였다. 그것은 아담과 하와에게 영생을 주는 나무, 즉 모든 질병과 죽음과 피부 노화를 막는 나무였다. (아, 이 가운데 마지막 항목에 대해서는 확신할 수 없다. 하지만 천국에 가면 이것이 현실이 되리라고 나는 기대하고 있다.)

••• 이 세상 경제는 제한적일지 몰라도, 하나님의 경제는 그렇지 않다.

어쨌든.

이들이 선악을 알게 하는 나무 열매를 먹자 죄가 세상에 들어와 모든 것을 오염시켰다. 그 순간 이 두 사람을 동산 밖으로 인도하신 것은 하나님의 절대적인 사랑과 애정 어린 자비였다. 하나님은 화가 나서, 혹은 보복을 위해 그들을 동산 밖으로 인도하신 것이 아니었다.

그들은 그곳을 떠나야 했다. 그곳에 머물러 있었다면 생명나무 열매를 계속 먹으면서 영원히 생존해야 했을 것이다. 죄와 그 죄가 몰고 온 그 모든 상처 가운데서 뒹굴면서. 하지만 하나님은 그분이 사랑하는 사람들이 그렇게 사는 것을 견디실 수 없었다. 그러니 하나님은 사랑 때문에 그들을 그곳에서 떠나보내셨던 것이다.

그리고 결국 예수님을 보내어 인류를 다시 동산으로 초청하신 것 또한 하나님의 사랑과 은혜 때문이었다. 이를 통해 우리는 우리의 죄와 상처에서 벗어날 수 있었다. 예수 그리스도를 부활한 우리 주님으로 선포하기만 하면 하나님의 은혜는 결코 고갈되는 법 없이 우리 위에 쏟아진다.

상처가 구원으로 바뀌고, 자비와 은혜가 우리의 양쪽 뺨에 입을 맞춘다.

상처가 우리 몸을 갈가리 찢어놓았다.

하나님께서 우리를 구원하시어 우리 몸을 다시 싸매어주셨다.

우리가 마땅히 받아야 할 형벌을 피하게 하신 그 자비.

받을 자격 없는 우리에게 은혜의 선물로 주신 풍성한 사랑.

그 속에 우리가 있다.

두 손으로 당신의 얼굴을 감싸며 말하겠으니 내 말에 귀를 기울여주기 바란다. "하나님은 당신을 사랑하십니다. 하나님은 바로 지금 당신을 사랑하십니다. 당신이 이성을 잃었을 때도 하나님은 당신을 사랑하십니다. 당신이 감정을 억누를 때도 하나님은 당신을 사랑하십니다. 당신이 감정을 폭발시킬 때도 하나님은 당신을 사랑하십니다. 당신이 영혼의 고결함으로 사람들의 귀감이 될 때도 하나님은 당신을 사랑하시지만, 그렇지 않을 때도 사랑하십니다. 하나님은 당신을 사랑하십니다. 하나님께서 당신을 얼마나 사랑하시는지, 그분은 당신이 이 상태에 갇혀 있도록 놔두시지 않습니다. 그분의 손을 잡고 그분의 사랑을 신뢰하고, 불완전한 진전으로 가는 아름다운 기회를 붙잡고 행하십시오."

그렇다. 이성을 잃게 하는 엄청난 상황들이 지금도 우리를 유혹하며 그 거칠고 예측 불가능한 현실에 장단 맞추며 살라고 부추기고 있지만 당신은 이제 새로워졌다. 나도 그렇다. 그러니 타깃 매장 진열대에서 이 진리를 잊어버리고 이성을 잃으려 하는 내 모습을 우연히 보게 된다면, 조용히 다가와 부드럽게 희망을 담은 말을 속삭여주기 바란다. "사랑하는 친구여, 이건 선택의 문제예요. 불완전한 진전을 택해요." 그리고 미소를 지어 주시길.

주의: 가끔은 매우 심각한 수준에서 날것의 감정들과 싸우게 되기도 한다. 스스로 판단하기에, 혹은 사랑하는 사람이 당신을 판단하기에, 당신이 건강하지 않고 위험한 행동을 통해 분노나 절망감을 표현하고 있는 듯이 보인다면 전문 상담가에게 도움을 청하기 바란다.

나는 어떤 유형에 속할까?

4~6장에서 우리는 네 종류의 반응 유형을 알아보았다.

- 감정을 폭발시키면서 스스로 수치심을 느끼는 유형
- 감정을 폭발시키면서 타인을 비난하는 유형
- 감정을 억누르면서 장벽을 쌓는 유형
- 감정을 억누르면서 보복을 위한 돌을 모으는 유형

자신의 반응 유형이 무엇인지 확인하는 데 도움이 필요하다면 www.Ungluedbook.com을 방문해 좀 더 폭넓은 평가 방법을 살펴보기 바란다. 하지만 그에 앞서 몇 가지 간단한 문항들(302~305쪽)에 답을 해보면 각자의 반응 유형에 대한 기초 정보를 얻을 수 있다.

이 문항들에 답을 할 때, 한 번에 한 인간관계에 집중하기 바란다. 앞에서 말했듯이 우리의 반응들은 관계에 따라 조금씩 다르기 때문이다.

1. 어머니 혹은 배우자, 자녀, 직장 상사 등 자신의 생활 속에 들어와 있는 한 사람을 떠올려보라.

2. 방금 생각한 그 사람과 갈등이 있을 때 당신은 불만을 바깥으로 표출하고 싶은가, 아니면 안에 담아두고 싶은가?

- 감정을 안에 담아두거나, 그 일을 본격적으로 다룰 것인지 말 것인지 결정하기 전에 혼자 생각할 시간이 필요하다면, 당신은 그 사람과의 관계에서 문제를 내적으로 처리하는 사람일 가능성이 높다. 즉, 당신은 아래 그림의 위쪽에 속해 있다.
- 반면, 그 문제에 관해 직접 이야기를 하거나 고함을 지른다면, 당신은 그 사람과의 관계에서 문제를 외적으로 처리하는 사람일 가능성이 높다. 당신은 그림의 아래쪽에 속해 있다.

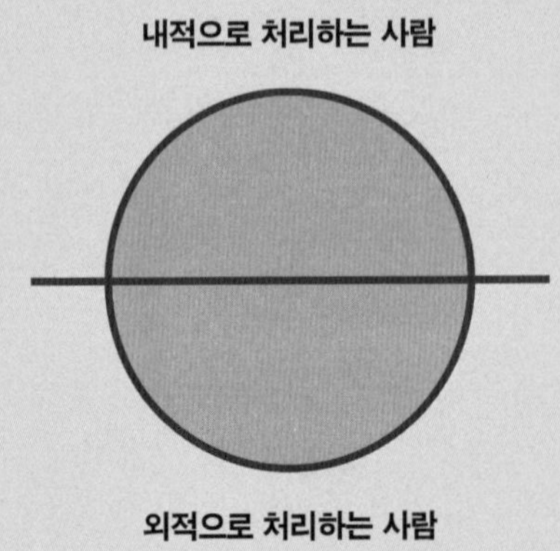

3. 이제 그 사람과 관련해 발생한 문제를 거론하는 방식에 대

해 생각해보자. 당신은 그 문제를 갖고 그 사람과 대화하거나 논쟁하는 편인가, 아무렇지 않은 척하는 편인가?

- 그 문제를 드러내놓고 거론한다면, 외적으로 표현하는 사람으로서 아래 그림의 왼쪽에 위치한다고 볼 수 있다.
- 그 문제를 거론하는 대신 아무렇지 않은 척한다면, 내적으로 억누르는 사람으로서 아래 그림의 오른쪽에 속한다고 볼 수 있다.

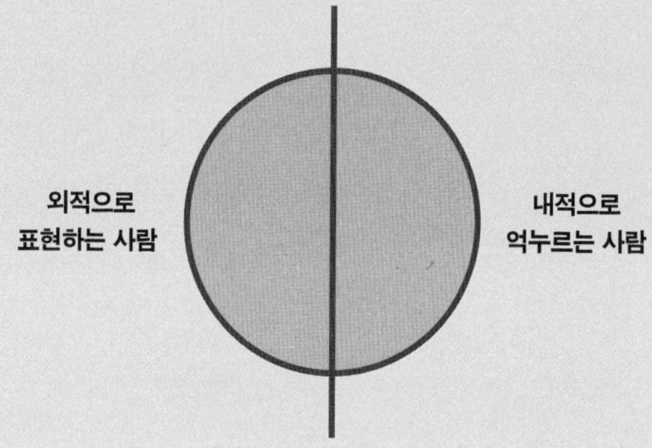

4. 이제 각각의 결정 요인들을 살펴보았으니, 305쪽에 그려진 그림의 사분면 중 자신이 어디에 속하는지 확인한 뒤 각자가 그 특정 관계 속에서 어떤 유형의 반응을 하고 있는지 판별해보자.

5. 아래는 꼭 기억하고 있어야 할 몇 가지 주요 사항들이다.

- 누구와의 관계냐에 따라 한 사람이 각기 다른 사분면에 속할 수도 있다. 그러니 각자에게 중요한 인간관계를 하나씩 떠올리며 각기 새로운 마음으로 이 평가에 임하기 바란다.
- 우리가 이런 표지들을 써서 구분 짓는 이유는 누군가를 정죄하기 위함이 아니다. 이것은 그저 우리가 애써야 할 영역들이 무엇인지를 볼 수 있도록 돕는 간단하고 가벼운 확인 과정일 뿐이다. 이 책 속의 전략들을 실행에 옮길 때 우리는 좀 더 건강한 반응, 곧 좀 더 건강한 관계로의 여정을 시작할 수 있을 것이다.
- 당신이 감정을 표현하는 유형이라면, 거기에는 큰 장점이 한 가지 있다. 솔직함 말이다(그림 참고). 그 솔직함을 화평하게 하는 거룩한 원리와 균형을 맞춰야 한다는 사실만 더 기억하자.
- 감정을 억누르는 유형이라면, 거기에도 큰 장점이 한 가지 있다. 화평하게 한다는 것이다(그림 참고). 다만 거룩한 솔직함과 균형을 맞춰야 한다는 사실만 더 기억하자.
- 이 모든 훈련의 목표는 그림의 정중앙에 위치한 '영혼의 고결함'이다. 영혼의 고결함은 우리가 각 관계들에서 솔직함과 화평하게 하는 태도를 동시에 드러낼 때 이뤄진다.

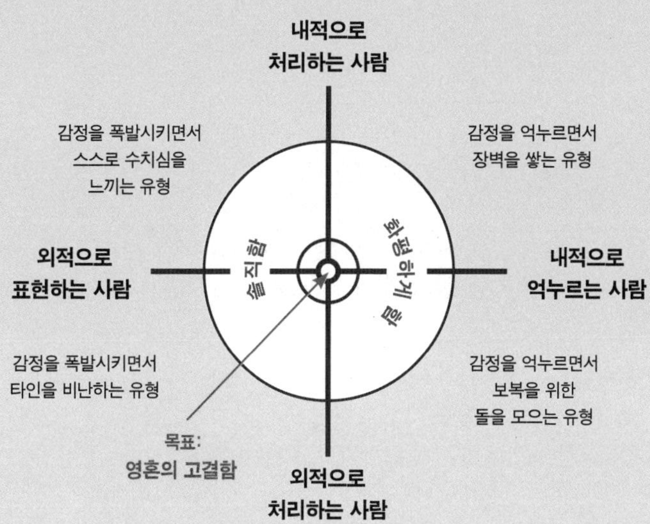
내적으로
처리하는 사람
감정을 폭발시키면서
스스로 수치심을
느끼는 유형
감정을 억누르면서
장벽을 쌓는 유형
외적으로
표현하는 사람
솔직함
화평하게 함
내적으로
억누르는 사람
감정을 폭발시키면서
타인을 비난하는 유형
감정을 억누르면서
보복을 위한
돌을 모으는 유형
목표:
영혼의 고결함
외적으로
처리하는 사람

··· 주

1) Mike Tiller, "Within These Walls," *My Daily Bread*.

2) *The Bible Knowledge Commentary, Old Testament* 중 호세아 5:12-6:20, John F, Walvoord and Roy B. Zuck, eds. (Wheaton, Ill.: Victor Books, 1985).

3) Mrs, Charles E. Cowman, *Streams in the Desert,* rev. ed. (Grand Rapids: Zondervan, 1999), 9월 1일자, http://tinyurl.com/3faply8에서 확인 가능하다.

4) Dr. John Townsend, *Beyond Boundaries* (Grand Rapids: Zondervan, 2011), 39-40.

5) Craig Groeschel, *Soul Detox* (Grand Rapids: Zondervan, 2011), 171. 《영혼의 디톡스》(정성묵 옮김, 두란노).

6) Peter Salovey and Judith Rodin (Yale University), "Some Antecedents and Consequences of Social-Comparison Jealousy," *Journal of Personality and Social Psychology*, vol. 47 (1984), 780-792.

7) http://gitzengirl.blogspot.com/

8) Dr. Caroline Leaf, *Who Switched Off My Brain?*, rev. ed. (Nashville: Thomas Nelson, 2009), 52.

9) E. R. Kandel, J. H. Schwartz, and T. M. Jessell, eds., *Principles of Neural Science*, 4the ed. (New York: McGraw Hill, 2000).

10) Leaf, *Who Switched Off My Brain?,* rev. ed., 53.

11) Bonnie Gray, *Fiding Spiritual WhiteSpace*(Revell, 2014). 블로그 글 "White Space and Soul Rest," http://www.faithbarista.com/2011/03/i-stress-therefore-i-am-10-ways-to-de-stress-soul-rest-series-kick-off/.

12) Jenni Catron, 블로그 글 "Leading in Shades of Grey," 이 발췌문 원본의 제목은 "The Underbelly"이며 http://www.jennicatron.tv/the-underbelly/에서 확인 가능하다.

13) 샤론 슬로안의 블로그는 www.histablefortwo.blogspot.com과 www.joyinthetruth.blogspot.com에서 매일 업데이트되고 있다.

사랑을 더하면 온전해집니다.

이 모든 것 위에 사랑을 더하라 이는 온전하게 매는 띠니라(골 3:14)

도서출판 사랑플러스는 이 땅의 모든 교회와 성도들을 섬기기 위해 국제제자훈련원이 설립한 출판 사역 기관입니다.

화내지 않는 엄마는 없다

초판 1쇄 발행 2014년 9월 13일
초판 4쇄 발행 2015년 2월 12일

지은이 리사 터커스트
옮긴이 박소혜

펴낸이 박주성
펴낸곳 사랑플러스
등록번호 제2002-000032호(2002년 2월 15일)
주소 서울시 서초구 효령로 68길 98(서초동)
전화 02)3489-4300 **팩스** 02)3489-4329
이메일 dmipress@sarang.org

ISBN 978-89-90285-94-2 03230

※ 책값은 뒤표지에 있습니다. 잘못된 책은 구입하신 곳에서 교환해 드립니다.